高等职业教育"十二五"规划教材

高职高专会计类精品教材系列

Excel 在财务管理中的应用

（第二版）

李 慧 主编

科学出版社

北 京

内 容 简 介

本书以 Excel 2007 为平台,系统介绍了 Excel 软件在财务管理中的应用。全书分为八章,主要内容包括 Excel 2007 软件基础、Excel 在财务管理基础观念中的应用、Excel 在筹资管理中的应用、Excel 在流动资产管理中的应用、Excel 在投资管理中的应用、成长期企业财务预算案例、创业企业财务预测案例及个人/家庭理财方案设计案例。

本书可以作为高等职业技术学院、成人高等教育学校及民办高校经济管理类专业的教学用书,也可以作为财会工作者及各类管理人员自学提高业务水平的读物。

图书在版编目(CIP)数据

Excel 在财务管理中的应用/李慧主编. —2 版. —北京:科学出版社,2014
(高等职业教育"十二五"规划教材·高职高专会计类精品教材系列)
ISBN 978-7-03-041504-2

Ⅰ. ①E⋯ Ⅱ. ①李⋯ Ⅲ. 表处理软件－应用－财务管理－高等职业教育－教材 Ⅳ. ①F275-39

中国版本图书馆 CIP 数据核字(2014)第 173964 号

责任编辑:唐寅兴 / 责任校对:马英菊
责任印制:吕春珉 / 封面设计:东方人华平面设计部

科学出版社 出版
北京东黄城根北街 16 号
邮政编码:100717
http://www.sciencep.com

铭浩彩色印装有限公司 印刷
科学出版社发行 各地新华书店经销

*
2007 年 9 月第 一 版 开本:787×1092 1/16
2014 年 8 月第 二 版 印张:14
2018 年 12 月第十二次印刷 字数:312 000
定价:34.00 元
(如有印装质量问题,我社负责调换〈铭浩〉)
销售部电话 010-62142126 编辑部电话 010-62135120-2019

第二版前言

　　财务管理是会计学、工商管理等专业的主干课程之一，具有实践性较强、计算量较大等特点。本书以 Excel 2007 版软件为平台，系统介绍了 Excel 软件在筹资管理、投资管理、流动资产管理等财务管理活动中的应用，使学生在掌握财务管理基本理论和方法的基础上，能够熟练应用 Excel 2007 软件对企业、个人的财务活动进行有效管理。

　　本书具有以下特点：

　　1. 循序渐进，能力导向

　　针对财务管理的内容和特点，本书首先系统阐述了 Excel 2007 软件在财务管理基础观念、筹资管理、投资管理及流动资产管理等财务活动中的应用要点，夯实学生操作技能的基础，然后引进成长期企业财务预算、创业企业财务预测和个人理财方案设计三个综合案例，渐进培养学生利用 Excel 软件分析、解决财务管理实际问题的综合能力，为学生参与企业财务管理实践、创业实践、创业计划大赛及个人理财规划等活动提供有力帮助。

　　2. 图文并茂，步骤详尽

　　本书充分利用 Excel 2007 软件强大的数据处理和分析功能，通过文字、图片及表格相结合的方式全方位介绍软件在财务管理实践活动中的具体应用，思路清晰，步骤详尽，每章均附有习题，易学易用，既可以作为高校会计学、财务管理、工商管理等专业的教学用书，也可作为财会工作者、企业管理者、创业者及银行、保险等相关领域专业技术人员的参考读物。

　　3. 体系完整，内容精练

　　本书覆盖 Excel 软件在筹资管理、投资管理及流动资产管理等财务管理活动以及财务预测、财务预算、财务分析等财务管理环节应用的主要内容，篇幅仅为同类教材的三分之二，适合各级各类学校教学选用。

　　本书由天津职业技术师范大学李慧撰写。在编写过程中，天津职业技术师范大学林永春和山西经济管理干部学院刘智远提供了大力支持，谢铭泉、姜志云、马从彦、李丹丹、陈婷婷、张骁等同学参加了案例收集、数据计算等工作。本书在撰写过程中参阅了大量的相关著作，并得到科学出版社的大力支持，成书之时，作者表示衷心的感谢！

　　囿于作者的水平，书中存在的缺憾，恳请读者批评指正。

李　慧

2014 年 6 月

第一版前言

　　财务管理是以企业资金运动为对象，利用价值形式对企业各种资源进行优化配置的管理活动。在现代企业中，财务管理的重要地位是毋庸置疑的。Excel 2007 电子表格软件具有强大的数据分析、财务函数运算、图表分析等功能，从而为企业的财务管理工作提供了直观便捷的工具，可以有效地帮助财务管理人员分析和共享信息以做出更加明智的决策。因此，本书以 Excel 2007 为平台，系统介绍了 Excel 2007 软件在企业筹资管理、投资管理等财务管理活动中的应用，使读者在掌握财务管理基本理论和方法的基础上，能熟练应用计算机对企业财务活动进行管理。

　　本书具有以下特点：

　　1. 简明实用。把 Excel 2007 电子表格软件应用于企业的财务管理工作中，可以高效、准确地帮助财务管理人员进行预测和决策。本书中所有案例的操作步骤均以简要说明结合图片形式给出，易学易用。

　　2. 平台新颖。本书以 Excel 2007 版为平台撰写。

　　3. 体系完整。本教材覆盖财务管理基础观念、筹资管理、投资管理、流动资产管理等财务管理主要内容及财务分析、预测和预算等财务管理环节。

　　本书按照财务管理的内容和环节共分为八章。其中，第二、三、四、五、六章由李慧撰写，第一、七、八章由刘智远撰写。李慧负责本书框架及结构设计。在撰写过程中，我们参考并引用了有关专家学者的研究资料，得到了科学出版社的大力支持，在此深表感谢！

　　由于时间紧迫，加之我们水平有限，虽倾力投入，书中难免仍存在疏漏之处，恳请广大读者批评指正。

目　录

Excel 2007 软件基础

第一节　Excel 2007 软件简介

Excel 2007 软件是 Microsoft Office 办公组件中的一件功能强大的工具，它可以创建电子表格并为其设置格式，分析和共享信息以帮助决策者做出更加明智的决策。通过使用面向结果的新界面、丰富的直观数据及数据透视表视图，可以更加轻松地创建和使用专业水准的图表。Excel 2007 软件界面友好，操作简单，应用广泛，是一个集表格处理、文档处理、数据库处理、绘图、统计、排序、分类等功能于一体的多功能通用电子表格软件。利用 Excel 软件的强大功能及其提供的大量函数，可以很方便地进行统计分析、预测分析和财务管理等工作。本书着重介绍 Excel 2007 软件在财务管理中的应用。

一、Excel 2007 软件的特点

1）Excel 2007 软件拥有的全新用户界面可以帮助用户在需要时找到强大的工具。使用 Excel 2007 软件面向结果的新界面可以帮助用户随时找到所需的工具。根据要完成的工作，无论是创建表还是编写公式，Excel 2007 软件都可以在全新的用户界面中提供适当的命令。

2）在显著扩展的电子表格中导入、组织和浏览大量数据集。Excel 2007 软件可以处理大量数据，它支持的电子表格可以多达 1 000 000 行和 16 000 列。现在，在需要分析大量信息时，用户将不再需要处理多个电子表格或使用其他应用程序。

3）使用重新设计的 Excel 2007 软件制图引擎，可以帮助用户在具有专业外观的图表中共享用户的分析。使用新用户界面中的制图工具，用户可以更快地创建出具有专业外观的图表，而所需的单击动作更少。用户还可以在图表中应用丰富的视觉增强效果，

如三维、柔和阴影和透明效果。无论使用的是 Microsoft Word 2007 软件还是 Microsoft PowerPoint 2007 软件，都能够以相同的方式创建图表并与之进行交互，因为 Excel 2007 软件制图引擎与它们的引擎是一致的。

4）为用户使用表格提供了经过改进的有力支持。由于 Excel 2007 软件已经显著改进了对表格的支持，用户现在可以在公式中创建、扩展和引用表格，还可以设置表格的格式。在分析大型表格中包含的数据时，Excel 2007 软件可以使用户在滚动表时仍然可以看到表标题。

5）轻松创建和使用数据透视表视图。通过数据透视表视图，可以迅速重新定位数据以便帮助用户回答多个问题。由于 Excel 2007 软件将帮助用户更加方便地创建和使用数据透视表视图，因此用户可以更快地找到所需答案。

6）查看重要趋势并发现数据中的异常。Excel 2007 软件可以更加轻松地将条件格式应用于信息，随后可以使用丰富的可视化方案来研究数据的图形并突出显示数据的趋势。

7）使用 Excel 2007 软件和 Excel Services 有助于更加安全地与其他人共享电子表格。Excel Services 可以动态地将电子表格呈现为 HTML 格式，这样其他人就可以在任何 Web 浏览器中访问存储在 Microsoft SharePoint Server 2007 软件上的电子表格。由于对 Excel 2007 软件客户端而言这种方式的保真度很高，因此，用户可以使用 Excel Services 来浏览、排序、筛选、输入参数，以及与数据透视表视图进行交互，这一切工作都可以在 Web 浏览器中进行。

8）有助于确保用户及其组织使用最新的业务信息。通过使用 Excel 2007 软件并将对业务非常关键的电子表格发布到 SharePoint Server 2007 软件，可以防止组织内出现电子表格的多个副本或过期副本，使用基于权限的访问可以控制哪些用户能够查看和修改服务器上的电子表格。

9）减小电子表格的大小和提高损坏文件的恢复能力。全新的 Microsoft Excel XML 压缩格式可使文件大小显著减小，同时其体系结构可提高损坏文件的数据恢复能力。这种新格式可以大大节省存储和带宽需求。

二、Excel 2007 软件的启动与退出

1. Excel 2007 软件的启动

Excel 2007 软件的启动有以下两种方法：

1）单击①"开始"菜单→②选择"所有程序"分菜单→③选择"Microsoft Office"文件夹→④选择"Microsoft Office Excel 2007"选项，即可启动 Excel，如图 1-1 所示。

2）双击任何一个文扩展名为.xls 或者.xlsx 的文件即可启动 Excel，如图 1-2 所示。

图 1-1　Excel 2007 软件的启动

2.　Excel 2007 软件的退出

Excel 2007 软件的退出有以下四种方法：

1）单击 Excel 窗口右上角的控制按钮 × 即可退出 Excel。

2）双击 Excel 窗口左上角的**Office** 控制按钮 即可退出 Excel。

3）单击①Office 控制按钮 →②单击"退出 Excel"按钮，即可退出 Excel，如图 1-3 所示。

图 1-2　双击启动 Excel

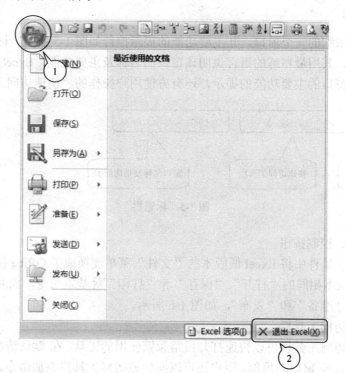

图 1-3　退出 Excel

4）按 Alt＋F4 组合键也可退出 Excel。

三、Excel 2007 软件的外观

当 Excel 2007 软件正常启动后,出现 Excel 2007 软件的工作窗口,如图 1-4 所示。

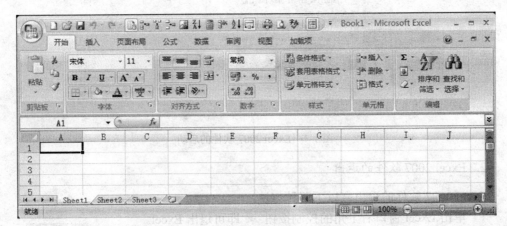

图 1-4　Excel 2007 软件工作窗口

下面我们分功能区域来了解 Excel 2007 软件的窗口。

1. 标题栏

标题栏是浓缩的一个窗口,其主要功能的提示控件如图 1-5 所示。标题栏位于软件窗口的最上方,其用最精练的语言说明该窗口的名称及主要功能。Excel 2007 软件的标题栏不仅有该窗口的主要功能的提示,还有方便用户操作的"快速访问工具栏"。

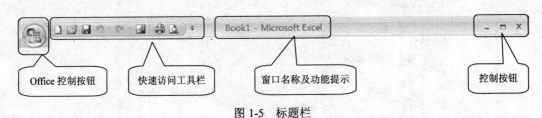

图 1-5　标题栏

(1)Office 控制按钮

Excel 2007 软件中将 Excel 低版本的"文件"菜单变换成了 Office 按钮,它不但拥有与 Excel 低版本相同的"打开"、"保存"和"打印"等基本命令,而且提供了更多其他的命令,如"准备"和"发布",如图 1-6 所示。

(2)快速访问工具栏

使用快速访问工具栏可以快速打开日常频繁使用的工具。在默认情况下,快速访问工具栏位于 Excel 窗口的顶部。用户还可以向快速访问工具栏添加命令,从而对其进行自定义,如图 1-7 所示。

图 1-6　Office 控制按钮下的基本命令

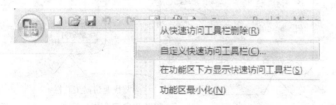

图 1-7　自定义快速访问工具栏

　　右击快速访问工具栏，弹出快捷菜单（快捷菜单是显示与特定项目相关的一列命令的菜单。若显示快捷菜单，则右击某一项目或按 Shift＋F10 组合键），从中单击"自定义快速访问工具栏"选项，弹出"Excel 选项"对话框，如图 1-8 所示。自定义的具体步骤如下：

　　1）在"从下列位置选择命令"下拉列表框中选择"所有命令"选项。

　　2）在"自定义快速访问工具栏"下拉列表框中，选择"用于所有文档（默认）"选项或某个特定文档。

　　3）选择要添加的命令，然后单击"添加"按钮。对所有要添加的命令重复以上操作。

　　4）单击"上移" ▲ 和"下移" ▼ 按钮，按照希望这些命令在快速访问工具栏上出现的顺序排列它们。最后单击"确定"按钮。

　　如果不希望快速访问工具栏在其当前位置显示，可以将其移到其他位置。如果感觉 Office 控制按钮 旁边的默认位置距离工作区太远使用不方便，可以将其移到靠近工作区的位置。如果该位置处于功能区下方，则会超出工作区。因此，如果要最大化工作区，需将快速访问工具栏保留在其默认位置。单击"自定义快速访问工具栏"下拉按钮 ，在列表中单击"在功能区下方显示"选项即可。

图 1-8 "Excel 选项"对话框

（3）窗口名称及功能提示

窗口名称及功能提示用于显示窗口及窗口功能的信息。

（4）控制按钮

控制按钮可以用来实现窗口的最小化 、最大化 和关闭 功能，也可以通过右击标题栏在弹出的窗口控制快捷菜单中进行相应的操作，如图 1-9 所示。

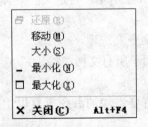

图 1-9 窗口控制快捷菜单

2. 任务功能区

在 Excel 2007 软件中，Excel 低版本中的菜单、工具栏消失不见了，取而代之的是"任务功能区"，如图 1-10 所示。

任务功能区可以使用户直接、快速地找到完成某一任务所需的命令。命令被组织在任务功能区逻辑组工具栏中，任务功能区逻辑组工具栏集中在任务功能选项卡下。每个选项卡都与一种类型的活动（如为公式输入内容或布局设计）相关。为了减少混乱，某些选项卡只在需要时才显示。例如，仅当选择图片后，才显示"图片工具"选项卡，如图 1-11 所示。

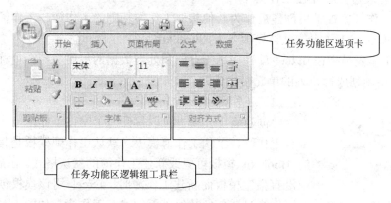

图 1-10 任务功能区

图 1-11 "图片工具"选项卡

（1）使用菜单将任务功能区最小化和还原

有时候我们操作的数据较多，希望工作区域增大，可以采用以下方法将任务功能区最小化和还原。

1）单击"自定义快速访问工具栏" <img>，或者右击任务功能区选项卡。在弹出的快捷菜单中，单击"功能区最小化"选项。

还原功能区：单击"自定义快速访问工具栏"下拉按钮 <img>，在列表中单击"功能区最小化"选项。

2）双击任务功能区选项卡，任务功能区自动最小化。

还原功能区：双击任务功能区选项卡，任务功能区最小化状态消失，恢复任务功能区。

（2）使用键盘快捷方式将任务功能区最小化和还原

若要最小化，按 Ctrl＋F1 组合键即可。

还原功能区：若要还原功能区，则按 Ctrl＋F1 组合键。

若在功能区最小化的情况下使用功能区，需单击要使用的选项卡，然后单击要使用的选项或命令。例如，在功能区最小化的情况下，可以单击"开始"选项卡，然后在"字体"组中，单击所需的文本大小。单击所需的文本大小后，功能区返回到最小化状态。

3. 工作簿及工作表

Excel 工作簿是包含一个或多个工作表的文件，可以用其中的工作表来组织各种相关信息。工作表总是存储在工作簿中。

Excel 工作簿模板是指创建后作为其他相似工作簿基础的工作簿。工作簿的默认模板名为 Book.xlt，工作表的默认模板名为 Sheet.xlt。

Excel 工作表是指在 Excel 软件中用于存储和处理数据的主要文档，也称为电子表格。工作表由排列成行或列的单元格组成。

（1）工作簿

要创建新工作簿，可以打开一个空白工作簿，也可以基于现有工作簿、默认工作簿模板（默认工作簿模板是指用户创建的 Book.xlt 模板可更改新建工作簿的默认格式。在启动 Excel 或没有指定模板而新建工作簿时，Excel 用该模板创建一个空白工作簿）或任何其他模板创建新工作簿，如图 1-12 所示。

图 1-12 创建新工作簿

Excel 2007 软件工作簿增加的新文件类型如表 1-1 所示。

表 1-1 工作簿文件类型及扩展名

文件类型	扩展名	文件类型	扩展名
工作簿	.xlsx	启用了宏的模板	.xltm
启用了宏的工作簿	.xlsm	非 XML 二进制工作簿	.xlsb
模板	.xltx	启用了宏的加载项	.xlam

（2）工作表

工作表是 Excel 软件的数据操作主体，它主要包括名称框、编辑栏、列标、行标、单元格、工作表标签、工作表标签操作按扭、滚动条和状态栏等内容，如图 1-13 所示。

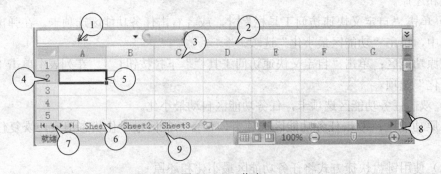

图 1-13 工作表

工作表各部分的功能如下：

① 名称框：显示当前的引用区域，即当前活动单元格的地址或单元格区域名。

② 编辑栏：对在工作表中选定的单元格或单元格区域输入或修改数据。

③ 列标：说明工作表中各列的具体位置，用英文字母 A、B、C、D……表示。Excel 2007 软件支持每个工作表中最多有 16 000 列（A，B，…，XFD）。

④ 行标：说明工作表中各行的具体位置，用阿拉伯数字 1、2、3、4……表示。Excel 2007 软件支持每个工作表中最多有 1 000 000 行（1，2，…，1 000 000）。

⑤ 单元格：工作表的基本单位，其中可存放数字、字符串、公式等。单元格的名称由列标和行标组成，如 A2、B3；单元格区域的名称由选定单元格区域左上角的单元格名称和右下角的单元格名称组成，如 A2:B3、C1:F4……。目前正在使用的单元格称为活动单元格。

⑥ 工作表标签：标识一个工作簿中各张工作表的名称。默认情况下一个工作簿有三个工作表，标签名称为 Sheet1、Sheet2、Sheet3。目前正在使用的工作表称为活动工作表，可以单击工作表标签进行工作表的切换。

⑦ 工作表标签操作按扭：可以查看隐藏的工作表标签。

⑧ 滚动条：可显示工作区域看不到的单元格区域，分横向滚动条和纵向滚动条。

⑨ 状态栏：显示当前所处状态相关信息，其有缩放比例及页面显示工具。

第二节　Excel 2007 软件的基本操作

一、工作表的操作

1. 插入工作表

1）一次插入一个工作表。插入一个新工作表，需执行下列操作之一：

① 若在现有工作表的末尾快速插入新工作表，单击 Excel 窗口下方的"插入工作表"，如图 1-14 所示，或者按 Shift＋F11 组合键。

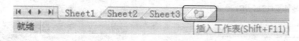

图 1-14　在现有工作表末尾插入新工作表

② 如果在现有工作表之前（当前工作表左侧）插入新工作表，则选择该工作表，在"开始"选项卡的"单元格"组中，单击"插入"右侧的下拉箭头，然后单击"插入工作表"选项，如图 1-15 所示。也可以右击现有工作表的标签，在弹出的快捷菜单中单击"插入"选项，弹出"插入"对话框，在"常用"选项卡中单击"工作表"选项，然后单击"确定"按钮。

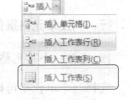

图 1-15　在现有工作表前
插入新工作表

2）一次插入多个工作表。一次插入多个工作表可以按住 Shift 键，然后在打开的工作簿中选择与要插入的工作表数目相同的现有工作表标签（如要插入两个新工作表，则选择两个现有工作表的工作表标签），重复插入单个工作表的步骤。

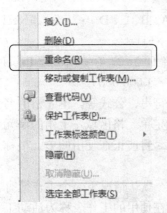

图 1-16　重命名工作表标签

也可以右击所选的工作表标签,在弹出的快捷菜单中单击"插入"选项,弹出"插入"对话框,在"常用"选项卡中单击"工作表"选项,然后单击"确定"按钮。

如果要求一次插入的工作表数量庞大,可分批次进行插入。

2. 重命名工作表

在"工作表标签"栏中,右击要重命名的工作表标签,在弹出的快捷菜单中单击"重命名"选项,选择当前的名称,然后输入新名称,如图 1-16 所示。

也可以双击需要重命名的工作表标签,然后输入新名称。

3. 删除工作表

在"开始"选项卡的"单元格"组中,单击"删除"右侧的下拉箭头,然后单击"删除工作表"选项,如图 1-17 所示。

也可以右击要删除的工作表的工作表标签,在弹出的快捷菜单中单击"删除"选项,如图 1-18 所示。

图 1-17　"开始"选项卡中删除工作表

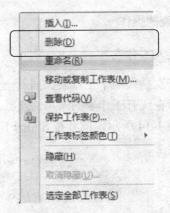

图 1-18　右击删除工作表

二、行、列及单元格操作

1. 选择一个单元格

选择一个单元格可以单击该单元格或按键盘方向键移至该单元格。

2. 选择连续单元格区域

选择单元格区域可以单击该区域中的第一个单元格,然后拖动鼠标指针至最后一个单元格,或者在按住 Shift 键的同时按键盘方向键以扩展选定区域。也可以选择该区域中的第一个单元格,然后按 F8 键,使用键盘方向键扩展选定区域。若停止扩展选定区域，则再次按 F8 键。

选择较大的单元格区域可以单击该区域中的第一个单元格，然后在按住 Shift 键的同时单击该区域中的最后一个单元格，可以使用滚动功能显示最后一个单元格。

3. 选择不相邻的单元格或单元格区域

选择不相邻的单元格或单元格区域可以先选择第一个单元格或单元格区域，然后在按住 Ctrl 键的同时选择其他单元格或区域。也可以先选择第一个单元格或单元格区域，然后按 Shift＋F8 组合键将另一个不相邻的单元格或区域添加到选定区域中。若停止向选定区域中添加单元格或区域，则再次按 Shift＋F8 组合键。

4. 选择整行或整列

选择整行或整列可以利用单击行标或列标来实现。也可以先选择行或列中的单元格，方法是选择第一个单元格，然后按 Ctrl＋Shift＋键盘方向键（对于行，使用向右键或向左键；对于列，使用向上键或向下键）。

如果行或列包含数据，那么按 Ctrl＋Shift＋键盘方向键可选择到行或列中最后一个已使用单元格之前的部分。按 Ctrl＋Shift＋键盘方向键 1 秒钟可选择整行或整列。

5. 选择相邻的行或列

选择相邻行或列可以在行标题或列标题间拖动鼠标指针，或者先选择第一行或第一列，然后在按住 Shift 键的同时选择最后一行或最后一列。

6. 选择不相邻的行或列

选择不相邻的行或列可以单击选定区域中第一行的行标或第一列的列标，然后在按住 Ctrl 键的同时单击要添加到选定区域中的其他行的行标或其他列的列标。

7. 选择行、列或工作表中的第一个或最后一个单元格

选择行或列中的第一个或最后一个单元格可以选择行或列中的一个单元格，然后按 Ctrl＋键盘方向键（对于行，使用向右键或向左键；对于列，使用向上键或向下键）。

选择工作表中第一个或最后一个单元格可以按 Ctrl＋Home 组合键选择工作表或 Excel 列表中的第一个单元格；然后按 Ctrl＋End 组合键选择工作表或 Excel 列表中最后一个包含数据或格式设置的单元格。

选择工作表中最后一个使用的单元格（右下角）之前的单元格区域可以选择第一个单元格，然后按 Ctrl＋Shift＋End 组合键可将选定单元格区域扩展到工作表中最后一个使用的单元格（右下角）。

到工作表起始处的单元格区域可以选择第一个单元格，然后按 Ctrl＋Shift＋Home 组合键可将单元格选定区域扩展到工作表的起始处。

8. 增加或减少活动选定区域中的单元格

增加或减少活动选定区域中的单元格，可以在按住 Shift 键的同时单击要包含在新

选定区域中的最后一个单元格。活动单元格（活动单元格就是选定单元格，可以向其中输入数据。一次只能有一个活动单元格，活动单元格四周的边框加粗显示）和单击的单元格之间的矩形区域将成为新的选定区域。

9. 全选

选择工作表中的所有单元格可以单击"全选"按钮，如图 1-19 所示。

图1-19 "全选"按钮

若选择整个工作表，还可以按 Ctrl＋A 组合键。如果工作表包含数据，则按 Ctrl＋A 组合键可选择当前区域。按住 Ctrl＋A 组合键 1 秒可选择整个工作表。取消选择的单元格区域，则单击工作表中的任意单元格即可实现。

10. 在工作表中插入空白单元格

在工作表中插入空白单元格的操作步骤如下：

1）选取要插入新空白单元格的单元格或单元格区域。选取的单元格数量应与要插入的单元格数量相同。例如，要插入六个空白单元格，则需要选取六个单元格。

2）在"开始"选项卡的"单元格"组中，单击"插入"右侧的下拉箭头，然后单击"插入单元格"选项，如图 1-20 所示。还可以右击所选的单元格，然后单击快捷菜单中的"插入"选项，弹出"插入"对话框。

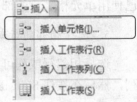

图1-20 插入单元格

3）在"插入"对话框中，单击要移动周围单元格的方向。

当在工作表中插入单元格时，受插入影响的所有引用都会相应地做出调整，不管它们是相对引用还是绝对引用。这同样适用于删除单元格，当删除的单元格由公式直接引用时除外。如果需要引用自动调整，建议在公式中尽可能使用区域引用，而不是指定单个单元格。

可以插入包含数据和公式的单元格，方法是先对其进行复制或剪切，右击要粘贴的位置，然后单击快捷菜单中的"插入复制单元格"或"插入剪切单元格"选项。

若要快速重复插入单元格的操作，则单击要插入单元格的位置，然后按 Ctrl＋Y 组合键。如果要设置格式，可以使用"插入选项"，利用格式刷 来选择如何设置插入单元格的格式。

11. 在工作表中插入行

在工作表中插入行的操作步骤如下：

1）选择要插入的行。若插入单一行，则选择要在其上方插入新行的行或该行中的一个单元格。例如，在第五行上方插入一个新行，则单击第五行中的一个单元格。

若插入多行，则选择要在其上方插入新行的那些行，所选的行数应与要插入的行数相同。例如，插入三个新行，需要选择三行。

若插入不相邻的行,则按住Ctrl键的同时选择不相邻的行。

2)在"开始"选项卡的"单元格"组中,单击"插入"右侧的下拉箭头,然后单击"插入工作表行"选项,如图1-21所示。还可以右击所选行,然后单击快捷菜单中的"插入"选项。

当在工作表中插入行时,受插入影响的所有引用都会相应地做出调整,不管它们是相对引用还是绝对引用。这同样适用于删除行,当删除的单元格由公式直接引用时除外。如果需要引用自动调整,建议在公式中尽可能使用区域引用,而不是指定单个单元格。

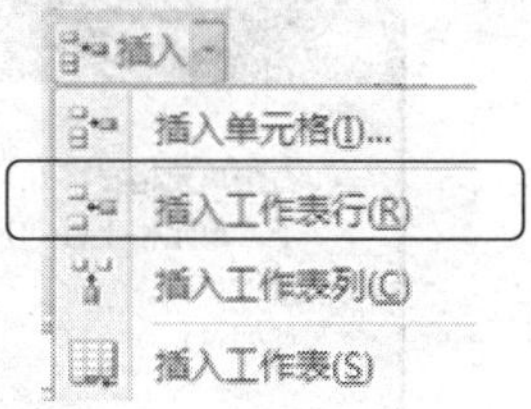

图 1-21 插入工作表行

12. 在工作表中插入列

在工作表中插入列的操作步骤如下:

1)选择要插入的列。若插入单一列,可以选择要在紧靠其右侧插入新列的列或该列中的一个单元格。例如,在B列左侧插入一列,则单击B列中的一个单元格。

若插入多列,可以选择要紧靠其右侧插入列的那些列,所选的列数应与要插入的列数相同。例如,插入三个新列,需要选择三列。

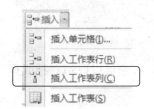

图 1-22 插入工作表列

若插入不相邻的列,则按住Ctrl键的同时选择不相邻的列。

2)在"开始"选项卡的"单元格"组中,单击"插入"右侧的下拉箭头,然后单击"插入工作表列"选项,如图1-22所示。还可以右击所选的单元格,然后单击快捷菜单中的"插入"选项。

当在工作表中插入列时,受插入影响的所有引用都会相应地做出调整,不管它们是相对引用还是绝对引用。这同样适用于删除列,当删除的单元格由公式直接引用时除外。如果需要引用自动调整,建议在公式中尽可能使用区域引用,而不是指定单个单元格。

13. 删除单元格、行或列

在工作表中删除单元格、行或列,在"开始"选项卡的"单元格"组中,执行下列操作之一:

① 若要删除所选的单元格,则单击"删除"右侧的下拉箭头,然后单击"删除单元格"选项。

② 若要删除所选的行,则单击"删除"右侧的下拉箭头,然后单击"删除工作表行"选项。

③ 若要删除所选的列,则单击"删除"右侧的下拉箭头,然后单击"删除工作表列"选项,如图1-23所示。

还可以右击所选的单元格、行或列,单击快捷菜单中的"删除"选项,然后在弹出的"删除"对话框中单击所需的选项。

图 1-23 删除单元格、行或列

图 1-24　删除单元格或单元格区域

如果要删除单元格或单元格区域，则在"删除"对话框中，点选"右侧单元格左移"、"下方单元格上移"、"整行"或"整列"单选按钮，如图 1-24 所示。

按 Delete 键只删除所选单元格的内容，而不会删除单元格本身。Excel 通过调整移动单元格的引用以反映它们的新位置来使公式保持更新。但是，如果公式中引用的单元格已被删除，将显示错误值 #REF!。

14. 冻结窗格

冻结窗格的操作步骤如下：

1）选择要冻结的行列。在工作表中，执行下列操作之一：

① 若锁定行，则选择其下方要出现拆分的行。

② 若锁定列，则选择其右侧要出现拆分的列。

③ 若同时锁定行和列，则单击其下方和右侧要出现拆分的单元格。

2）在"视图"选项卡的"窗口"组中，单击"冻结窗格"选项，然后单击所需的选项，如图 1-25 所示。

图 1-25　冻结窗格

当冻结窗格时，"冻结窗格"选项更改为"取消冻结窗格"，以便可以取消对行或列的锁定。

15. 拆分窗格

拆分窗格的操作步骤如下：

"拆分"按钮

图 1-26　拆分窗格

1）若拆分窗格，则将鼠标指针指向垂直滚动条顶端或水平滚动条右端的拆分框，如图 1-26 所示。

2）当指针变为拆分指针 ♦ 或 ♦|♦ 时，将拆分框向下或向左拖至所需的位置。

3）若取消拆分，则双击拆分窗格的拆分条的任何部分。

16. 隐藏行或列

隐藏行或列的操作步骤如下：

1）选择要隐藏的行或列。若取消选择的单元格区域，则单击工作表中的任意单元格。

2）在"开始"选项卡的"单元格"组中，单击"格式"选项。

3）执行下列操作之一：

① 将鼠标指针指向"可见性"下方的"隐藏和取消隐藏"，然后单击"隐藏行"或"隐藏列"选项，如图 1-27 所示。

② 在"单元格大小"下方，单击"行高"或"列宽"选项，然后在弹出的"行高"

或"列宽"对话框中输入"0"。

图 1-27　隐藏行或列

③ 也可以右击一行或一列（或者选择的多行或多列），然后单击"隐藏"选项。

17. 取消隐藏行或列

取消隐藏行或列的操作步骤如下：

1）在工作表中，执行下列操作之一：

① 若显示隐藏的行，则选择要显示的行的上一行和下一行。

② 若显示隐藏的列，则选择要显示的列两边的相邻列。

③ 若显示工作表中一个隐藏的行或列，在"名称框"中输入隐藏行或列的单元格。也可以使用"定位"对话框来选择它。在"开始"选项卡的"编辑"组中，单击"查找和选择"选项，然后单击"转动"选项，在"引用位置"文本框中，输入隐藏行、列的单元格，再单击"确定"按钮。

2）在"开始"选项卡的"单元格"组中，单击"格式"选项，将鼠标指针指向"隐藏和取消隐藏"，再单击"取消隐藏行"或"取消隐藏列"选项如图 1-28 所示。

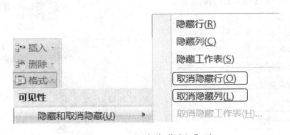

图 1-28　取消隐藏行或列

三、设置行高、列宽

在工作表中，可以将列宽指定为 0～255，此值表示可在用标准字体（默认文本字体）进行格式设置的单元格中显示的字符数。默认列宽为 8.43 个字符。如果列宽设置为 0，则隐藏该列。

可以将行高指定为 0～409，此值以点数（1 点约等于 1/72 英寸）表示高度测量值。默认行高为 12.75 点。如果行高设置为 0，则隐藏该行。

1. 将列设置为特定宽度

将列设置为特定宽度的操作步骤如下：

1）选择要更改的列。

2）在"开始"选项卡的"单元格"组中，单击"格式"选项。

3）在"单元格大小"下单击"列宽"选项。

4）在"列宽"对话框中，输入所需的值，如图1-29所示。

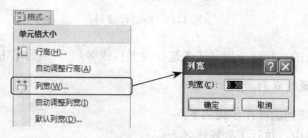

图 1-29　设置列宽

2. 更改列宽以适合内容

更改列宽以适合内容的操作步骤如下：

1）选择要更改的列。

2）在"开始"选项卡的"单元格"组中，单击"格式"选项。

3）在"单元格大小"下单击"自动调整列宽"选项，如图1-30所示。

若要快速自动调整工作表中的所有列，则单击"全选"按钮，然后双击两个列标题之间的任意边界，如图1-31所示。

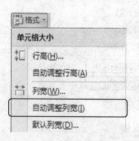

图 1-30　自动调整列宽

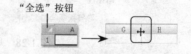

图 1-31　快速自动调整列宽

3. 将列宽与另一列匹配

将列宽与另一列匹配的操作步骤如下：

1）在该列中选择一个单元格。

2）在"开始"选项卡的"剪贴板"组中，单击"复制"按钮，然后选择目标列。

3）在"开始"选项卡的"剪贴板"组中，单击"粘贴"下方的下拉箭头，然后单击"选择性粘贴"选项。

4）在弹出的"选择性粘贴"对话框中的"粘贴"下，点选"列宽"单选按钮，如图 1-32 所示。

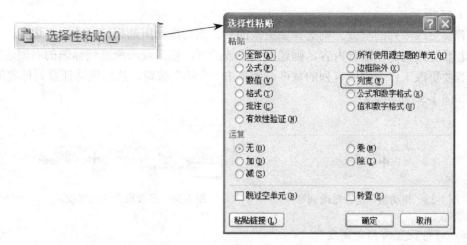

图 1-32 列宽与另一列匹配

4. 更改工作表或工作簿中所有列的默认宽度

默认列宽的值只是适合单元格的标准字体的平均字符数。可以为工作表或工作簿的默认列宽指定其他数字。更改工作表或工作簿中所有列的默认宽度的操作步骤如下：

1）执行下列操作之一：

① 若要更改工作表的默认列宽，则单击其工作表标签。

② 若要更改整个工作簿的默认列宽，则右击工作表标签，如图 1-33 所示，然后单击快捷菜单中的"选定全部工作表"选项。

2）在"开始"选项卡的"单元格"组中，单击"格式"选项。

3）在"单元格大小"下单击"默认宽度"选项。

4）在"默认列宽"对话框中，输入新的度量值，如图 1-34 所示。

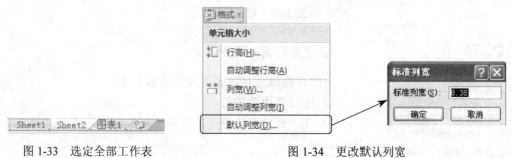

图 1-33 选定全部工作表　　　　　　　图 1-34 更改默认列宽

如果要为所有新的工作簿和工作表定义默认列宽，可以创建一个工作簿模板或工作表模板，然后基于这些模板创建新的工作簿或工作表。有关详细信息，请参阅创建模板。

5. 使用鼠标指针更改列宽

若要更改某一列的宽度，可用鼠标指针拖动列标题的右侧边界，直到达到所需列宽，如图 1-35 所示。

若要更改多列的宽度，则选择要更改的列，然后拖动所选列标题的右侧边界。

若要更改列宽以适合内容，则选择要更改的列，然后双击所选列标题的右侧边界。

若要更改工作表中所有列的宽度，则单击"全选"按钮，然后拖动任意列标题的边界，如图 1-36 所示。

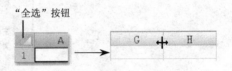

图 1-35　拖动鼠标指针更改列宽　　　　图 1-36　更改所有列的宽度

6. 将行设置为指定高度

将行设置为指定高度的操作步骤如下：

1）选择要更改的行。

2）在"开始"选项卡的"单元格"组中，单击"格式"选项。

3）在"单元格大小"下单击"行高"选项。

4）在"行高"对话框中，输入所需的值，如图 1-37 所示。

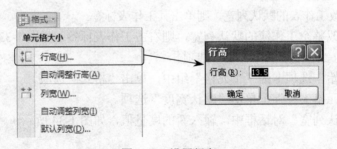

图 1-37　设置行高

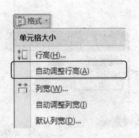

图 1-38　自动调整行高

7. 更改行高以适合内容

更改行高以适合内容的操作步骤如下：

1）选择要更改的行。

2）在"开始"选项卡的"单元格"组中，单击"格式"选项。

3）在"单元格大小"下单击"自动调整行高"选项，如图 1-38 所示。

若要快速自动调整工作表中的所有行，则单击"全选"按钮，然后双击行标题之一下方的边界，如图 1-39 所示。

8. 使用鼠标指针更改行高

使用鼠标指针更改行高可以执行下列操作之一：

1）若要更改某一行的行高，则拖动行标题下方的边界，直到达到所需行高，如图 1-40 所示。

图 1-39 快速自动调整行高

2）若要更改多行的行高，则选择要更改的行，然后拖动所选行标题之一下方的边界。

3）若要更改工作表中所有行的行高，则单击"全选"按钮，然后拖动任意行标题下方的边界，如图 1-41 所示。

图 1-40 更改某一行的行高

图 1-41 更改所有行的行高

4）若要更改行高以适合内容，则双击行标题下方的边界。

四、合并、拆分单元格

1. 合并相邻单元格

1）选择两个或更多要合并的相邻单元格。确保在合并单元格中显示的数据位于所选区域的左上角单元格中。只有左上角单元格中的数据将保留在合并的单元格中，所选区域中所有其他单元格中的数据都将被删除。

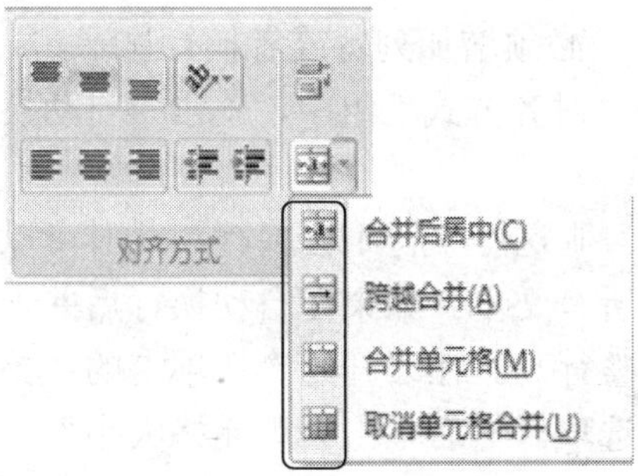

2）在"开始"选项卡的"对齐方式"组中，单击"合并后居中"右侧的下拉箭头，如图 1-42 所示。

这些单元格将在一个行或列中合并，并且单元格内容将在合并单元格中居中显示。若合并单元格不居中显示内容，则单击"跨越合并"或"合并单元格"选项。

如果"合并后居中"按钮不可用，则所选单元格可能在编辑模式下。取消编辑模式，按 Enter 键。

图 1-42 合并相邻单元格

3）若更改合并单元格中的文本对齐方式，可以选择该单元格，在"开始"选项卡的"对齐方式"组中，单击任一对齐方式按钮。

2. 拆分合并的单元格

拆分合并的单元格的操作步骤如下：

1）选择拆分合并的单元格。当选择合并的单元格时，"合并后居中"按钮在"开始"选项卡的"对齐方式"组中也显示为选中状态。

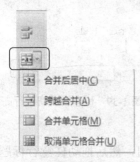

图 1-43　拆分合并的单元格

2）若拆分合并的单元格，则单击"合并后居中"右侧的下拉箭头，再单击"取消单元格合并"选项，合并单元格的内容将出现在拆分单元格区域左上角的单元格中，如图 1-43 所示。

五、数据、文本的输入

1．输入数字或文本

（1）改变 Enter 键的移动方向

在工作表中，单击一个单元格，输入所需的数字或文本，然后按 Enter 键或 Tab 键。

如果在同一个单元格中另起一行输入数据，则按 Alt＋Enter 组合键输入一个换行符，强制换行。默认情况下，按 Enter 键会将所选内容向下移动一个单元格，Tab 键会将所选内容向右移动一个单元格。

在Excel中我们不能更改 Tab 键移动的方向，但是可以为 Enter 键指定不同的方向。单击 Office 控制按钮，再单击"Excel 选项"按钮，弹出"Excel 选项"对话框，在"高级"类别中的"编辑选项"下，勾选"按 Enter 键后移动所选内容"复选框，然后在"方向"下拉列表框中选择所需的方向，如图 1-44 所示。

（2）单元格内自动换行

当单元格包含的数据的数字格式比其列宽

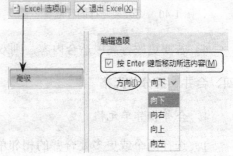

图 1-44　改变 Enter 键的移动方向

更宽时，单元格可能显示"#####"。要查看所有文本，必须增加列宽或者换行显示。

单击要自动换行的单元格，在"开始"选项卡的"对齐方式"组中，单击"自动换行"按钮，如图 1-45 所示。

图 1-45　自动换行

如果文本是一个长单词，则这些字符不会换行；此时可以加大列宽或缩小字号来显示所有文本。如果在自动换行后并未显示所有文本，可能需要调整行高。在"开始"选项卡的"单元格"组中，单击"格式"选项，然后单击"单元格大小"下的"自动调整行高"选项。

在 Excel 中，单元格中数字的显示与该单元格中存储的数字是分离的。当输入的数字四舍五入时，大多数情况下，只显示用户设置的四舍五入要求。计算时使用单元格中实际存储的数字（没有四舍五入的数字），而非显示的四舍五入后的数字。

2．输入具有自动设置小数点的数字

在工作表中，单击一个单元格，然后输入所需的数字。单击 Office 控制按钮，然后单击"Excel 选项"按钮，弹出"Excel 选项"对话框，在"高级"类别中的"编辑选项"下，勾选"自动插入小数点"复选框，如图1-46所示。

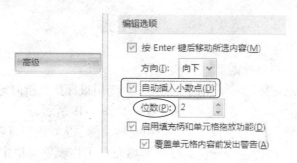

图 1-46 自动插入小数点

在"位数"列表框中，输入一个正数表示小数点右边的位数，或输入一个负数表示小数点左边的位数。例如，如果在"位数"列表框中输入 2，然后在单元格中输入 1234，则值为 12.34。如果在"位数"列表框中输入－2，然后在单元格中输入 1234，则值为 123 400。

在勾选"自动插入小数点"复选框之前输入的数据不受影响，也可在输入数字时直接输入小数点。

3. 输入日期或时间

在工作表中，单击一个单元格。对于日期，使用斜线或连字符分隔日期的各部分。例如，输入 9/5/2013 或 5-Sep-2013。当在单元格中输入日期或时间时，它的显示格式既可以是默认的日期或时间格式，也可以是在输入日期或时间之前应用于该单元格的格式。默认系统日期或时间设置发生了更改，则工作簿中未使用"设置单元格格式"命令设置格式的任何现有日期也会随之更改。

若使用默认的日期或时间格式，则单击包含日期或时间的单元格，然后按 Ctrl＋Shift＋# 或 Ctrl＋Shift＋@组合键；若要输入当前日期，按 Ctrl＋；组合键。

在重新打开工作表时仍保持当前的日期或时间，可以使用 TODAY 和 NOW 函数。

4. 编辑单元格内容

在 Excel 中可以直接在单元格中编辑单元格内容：双击包含要编辑的数据的单元格；也可以在编辑栏中编辑单元格内容，如图1-47所示。

图 1-47 编辑单元格内容

单击包含要编辑的数据的单元格，然后单击编辑栏中的任何位置。在编辑模式下，许多功能区命令将处于非活动状态暂时停用。若删除字符，则单击要删除字符的位置，然后按 Backspace 键，或者选择字符，然后按 Delete 键。

若插入字符，则单击要插入字符的位置，然后输入新字符。

若替换特定字符，则先选择它们，然后输入新字符。

若在单元格中特定的位置开始新的文本行，则在希望断行的位置单击，并按 Alt＋Enter 组合键（强制换行）。

确认更改，则按 Enter 键。在按下 Enter 键之前，可以通过按 Esc 键取消所做的任何更改。按 Enter 键后，可以通过单击快速访问工具栏中的"撤消"按钮取消所做的任何更改。

5. 自动填充数据

（1）使用填充柄填充数据

填充柄是位于选定区域右下角的小黑方块。当用鼠标指针指向句柄时，指针更改为黑十字，如图 1-48 所示。

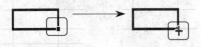

图 1-48　黑十字指针

填充柄功能强大，我们可以使用"填充"命令将数据填充到工作表单元格中，还可以让 Excel 根据建立的模式自动输入数字、数字和文本的组合、日期或时间段序列。然而，若要快速填充几种类型的数据序列，可以选择单元格并拖动填充柄，如图 1-49 所示。

拖动填充柄后，会出现"自动填充选项"按钮，以便选择如何填充所选内容，如图 1-50 所示。

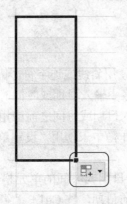

图 1-49　快速填充数据序列的方法

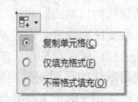

图 1-50　自动填充选项

例如，可以点选"仅填充格式"单选按钮只填充单元格格式，也可以点选"不带格式填充"单选按钮只填充单元格的内容。

如果不希望每次拖动填充柄时都显示"自动填充选项"按钮，可以将其关闭。

单击"Office 控制按钮" ，然后单击"Excel 选项"，弹出"Excel 选项"对话框。在"高级"类别中的"剪切、复制和粘贴"下，取消勾选"显示粘贴选项按钮"复选框，如图 1-51 所示。

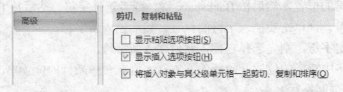

图 1-51　取消勾选"显示粘贴选项按钮"复选框

（2）为相邻的单元格填充数据

我们可以使用"填充"命令用相邻单元格或区域的内容填充活动单元格或选定区域，也可以通过拖动填充柄快速填充相邻的单元格。

图1-52 选择个空白单元格

1）不使用填充柄填充。选择包含要填充的数据的单元格上方、下方、左侧或右侧的一个空白单元格，如图1-52所示。

在"开始"选项卡的"编辑"组中，单击"填充"选项，然后单击"向下"、"向右"、"向上"或"向左"选项，完成填充，如图1-53所示。若使当前单元格上方或左侧的单元格中的内容快速填充当前单元格，可以按 Ctrl＋D 或 Ctrl＋R 组合键。

2）使用填充柄填充。选择包含要填充到相邻单元格中的数据的单元格，将填充柄拖过要填充的单元格，单击"自动填充"选项选择填充所选内容的方式，选择所需的选项，如图1-54所示。

图1-53 "填充"命令

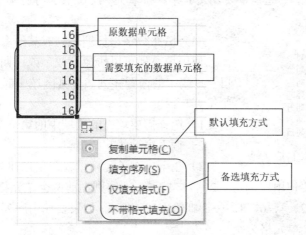

图1-54 使用填充柄填充

（3）将公式填充到相邻的单元格中

选择包含要填充到相邻单元格中的公式的单元格，将填充柄拖过要填充的单元格，如图1-55所示。

还可以通过使用"开始"选项卡的"编辑"组中"填充"命令，用相邻单元格的公式填充活动单元格，或通过按 Ctrl＋D 或 Ctrl＋R 组合键填充包含公式的单元格下方或右侧的单元格。

对于应用某公式的所有相邻单元格，可以自动向下填充该公式，方法是双击包含公式的第一个单元格的填充柄。例如，在单元格 A1:A10 和 B1:B10 中含有数字，在单元格 C1 中输入公式"=A1+B1"。要将该公式复制到单元格 C2:C10 中，则需选择单元格 C1 并双击填充柄。

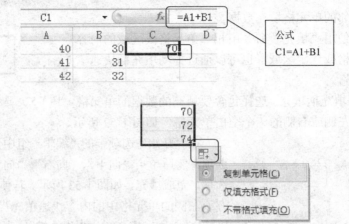

图 1-55　填充柄拖过要填充的单元格

注意：使用此方法时要求相邻两列行数相同。若行数不同 Excel 则采用就低原则，适应相邻两列最少行数，如上例变为 A1:A10 和 B1:B5 相邻，在单元格 C1 中输入公式"＝A1+B1"，选择单元格 C1 并双击填充柄，C1:C5 将自动填充公式，C6:C10 不做操作。

图 1-56　填充数字、日期序列

（4）填充数字、日期序列或其他内置序列项目

使用填充柄可以快速用数字或日期序列或者日、工作日、月或年的内置序列填充某区域中的单元格，如图 1-56 所示。

1）选择需要填充的区域中的第一个单元格。

2）输入序列的起始值。

3）在下一个单元格中输入值以建立模式。

例如，如果要使用序列 1、2、3、4、5、…，则在前两个单元格中输入 1 和 2。如果要使用序列 2、4、6、8、…，则输入 2 和 4。如果要使用序列 2、2、2、2、…，则可以保留第二个单元格为空。

4）选择包含初始值的单元格。

5）将填充柄拖过要填充的区域。

按升序填充，从上到下或从左到右拖动；按降序填充，从下到上或从右到左拖动。

Excel 还内置了相当多的序列变化（用逗号分隔的各项放置到相邻单元格中），如表 1-2 所示。

表 1-2　Excel 中的序列

初 始 选 择	扩 展 序 列
1，2，3	4，5，6，…
9:30	10:30，11:30，12:30，…
周一	周二，周三，周四，…

续表

初 始 选 择	扩 展 序 列
星期一	星期二，星期三，星期四，…
一月	二月，三月，四月，…
一月，三月	五月，七月，九月，…
1999 年 1 月，1999 年 4 月	1999 年 7 月，1999 年 10 月，2000 年 1 月，…
1 月 1 日，4 月 1 日	7 月 1 日，10 月 1 日，…
1999，2000	2001，2002，2003，…
1 月 1 日，3 月 1 日	5 月 1 日，7 月 1 日，9 月 1 日，…
文本 1，文本 A	文本 1，文本 A，文本 3，文本 A，…
第 1 章	第 2 章，第 3 章，…
产品 1	产品 2，产品 3，…

也可以指定序列类型，方法是先按住鼠标右键，再拖动填充柄，在到达填充区域之上时，单击快捷菜单中的适当命令。例如，如果初始值为 Jan-2014，则单击"以月填充"将生成序列 Feb-14、Mar-14 等；单击"以年填充"将生成序列 Jan-15、Jan-16 等，如图 1-57 所示。

图 1-57　指定序列类型

如果选定区域包含数字，则可以控制要创建的序列的类型。

在"开始"选项卡的"编辑"组中，单击"填充"选项，然后在列表中单击"系列"选项，弹出"序列"对话框，如图 1-58 所示。

在"类型"列表框中，执行下列选项之一：

① 点选"等差序列"单选按钮，获得对每个单元格值依次添加"步长值"文本框中的值而计算出的序列。

② 点选"等比序列"单选按钮，获得将"步长值"文本框中的值依次与每个单元格值相乘而计算出的序列。

③ 点选"日期"单选按钮，获得按照"步长值"文本框中的值以递增方式填充数据值的序列，该序列采用在"日期单位"下指定的单位。

④ 点选"自动填充"单选按钮，获得在拖动填充柄产生相同结果的序列。

可以复制"自动填充"，方法是按住 Ctrl 键的同时拖动选择两个或更多单元格的填充柄。选择的值就复制到了相邻的单元格，并且 Excel 不扩展序列。

（5）自定义填充序列填充

为了更轻松快速地输入特定的数据序列（如名称或销售区域的列表），可以创建自定义填充序列。自定义填充序列可以基于工作表中已有项目的列表，也可以从头开始输入列表。不能编辑或删除内置填充序列（如月、日和星期的填充序列），但是可以编辑或删除自定义填充序列。

图 1-58 "序列"对话框

自定义列表只可以包含文字或混合数字的文本。对于只包含数字的自定义列表，如从 0～100，必须将这些数字设为文本格式。

1）单击 Office 控制按钮，然后单击"Excel 选项"按钮。

2）在弹出的"Excel 选项"对话框中单击"常用"选项，然后在"使用 Excel 时采用的首选项"下单击"编辑自定义列表"按钮。确认所选项目列表的单元格引用显示在"从单元格中导入序列"文本框中，然后单击"导入"按钮。所选的列表中的项目将添加到"自定义序列"列表框中，如图 1-59 所示。

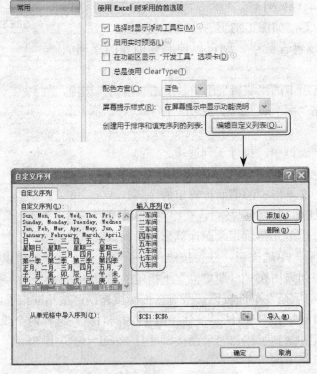

图 1-59 编辑自定义列表

3）单击"确定"按钮两次。

在工作表中，单击一个单元格，然后在自定义填充序列中输入要用作列表初始值的项目。将填充柄拖过要填充的单元格。

也可按下述步骤操作，如图 1-60 所示。

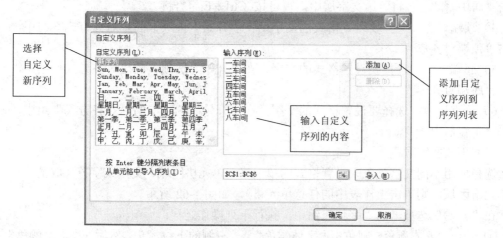

图 1-60　自定义序列

单击"自定义序列"列表框中的"新序列"，然后在"输入序列"列表框中输入各个项，从第一个项开始。输入每个项后，按 Enter 键。

当列表完成后，单击"添加"按钮，然后单击"确定"按钮两次或者用鼠标点击确定。

如要删除或修改自定义序列，可以在"自定义序列"列表框中先选择要修改或删除的列表，然后执行下列操作之一：

① 修改填充序列，则在"输入序列"列表框中进行所需的更改，然后单击"添加"按钮。

② 删除填充序列，则单击"删除"按钮。

（6）隐藏或显示填充柄

1）单击 Office 控制按钮，然后单击"Excel 选项"按钮。

2）在弹出的"Excel 选项"对话框中单击"高级"选项，然后在"编辑选项"下，取消勾选或勾选"启用填充柄和单元格拖放功能"复选框以隐藏或显示填充柄。

3）为了避免在拖动填充柄时替换现有数据，勾选"覆盖单元格内容前发出警告"复选框，如图 1-61 所示。

图 1-61　隐藏或显示填充柄

六、设置数据格式

1. 使用任务功能区常用的工具

（1）Excel 中文字对齐的操作

1）左对齐：选择要设置格式的文字，在"开始"选项卡的"对齐方式"组中，单击"文本左对齐 ▤"。

2）右对齐：选择要设置格式的文字，在"开始"选项卡的"对齐方式"组中，单击"文本右对齐 ▤"，若将所选文字右对齐，也可按 Ctrl＋R 组合键。

3）水平居中：选择要设置格式的文字，在"开始"选项卡的"对齐方式"组中，单击"居中 ≡"，若将所选文字居中，也可按 Ctrl＋E 组合键。

4）顶端对齐：选择要设置格式的文字，在"开始"选项卡的"对齐方式"组中，单击"顶端对齐 ≡"。

5）底端对齐：选择要设置格式的文字，在"开始"选项卡的"对齐方式"组中，单击"底端对齐 ≡"。

6）垂直居中：选择要设置格式的文字，在"开始"选项卡的"对齐方式"组中，单击"垂直居中 ≡"。

（2）更改文字颜色

选择要用不同文字颜色来设置格式的单元格、单元格区域、文本或字符（取消选择的单元格区域，则单击工作表中的任意单元格），如图 1-62 所示。

在"开始"选项卡的"字体"组中，执行下列操作之一：

① 若更改文本颜色，则单击"字体颜色" ▲ 右侧的下拉箭头，然后在"主题颜色"或"标准色"下，单击要使用的颜色，如图 1-63 所示。

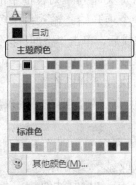

图 1-62 "字体颜色"按钮

图 1-63 字体颜色设置

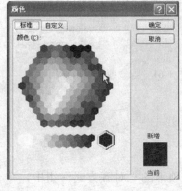

图 1-64 其他颜色

应用最近选择的文本颜色，则直接单击"字体颜色"按钮。

② 若应用提供的主题颜色和标准色以外的颜色，则单击"其他颜色"，然后在"颜色"对话框中的"标准"选项卡或"自定义"选项卡中指定要使用的颜色，如图 1-64 所示。

（3）更改文字的背景色

选择要用不同背景色来设置格式的单元格、单元格区域、文本或字符（取消选择的单元格区域，则单击工作表中的任意单元格），如图 1-65 所示。

在"开始"选项卡的"字体"组中，执行下列操作之一：

① 若更改背景色，则单击"填充颜色"  右侧的下拉箭头，然后在"主题颜色"或"标准色"下单击要使用的背景色。

② 若应用最近选择的背景色，则直接单击"填充颜色"按钮。

图1-65 "填充颜色"按钮

③ 若应用提供的主题颜色和标准色以外的颜色，则单击"其他颜色"（操作图形同"更改文字颜色"），然后在"颜色"对话框中的"标准"选项卡或"自定义"选项卡中指定要使用的颜色。

（4）设置文字格式为加粗、倾斜或带下划线

选择要设置格式的单元格、单元格区域、文本或字符（取消选择的单元格区域，则单击工作表中的任意单元格），如图1-66所示。

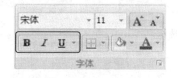

图1-66 "加粗""倾斜"
"下划线"按钮

在"开始"选项卡的"字体"组中，执行下列操作之一：

① 若使文本加粗，则单击"加粗" **B**，也可以按 Ctrl＋B 或 Ctrl＋2 组合键。

② 若使文本倾斜，则单击"倾斜" *I*，也可以按 Ctrl＋I 或 Ctrl＋3 组合键。

③ 若使文本带下划线，则单击"下划线" U，也可以按 Ctrl＋U 或 Ctrl＋4 组合键。

若要应用其他类型的下划线，则在"开始"选项卡的"字体"组中，单击"字体"右侧的"设置单元格格式：字体"对话框启动器 （或者按 Ctrl＋Shift＋F 或 Ctrl＋1 组合键），弹出"设置单元格格式"对话框，然后在"下划线"下拉列表框中选择所需的样式，如图1-67所示。

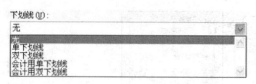

图1-67 选择其他类型的下划线

（5）设置文字为带删除线格式

选择要设置格式的单元格、单元格区域、文本或字符（取消选择的单元格区域，则单击工作表中的任意单元格）。

在"开始"选项卡的"字体"组中，单击"字体"右侧的"设置单元格格式：字体"对话框启动器 ，也可以按键盘快捷方式 Ctrl＋Shift＋F 或 Ctrl＋1 快速显示"设置单元格格式"对话框的"字体"选项卡。

在"特殊效果"列表框中勾选"删除线"复选框，如图1-68所示。

若在不使用对话框的情况下快速应用或去掉删除线格式设置，则按 Ctrl＋5 组合键。

（6）设置文字为上标或下标格式

选择要设置格式的单元格、单元格区域、文本或字符（要取消选择的单元格区域，则单击工作表中的任意单元格）。

图 1-68　勾选"删除线"复选框

在"开始"选项卡的"字体"组中，单击"字体"右侧的"设置单元格格式：字体"对话框启动器 ⬚，也可以按键盘快捷方式 Ctrl＋Shift＋F 或 Ctrl＋1 快速显示"设置单元格格式"对话框的"字体"选项卡。

在"特殊效果"列表框中勾选"上标"或"下标"复选框，如图 1-69 所示。

图 1-69　勾选"上标"或"下标"复选框

2. 使用"设置单元格格式"窗口设置格式

（1）可用的数字格式

通过应用不同的数据格式，可以更改数据的外观而不会更改数字。数据格式并不影响 Excel 计算实际单元格值。

"开始"选项卡的"数字"组中可用数字格式如图 1-70 所示。

若查看所有可用的数字格式，则单击"数字"右侧的"设置单元格格式：数字"对话框启动器 ⬚，如图 1-71 所示，弹出"设置单元格格式"对话框，如图 1-72 所示。

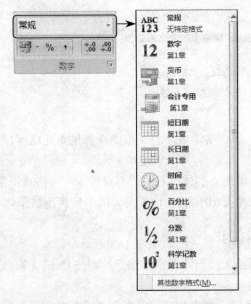

图 1-70　"数字"组中的可用数字格式

图 1-71　对话框启动器

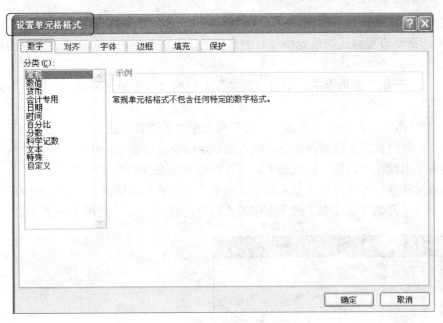

图 1-72 设置单元格格式：数字

单元格分类格式的含义如表 1-3 所示。

表 1-3 各分类格式的含义

格　式	说　明
常规	这是输入数字时 Excel 应用的默认数字格式。大多数情况下，"常规"格式的数字以输入的方式显示。然而，如果单元格的宽度不够显示整个数字，"常规"格式会用小数点对数字进行四舍五入。"常规"格式还对较大的数字（12 位或更多位）使用科学记数（指数）表示法
数值	这种格式用于数字的一般表示，可以指定要使用的小数位数、是否使用千位分隔符及如何显示负数
货币	此格式用于一般货币值并显示带有数字的默认货币符号，可以指定要使用的小数位数、是否使用千位分隔符及如何显示负数
会计专用	这种格式也用于货币值，但是它会在一列中对齐货币符号和数字的小数点
日期	这种格式会根据指定的类型和区域设置（国家/地区），将日期和时间系列数值显示为日期值。以星号（＊）开头的日期格式响应在"控制面板"中指定的区域日期和时间设置的更改，不带星号的格式不受"控制面板"设置的影响
时间	这种格式会根据指定的类型和区域设置（国家/地区），将日期和时间系列数显示为时间值。以星号开头的时间格式响应在"控制面板"中指定的区域日期和时间设置的更改，不带星号的格式不受"控制面板"设置的影响
百分比	这种格式以百分数形式显示单元格的值，可以指定要使用的小数位数
分数	这种格式会根据指定的分数类型以分数形式显示数字
科学记数	这种格式以指数表示法显示数字，用 E＋n 替代数字的一部分，其中用 10 的 n 次幂乘以 E（代表指数）前面的数字。例如，两位小数的"科学记数"格式将 12 345 678 901 显示为 1.23E＋10，即用 1.23 乘 10 的 10 次幂。其可以指定要使用的小数位数
文本	这种格式将单元格的内容视为文本，并在输入时准确显示内容，即使是输入数字
特殊	这种格式将数字显示为邮政编码、电话号码或社会保险号码
自定义	这种格式允许修改现有数字格式代码的副本。这样会创建一个自定义数字格式并将其添加到数字格式代码的列表中。"自定义"格式可以添加 200～250 个自定义数字格式

（2）百分比形式显示数字

1）选择要设置格式的单元格（取消选择的单元格区域，则单击工作表中的任意单元格）。

2）在"开始"选项卡中，单击"数字"右侧的"设置单元格格式：数字"对话框启动器 。

3）在"数字"选项卡中单击"分类"列表框中的"百分比"，如图 1-73 所示。

在"小数位数"下拉列表框中，输入要显示的小数位数。工作表中选择的活动单元格中的数字出现在"示例"列表框中，这样可以预览选择的数字格式选项。

若要快速地以百分比形式显示数字，则单击"设置单元格格式"对话框中的"百分比"或单击"开始"选项卡"数字"中的"百分比样式" % ，如图 1-74 所示。

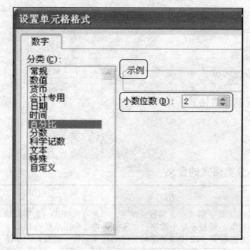

图 1-73　设置"百分比"

图 1-74　百分比样式

在应用"百分比"格式之前单元格中的数字将乘以 100 来转换为百分比形式。在应用"百分比"格式之后在单元格中输入的数字则有所不同。默认情况下，大于和等于 1 的数字转换为百分比形式；小于 1 的数字乘以 100 来转换为百分比形式。例如，输入 5 的结果为 5%，输入 .36 的结果同样是 36%。

若重新设置所选单元格的数字格式，则在"数字"选项卡中单击"分类"列表框中的"常规"选项。用"常规"格式设置的单元格没有特定的数字格式。

（3）以分数形式显示数字

1）使用"分数"格式将以实际分数（而不是小数）的形式显示或输入数字。

2）在工作表中输入数字 123.456，选择该单元格（取消选择的单元格区域，单击工作表中的任意单元格）。

3）在"开始"选项卡中，单击"数字"右侧的"设置单元格格式：数字"对话框启动器 。

4）在"分类"列表框中，单击"分数"选项，在"类型"列表框中，单击要使用的分数格式类型，如图 1-75 所示。

图 1-75　选择分数格式类型

"分类"列表框中的"分数"各选项含义见如表 1-4 所示。

表 1-4　"分数"中的各选项含义

分数格式	单元格内"123.456"的显示
一位数分数	123 1/2，四舍五入为最接近的一位数分数值
两位数分数	123 26/57，四舍五入为最接近的两位数分数值
三位数分数	123 57/125，四舍五入为最接近的三位数分数值
以 2 为分母的分数	123 1/2
以 4 为分母的分数	123 1/2
以 8 为分母的分数	123 1/2
以 16 为分母的分数	123 7/16
以 10 为分母的分数	123 1/2
以 100 为分母的分数	123 23/50

　　工作表中选定区域内活动单元格中的数字显示在"示例"列表框中，以便可以预览选定的数字格式选项。

　　在将"分数"格式应用于一个单元格后，在该单元格中输入的小数和实际分数将显示为分数。例如，当使用"分母为一位数"分数类型对单元格进行了格式设置时，输入 .5 或 1/2 的结果是 1/2。

　　如果没有对单元格应用"分数"格式，并且输入分数（如 1/2），它将采用日期格式。若将其显示为分数，则应用"分数"格式，然后重新输入分数。

　　如果不需要对分数执行运算，则可以在单元格中输入分数之前，通过单击"分类"

列表框中的"文本"选项将单元格设置为文本格式。这样，输入的分数就不会减小或转换为小数。然而，不能对以文本格式显示的分数执行算术运算。

如果要重新设置数字格式，则单击"常规"选项，用"常规"格式设置的单元格没有特定的数字格式。

（4）显示数字为货币

1）选择包含要用货币符号显示的数字的单元格（取消选择的单元格区域，单击工作表中的任意单元格）。

2）在"开始"选项卡中，单击"数字"右侧的"设置单元格格式：数字"对话框启动器 。

3）在"分类"列表框中，单击"货币"或"会计专用"，在"货币符号"下拉列表框中，单击所需的货币符号，如图1-76所示。

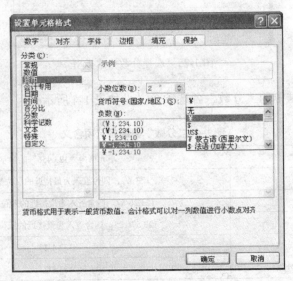

图1-76 货币符号的选择

如果要显示没有货币符号的货币值，可以单击"无"。

在"小数位数"下拉列表框中，输入要显示的小数位数。在"负数"列表框中，选择负数的显示样式，"负数"列表框对"会计专用"数字格式不可用。

图1-77 选择其他货币符号

工作表中选择的活动单元格中的数字出现在"示例"列表框中，这样可以预览选择的数字格式选项。

要快速显示带有默认货币符号的数字，则选择单元格或单元格区域，然后单击"开始"选项卡的"数字"组中的"会计数字格式"选项。若使用另一种货币，则单击"会计数字格式"右侧的下拉箭头，然后单击所需的货币，如图1-77所示。

如果要更改 Excel 和其他 Office 程序的默认货币符号，可以在控制面板中更改默认的区域货币设置。注意，尽管"会计数字格式"按钮 图像没有改变，但在单击按钮时会应用所选的货币符号。

如果重新设置数字格式，则单击"常规"选项，用"常规"格式设置的单元格没有特定的数字格式。

（5）将数字显示为日期或时间

当在单元格中输入日期或时间时，它会以默认的日期和时间格式显示。默认的日期和时间基于在"控制面板"中指定的区域日期和时间设置，并会随着这些设置的更改而更改。可以用几种其他日期和时间格式（其中大多数不受"控制面板"设置的影响）来显示数字。

1）选择要设置格式的单元格（取消选择的单元格区域，单击工作表中的任意单元格）。

2）在"开始"选项卡中，单击"数字"右侧的"设置单元格格式：数字"对话框启动器

3）在"分类"列表框中，单击"日期"或"时间"选项。

在"类型"列表框中，单击要使用的日期或时间格式。以星号开始的日期和时间格式响应在"控制面板"中指定的区域日期和时间设置的更改。不带星号的格式不受"控制面板"设置的影响。

若以其他语言的格式显示日期和时间，则在"区域设置（国家/地区）"下拉列表框中单击所需的语言设置，如图1-78所示。

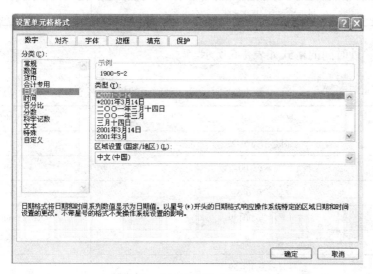

图1-78 "日期"格式的设置

工作表中选定区域内活动单元格中的数字显示在"示例"列表框中，以便可以预览选择的数字格式选项。

如果要快速设置日期或时间的格式，则在"开始"选项卡的"数字"组中，在弹出的"设置单元格格式"对话框中的"数字"选项卡中单击所需的日期或时间格式，如图1-78所示。

如果在"类型"列表框中找不到所需的格式，可创建自定义数字格式，方法是首先单击"分类"列表框中的"自定义"，然后对日期和时间使用格式代码。

月、日、年日期的格式如表 1-5 所示。

表1-5　月、日、年日期的格式

显 示 日 期	使用的代码
将月显示为 1–12	m
将月显示为 01–12	mm
将月显示为 Jan–Dec	mmm
将月显示为 January–December	mmmm
将月显示为该月份的第一个字母	mmmmm
将日显示为 1–31	d
将日显示为 01–31	dd
将日显示为 Sun–Sat	ddd
将日显示为 Sunday–Saturday	dddd
将年显示为 00–99	yy
将年显示为 1900–9999	yyyy

时、分、秒时间的格式如表 1-6 所示。

表1-6　时、分、秒时间的格式

显 示 时 间	使用的代码
将小时显示为 0–23	H
将小时显示为 00–23	hh
将分显示为 0–59	m
将分显示为 00–59	mm
将秒显示为 0–59	S
将秒显示为 00–59	SS
使小时显示类似于 4 AM	h AM/PM
使时间显示类似于 4:36 PM	h:mm AM/PM
使时间显示类似于 4:36:03 P	h:mm:SS A/P
以小时为单位显示运行时间，如 25.02	[h]:mm
以分为单位显示运行时间，如 63:46	[mm]:ss
以秒为单位显示运行时间	[ss]
秒的分数	h:mm:ss.00

AM 和 PM 格式如果包含 AM 或 PM，则按照 12 小时制显示小时，"AM"或"A"表示从午夜十二点到中午十二点之间的时间，"PM"或"P"表示从中午十二点到午夜十二点之间的时间，否则，按 24 小时制显示小时。"m"或"mm"代码必须紧跟在"h"或"hh"代码之后，或后面紧接"ss"代码；否则，Excel 将显示月而不是分。

如果要使用默认的日期或时间格式，则单击包含日期或时间的单元格，然后按 Ctrl＋Shift＋#或 Ctrl＋Shift＋@组合键。

当尝试通过选择"分类"列表框中的"常规"撤消日期或时间格式时，Excel 将显示一个数字代码。当再次输入日期或时间时，Excel 会显示默认日期或时间格式。要输入特定日期或时间格式，如"2014 年 1 月"，可能要通过选择"分类"列表框中的"文本"将其设置为文本格式。

（6）设置千位分隔符

1）选择要设置格式的单元格（取消选择的单元格区域，单击工作表中的任意单元格）。

2）在"开始"选项卡中，单击"数字"右侧的"设置单元格格式：数字"对话框启动器。

3）在"数字"选项卡中，单击"分类"列表框中的"数值"。

要显示或隐藏千位分隔符，则勾选或取消勾选"使用千位分隔符（,）"复选框，如图 1-79 所示。

要快速显示千位分隔符，可以单击"开始"选项卡的"数字"组中的"千位分隔样式"，如图 1-80 所示。

图 1-79 "使用千位分隔符"复选框　　　　　图 1-80 千位分隔样式

在默认情况下 Excel 显示系统千位分隔符，还可以通过更改"控制面板"中的区域设置来指定不同的系统分隔符。

七、设置公式函数

1. 认识公式

公式是对工作表中的数值执行计算的等式。

公式以等号"="开头，公式也可以包括函数、常量、运算符和引用，如图 1-81 所示。

函数：预先编写的程序、公式，可以对一个或多个值执行运算，并返回一个或多个值。函数可以简化和缩短工作表中的公式，尤其在用公式执行很长或复杂的计算时。

常量：不进行计算的值，因此也不会发生变化。例如，数字 1000 及文本"销售量"

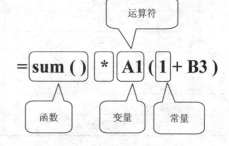

图 1-81 公式包含的元素

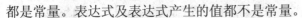

都是常量。表达式及表达式产生的值都不是常量。

运算符：一个标记或符号，指定表达式内执行的计算的类型。有数学、比较、逻辑和引用运算符等。

（1）常量

常量是不用计算的值。例如，日期 2013-10-9、数字 1000 及文本"销售量"都是常量。表达式或由表达式得出的结果不是常量。如果在公式中使用常量而不是对单元格的引用（如 50＋70＋120），则只有在更改公式时其结果才会更改。

（2）运算符

运算符用于指定对公式中的元素执行的计算类型。计算时有一个默认的次序，但可以使用括号更改计算次序。

计算运算符分为四种不同类型：算术、比较、文本连接和引用。

1）算术运算符。若要完成基本的数学运算（加、减、乘、除等）、合并数字及生成数值结果，则使用表 1-7 所示的算术运算符。

表 1-7　算术运算符及其含义

算术运算符	含　义	示　例
＋（加号）	加法	6＋3
－（减号）	减法	6－1
	负数	－1
＊（星号）	乘法	6＊3
/（正斜杠）	除法	6/3 6 月 3 日
%（百分号）	百分比	60%
^（脱字号 Shift＋6）	乘方	6^2

2）比较运算符。可以使用表 1-8 所示的运算符比较两个值。

表 1-8　比较运算符及其含义

比较运算符	含　义	示　例
＝（等于号）	等于	A1＝B1
＞（大于号）	大于	A1＞B1
＜（小于号）	小于	A1＜B1
＞＝（大于等于号）	大于或等于	A1＞＝B1
＜＝（小于等于号）	小于或等于	A1＜＝B1
＜＞（不等号）	不等于	A1＜＞B1

当用这些运算符比较两个值时，结果为逻辑值 TRUE 或 FALSE。

3）文本连接运算符。可以使用与号"&"联接或连接一个或多个文本字符串，以生成一段文本，如表 1-9 所示。

表1-9 文本运算符及其含义

文本运算符	含 义	示 例
&（与号）	将两个值连接或串起来产生一个连续的文本值	"张"&"三"

4）引用运算符。可以使用表1-10所示的运算符对单元格区域进行合并计算。

表1-10 引用运算符号及其含义

引用运算符	含 义	示 例
：（冒号）	区域运算符，生成对两个引用之间所有单元格的引用（包括这两个引用）	B5:B15
，（逗号）	联合运算符，将多个引用合并为一个引用	SUM（B5:B15,D5:D15）
（空格）	交集运算符，生成对两个引用中共有的单元格的引用	A1:D2 B2:C8

（3）Excel 执行公式运算的次序

公式按特定次序进行值的计算。Excel 中的公式始终以等号"="开头，该等号告知 Excel 随后的字符组成一个公式，等号后面是要计算的元素（即操作数），各操作数之间由运算符分隔。Excel 按照公式中每个运算符的特定次序从左到右计算公式。

（4）运算符优先级

如果一个公式中有若干个运算符，Excel 将按表1-11中的次序进行计算。如果一个公式中的若干个运算符具有相同的优先顺序（如一个公式中既有乘号又有除号），Excel 将从左到右进行计算。

表1-11 运算符

运 算 符	说 明
：（冒号）	
（单个空格）	引用运算符
，（逗号）	
—	负数（如—1）
%	百分比
^	乘方
* 和 /	乘和除
＋ 和 —	加和减
&	连接两个文本字符串（串连）
=	
<>	
<=	比较运算符
>=	
<>	

（5）使用括号

若更改求值的顺序，则将公式中要先计算的部分用括号括起来。例如，下面公式的结果是 26，因为 Excel 先进行乘法运算后进行加法运算。将 2 与 10 相乘，然后再加上 6，即得到结果。

$$=6+2*10$$

但是，如果用括号对该语法进行更改，Excel 将先求出 6 加 2 之和，再用结果乘以 10 得 80。

$$=(6+2)*10$$

在以下示例中，公式第一部分的括号强制 Excel 先计算 B4+1，然后再除以单元格 D5、E5 和 F5 中值的和。

$$=(B4+1)/SUM(D5:F5)$$

2. 在公式中使用函数和嵌套函数

函数是预定义的程序或公式，通过使用一些称为参数的特定数值以特定的顺序或结构执行计算。函数可用于执行简单或复杂的计算。

（1）认识函数

下面的 SUM 函数示例说明了函数的语法，求单元格 A1、B2 的和。

$$=SUM(A1,B2)$$

1）函数的结构。函数的结构以等号"="开始，后面紧跟函数名称和左括号，然后以逗号分隔输入该函数的参数，最后是右括号。

2）函数名称。如果要查看可用函数的列表，可单击一个单元格并按 Shift＋F3 组合键。

参数是函数中用来执行操作或计算的值。参数的类型与函数有关，函数中常用的参数类型包括数字、文本、单元格引用和名称。指定的参数都必须为有效参数值。参数也可以是常量、公式或其他函数。

参数工具提示，在输入函数时，会出现一个带有语法和参数的工具提示。例如，输入=sum 时，工具提示就会出现。工具提示只在使用内置函数时出现，如图 1-82 所示。

图 1-82　参数工具提示

（2）输入函数

如果创建带函数的公式，"插入函数"对话框将有助于输入工作表函数。在公式中输入函数时，"插入函数"对话框将显示函数的名称及其各个参数、函数及其各个参数的说明、函数的当前结果及整个公式的当前结果，插入函数的操作步骤如图 1-83 所示。

为了便于创建和编辑公式，同时尽可能减少输入和语法错误，可以使用公式记忆式输入。当输入=（等号）和开头的几个字母或显示触发字符之后，Excel 会在单元格的下方显示一个动态下拉列表，该列表中包含与这几个字母或该触发字符相匹配的有效函数、参数和名称。然后将该下拉列表中的一项插入公式中。

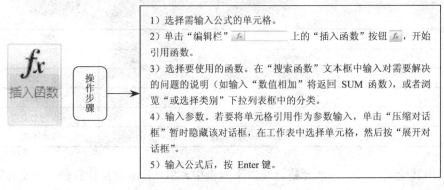

1）选择需输入公式的单元格。

2）单击"编辑栏" *fx* ___ 上的"插入函数"按钮 *fx*，开始引用函数。

3）选择要使用的函数。在"搜索函数"文本框中输入对需要解决的问题的说明（如输入"数值相加"将返回 SUM 函数），或者浏览"或选择类别"下拉列表框中的分类。

4）输入参数。若要将单元格引用作为参数输入，单击"压缩对话框"暂时隐藏该对话框，在工作表中选择单元格，然后按"展开对话框"。

5）输入公式后，按 Enter 键。

图 1-83　插入函数的操作步骤

（3）嵌套函数

在某些情况下，可能需要将某函数作为另一函数的参数使用。例如，下面的公式使用了嵌套的 AVERAGE 函数并将结果与值 100 进行了比较。

=IF(AVERAGE(C1:D2)<100,SUM(F4:G5),5)

AVERAGE 和 SUM 函数嵌套在 IF 函数中。

1）有效的返回值，当嵌套函数作为参数使用时，它返回的数值类型必须与参数使用的数值类型相同。例如，如果参数返回一个 TRUE 或 FALSE 值，那么嵌套函数也必须返回一个 TRUE 或 FALSE 值。否则 Excel 将显示#VALUE! 错误值。

2）嵌套级别限制，公式可包含多达七级的嵌套函数。当函数 B 在函数 A 中用作参数时，函数 B 则为第二级函数。例如，AVERAGE 函数和 SUM 函数都是第二级函数，因为它们都是 IF 函数的参数。在 AVERAGE 函数中嵌套的函数则为第三级函数，以此类推。

（4）使用"引用"

引用的作用在于标识工作表中的单元格或单元格区域，并告知 Excel 在何处查找公式中所使用的数值或数据。通过引用可以在一个公式中使用工作表不同部分中包含的数据，或者在多个公式中使用同一个单元格的数值。还可以引用同一个工作簿中其他工作表上的单元格和其他工作簿中的数据。

1）外部引用即链接，对其他 Excel 工作簿中的工作表单元格或区域的引用，或对其他工作簿中的定义名称的引用。

默认引用样式，默认情况下，Excel 使用 A1 引用样式，此样式引用列标（从 A～XFD，共 16 384 列）及数字标识行（从 1～1 048 576）。若要引用某个单元格，输入后跟行号的列标。例如，B6 引用列 B 和行 6 交叉处的单元格。单元格示例如表 1-12 所示。

表 1-12　单元格示例

要　　求	输　　入
列 A 和行 12 交叉处的单元格	A12
在列 A 和行 12～20 之间的单元格区域	A12:A20
在行 15 和列 D 到列 E 之间的单元格区域	D15:E15

要 求	输 入
行 5 中的全部单元格	5:05
行 5 ~ 20 之间的全部单元格	5:20
列 F 中的全部单元格	F:F
列 H ~ J 之间的全部单元格	H:J
列 A ~ E 和行 10 ~ 20 之间的单元格区域	A10:E20

引用其他工作表中的单元格。在以下示例中，SUM 函数将计算同一个工作簿中名为"人员"的工作表的 A1:B10 区域内的平均值。

$$=SUM(Sheet1!A1:B10)$$

2）相对引用，公式中的相对单元格引用（如 A1）是基于包含公式和单元格引用的单元格的相对位置。如果公式所在单元格的位置改变，引用也随之改变。如果多行或多列地复制或填充公式，引用会自动调整。默认情况下，新公式使用相对引用。例如，如果将单元格 B2 中的相对引用复制或填充到单元格 B3，将自动从=A1 调整到=A2，如图 1-84 所示。

3）绝对引用，公式中的绝对单元格引用（如$A$1）总是在特定位置引用单元格。如果公式所在单元格的位置改变，绝对引用将保持不变。如果多行或多列地复制或填充公式，绝对引用将不做调整。默认情况下，新公式使用相对引用，可能需要将它们转换为绝对引用。例如，如果将单元格 B2 中的绝对引用复制或填充到单元格 B3，则在两个单元格中一样，都是$A$1，如图 1-85 所示。

4）混合引用，具有绝对列和相对行或绝对行和相对列。绝对引用列采用$A1、$B1 等形式。绝对引用行采用 A$1、B$1 等形式。如果公式所在单元格的位置改变，则相对引用将改变，而绝对引用将不变。如果多行或多列地复制或填充公式，相对引用将自动调整，而绝对引用将不做调整。例如，如果将一个混合引用从 A2 复制到 B3，它将从=A$1 调整到=B$1，如图 1-86 所示。

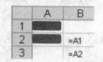

图 1-84 相对引用示例

图 1-85 绝时引用示例

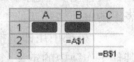

图 1-86 混合引用

5）三维引用样式。如果分析同一工作簿中多个工作表上相同单元格或单元格区域中的数据，则使用三维引用。三维引用包含单元格或区域引用，前面加上工作表名称的范围。Excel 使用存储在引用开始名和结束名之间的任何工作表。例如，=SUM(Sheet2:Sheet13!E5)将计算 E5 单元格内包含的所有值的和，单元格取值范围是从工作表 2 到工作表 13。

使用三维引用可以引用其他工作表中的单元格、定义名称，还可以通过使用下列函数来创建公式：SUM、AVERAGE、AVERAGEA、COUNT、COUNTA、MAX、MAXA、

MIN、MINA、PRODUCT、STDEV、STDEVA、STDEVP、STDEVPA、VAR、VARA、VARP 和 VARPA 等。

三维引用不能用于数组公式中，也不能与交叉引用运算符（空格）一起使用，也不能用在使用了绝对交集的公式中。

以下示例演示在移动、复制、插入或删除三维引用中包括的工作表时出现的情况。该示例使用公式=SUM(Sheet2:Sheet6!A1:A3) 对从 Sheet2 到 Sheet6 的每个工作表中的 A1～A3 单元格求和。

1）插入或复制。如果在 Sheet2 和 Sheet6 之间插入或复制工作表，Excel 将在计算中包含所添加的工作表中从单元格 A1～A3 的所有数值。

2）删除。如果删除了 Sheet2 和 Sheet6 之间的工作表，Excel 将删除计算中相应的值。

3）移动。如果将 Sheet2 和 Sheet6 之间的工作表移动到引用工作表区域之外的位置，Excel 将删除计算中相应的值。

4）移动工作表。如果将 Sheet2 或 Sheet6 移到同一工作簿中的其他位置，Excel 将对计算进行调整以包含它们之间的新工作表区域。

5）删除工作表。如果删除了 Sheet2 或 Sheet6，Excel 将对计算进行调整以包含它们之间的工作表区域。

3. 在公式中使用名称

1）名称：代表单元格、单元格区域、公式或常量值的单词或字符串。名称更易于理解，例如，可将 A1:B2 定义为"产品"名称。

可创建已定义名称来代表单元格、单元格区域、公式、常量值或 Excel 表。名称是一种有意义的简写形式，它更便于我们了解单元格引用、常量、公式或表的用途。

2）创建和输入名称：使用"名称框"最适用于为选定的区域创建工作簿级别的名称。从选定区域创建名称，可以使用工作表中选择的单元格根据现有的行和列标签方便地创建名称。使用"新建名称"对话框，当希望更灵活地创建名称（如指定本地工作表级别的范围或创建名称批注）时，此方法最适合，如图 1-87 所示。

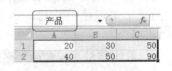

图 1-87 创建名称

也可以通过执行下列操作来输入名称：选择需要设置名称的单元格区域，在编辑栏内输入该区域的名称，按 Enter 键结束输入。

4. 使用数组公式和数组常量

数组公式对一组或多组值执行多重计算，并返回一个或多个结果。数组公式括于大括号"{ }"中。按 Ctrl＋Shift＋Enter 组合键可以输入数组公式。

数组公式可以执行多项计算并返回一个或多个结果。数组公式对两组或多组名为数组参数的值执行运算。每个数组参数都必须具有相同数量的行和列。除了用快捷键 Ctrl＋Shift＋Enter 输入公式外，创建数组公式的方法与创建其他公式的方法相同。某些内置函数是数组公式，并且必须作为数组输入才能获得正确的结果。

如果不想在工作表的单个单元格中输入每个常量值，则可用数组常量来代替引用。

（1）使用数组公式

在输入数组公式时，Excel 自动在大括号"{ }"之间插入公式。

	A	B	C
1		产品A	产品B
2	单价	20	30
3	销售量	400	600
4	总销售额	26000	

图 1-88　数组公式示例一

1）计算单个结果。此类数组公式通过用一个数组公式代替多个公式的方式来简化工作表模式。

例如，求某公司当月总销售额，如图 1-88 所示。

当将公式"{=SUM(B2:C2*B3:C3)}"作为数组公式输入时，该公式将每个产品的"单价"和"销售量"相乘后再将这些计算结果相加。

2）计算多个结果。一些工作表函数返回多组数值，或需要将一组值作为一个参数。如果要使数组公式能计算出多个结果，则必须将数组输入到与数组参数具有相同的列数和行数的单元格区域中。

例如，求某公司各产品销售额，如图 1-89 所示。

数组公式输入完成后切记按 Ctrl＋Shift＋Enter 组合键确认数组公式，若需修改数组公式，改完后需再次按 Ctrl＋Shift＋Enter 组合键确认数组公式。

ASC		✗ ✓ ƒx	=B2:C2*B3:C3
	A	B	C	D
1		产品A	产品B	
2	单价	20	30	
3	销售量	400	600	
4	当月销售额	=B2:C2*B3:C3		

图 1-89　数组公式示例二

（2）使用数组常量

在普通公式中，可输入包含数值的单元格引用或数值本身，其中该数值与单元格引用被称为常量。同样，在数组公式中也可输入数组引用，或包含在单元格中的数值数组，其中该数值数组和数组引用被称为数组常量。数组公式可以按与非数组公式相同的方式使用常量，但是必须按特定格式输入数组常量。

数组常量可包含数字、文本、逻辑值（如 TRUE、FALSE 或错误值 #N/A）。数组常量中可包含不同类型的数值。例如，{1,3,4;TRUE,FALSE,TRUE}。数组常量中的数字可以使用整数、小数或科学记数格式。文本必须包含在半角的双引号内，如"产品"。

数组常量不包含单元格引用、长度不等的行或列、公式或特殊字符 $（美元符号）、括弧或 %（百分号）。

在设置数组常量的格式时应确保用大括号"{ }"将其括起；不同列的数值用逗号","分开，例如，若要表示数值 10、20、30 和 40，必须输入 {10,20,30,40}。这个数组常量是一个 1 行 4 列数组，相当于一个 1 行 4 列的引用；不同行的值用分号";"隔开。例如，在第一行中输入 10、20、30、40，第二行输入 50、60、70、80，则需要输入一个 2 行 4 列的数组常量：{10,20,30,40;50,60,70,80}。

5. Excel 执行公式运算的次序

在某些情况中，执行计算的次序会影响公式的返回值，因此，了解如何确定计算次序及如何更改次序及获得所需结果非常重要。

公式按特定次序进行值的计算。Excel 中的公式始终以等号"="开头，该等号告知 Excel 随后的字符组成一个公式，等号后面是要计算的元素（即操作数），各操作数之间由运算符分隔。Excel 按照公式中每个运算符的特定次序从左到右计算公式。

6. 复制和移动公式

（1）复制公式

1）选择包含需要复制的公式的单元格。

2）在"开始"选项卡的"剪贴板"组中，单击"复制"按钮。

3）执行下列操作之一：

① 如果粘贴公式和所有格式，在"开始"选项卡的"剪贴板"组中单击"粘贴"按钮。

② 如果只粘贴公式，在"开始"选项卡的"剪贴板"组中，单击"粘贴"下方的下拉箭头，再单击"选择性粘贴"选项，然后点选"公式"单选按钮。也可以只粘贴公式结果，在"开始"选项卡的"剪贴板"组中，单击"粘贴"下方的下拉箭头，再单击"选择性粘贴"选项，然后点选"数值"单选按钮，再单击"确定"按钮。

表1-13 概述了当将包含引用的单元格向下和向右各复制两个单元格时，引用类型更新的方式。

表 1-13 引用类型更新方式

对正复制的公式	"引用"要求	输　入
	$A$1（绝对列和绝对行）	$A$1
	A$1（相对列和相对行）	C$1
	$A1（绝对列和相对行）	$A3
	A1（相对列和相对行）	C3

（2）移动公式

1）选择包含要移动的公式的单元格。

2）在"开始"选项卡的"剪贴板"组中，单击"剪切"按钮。

3）也可通过将所选单元格的边框拖动到粘贴区域左上角的单元格中来移动公式。这将替换现有的任何数据。

① 如果粘贴公式和任何格式，在"开始"选项卡的"剪贴板"组中，直接单击"粘贴"按钮。

② 如果仅粘贴公式，在"开始"选项卡的"剪贴板"组中，单击"粘贴"下方的下拉箭头，再单击"选择性粘贴"选项，然后点选"公式"单选按钮，再单击"确定"按钮。

7. 禁止公式在编辑栏中显示

1）选定要隐藏的公式所在的单元格区域，还可以根据需要选定非相邻区域（该选定区域包含彼此互不相邻的两个或多个单元格或区域。在图表中绘制非相邻区域时，确保组合的选定区域的形状为矩形）或整个工作表。

2）在"开始"选项卡的"单元格"组中，单击"格式"选项，再单击"设置单元格格式"选项，然后单击"保护"选项卡，如图 1-90 所示。

3）勾选"保护"选项卡中的"隐藏"复选框，再单击"确定"按钮。

4）在"开始"选项卡的"单元格"组中，单击"格式"选项，然后单击"保护工作表"选项。在"保护工作表"对话框中，必须勾选"保护工作表及锁定的单元格内容"复选框，如图 1-91 所示。

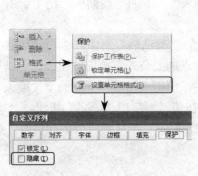

图 1-90 "保护"选项卡

图 1-91 保护工作表

图 1-92 撤消工作表保护

8. 通过取消保护显示隐藏的公式

1）在"审阅"选项卡的"更改"组中，单击"撤消工作表保护"选项，如图 1-92 所示。

2）选取要取消隐藏其公式的单格区域，还可以根据需要选定非相邻区域。

9. 公式常用技巧

1）快速复制公式。可以在一系列单元格中快速输入同一个公式，选择要计算的区域输入公式，然后按 Ctrl＋Enter 组合键。例如，如果在区域 C1:C8 中输入=SUM(A1:B1)，然后按 Ctrl＋Enter 组合键，Excel 将在该区域内的每个单元格中输入该公式，并将 A1 用作相对引用，如图 1-93 所示。

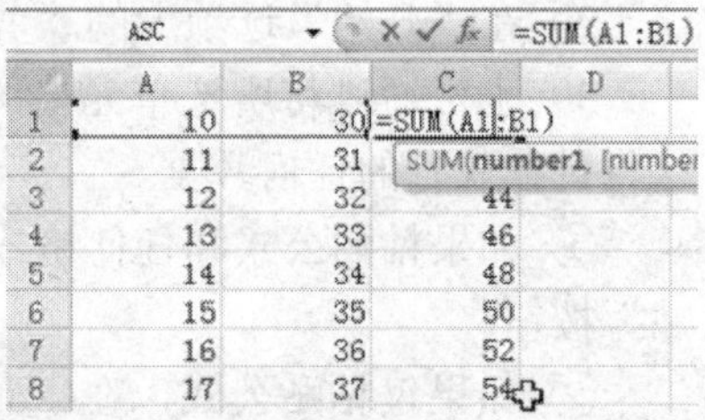

2）使用公式记忆式输入。为了便于创建和编辑

图 1-93 快速复制公式

公式，同时尽可能减少输入和语法错误，可以使用公式记忆式输入。当输入=（等号）和开头的几个字母或显示触发字符之后，Excel 会在单元格的下方显示一个动态下拉列表，该列表中包含与这几个字母或该触发字符相匹配的有效函数、参数和名称，然后可以将该下拉列表中的一项插入公式中，如图 1-94 所示。

3）使用函数工具提示。如果熟悉函数的参数，则可以使用在输入函数名称和左括号后出现的函数工具提示。单击函数名称可查看该函数的帮助主题，单击参数名称可以在公式中选择相应的参数, 如图 1-95 所示。

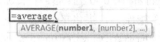

图 1-94 使用公式记忆式输入   图 1-95 使用函数工具提示

10. 在创建公式时避免出现常见的错误

表 1-14 汇总了输入公式时常见的错误及纠正的方法。

表 1-14 输入公式时常见的错误及纠正方法

要 求	说 明
所有左括号和右括号匹配	确保所有括号都成对出现。创建公式时, Excel 在输入括号时将括号显示为彩色, 一组括号一种颜色
用冒号表示区域	引用单元格区域时, 使用冒号 ":" 分隔对单元格区域中第一个单元格的引用和对最后一个单元格的引用
输入所有必需参数	有些函数包含必需的参数
函数的嵌套不超过七层	可以在函数中输入或嵌套七层以下的函数
将其他工作表名称包含在单引号中	如果公式中引用了其他工作表或工作簿中的值或单元格, 并且这些工作簿或工作表的名称中包含非字母字符, 那么必须用单引号 "'" 将其名称引起来
包含外部工作簿的路径	确保每个外部引用都包含工作簿的名称和路径
输入无格式的数字	在公式中输入数字时, 不需为数字设置格式。例如, 即使要输入的值是 ¥1,000, 也应在公式中输入 1000

八、Excel 2007 软件相对前期版本增加的内容

1. 用户界面面向结果

新的用户界面面向结果, 使用户可以轻松地在 Excel 中工作。以往版本中的命令和功能常常深藏在复杂的菜单和工具栏中, 现在用户可以在包含命令和功能逻辑组的、面向任务的选项卡中更轻松地找到它们。新的用户界面利用显示有可用选项的下拉库替代了以往的许多对话框, 并且提供了描述性的工具提示或示例预览来帮助用户选择正确的选项。无论用户在新的用户界面中执行任何活动 (不管是格式化还是分析数据), Excel 都会显示成功完成该任务最合适的工具。Excel 2007 软件用户界面如图 1-96 所示。

图 1-96 Excel 2007 软件用户界面

2. 更多行和列及其他新限制

为了使用户能够在工作表中浏览大量数据，Excel 2007 软件支持每个工作表中最多有 1 000 000 行和 16 000 列。具体来说，Excel 2007 软件为 1 048 576 行乘以 16 384 列，与 Excel 2003 相比，它提供的可用行增加了 1500%，可用列增加了 6300%。用户可能会惊奇地发现，列现在以 XFD 而不是 IV 结束，如图 1-97 所示。

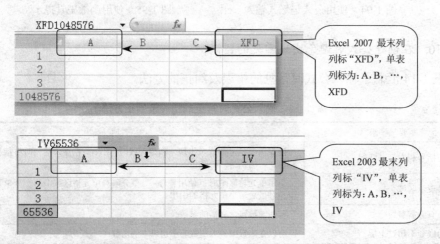

图 1-97　Excel 2007 与 Excel 2003 最末列的对比

现在，用户可以在同一个工作簿中使用无限多的格式类型，而不再仅限于 4000 种；每个单元格的单元格引用数量从 8000 增长到了任意数量，唯一的限制就是用户的可用内存。为了改进 Excel 的性能，内存管理已从 Excel 2003 中的 1GB 内存增加到 Excel 2007 软件中的 2GB。由于 Excel 2007 软件支持双处理器和多线程芯片集，用户将同时在包含大量公式的大型工作表中体验到更快的运算速度。Excel 2007 软件还支持最多 16 000 000 种颜色。

3. 主题和 Excel 样式

在 Excel 2007 软件中，可以通过应用主题和使用特定样式在工作表中快速设置数据格式。主题可以与其他 Microsoft Office 2007 软件发布版程序（如 Microsoft Word 和 Microsoft PowerPoint）共享，而样式只用于更改特定于 Excel 的项目（如 Excel 表格、图表、数据透视表、形状或图）的格式。

1）主题应用。主题是一组预定义的颜色、字体、线条和填充效果，可应用于整个工作簿或特定项目，如图表或表格。它们可以帮助用户创建外观精美的文档。用户可以使用本公司提供的公司主题，也可以从 Excel 提供的预定义主题中选择。创建用户自己的具有统一、专业外观的主题并将其应用于用户所有的 Excel 工作簿和其他 Microsoft Office 2007 软件发布版文档，也是很简单的事情。在创建主题时，可以分别更改颜色、字体和填充效果，以便用户对任一或所有这些选项进行更改，如图 1-98 所示。

2）样式使用。样式是基于主题的预定义格式，可应用它来更改 Excel 表格、图表、数据透视表、形状或图的外观。如果内置的预定义样式不符合用户的要求,用户可以自定义样式。对于图表来说,用户可以从多个预定义样式中进行选择,但不能创建自己的图表样式,如图 1-99 所示。

图 1-98 主题应用

图 1-99 样式使用

Excel 2007 同 Excel 2003 中一样,单元格样式用于设置所选单元格的格式。现在用户可以快速应用预定义单元格样式。大多数单元格样式都不基于应用到工作簿的主题,而且用户可以轻松创建自己的单元格样式。

4. 丰富的条件格式

在 Microsoft Office 2007 软件中,用户可以使用条件格式直观地注释数据以供分析和演示使用。若在数据中轻松地查找例外和发现重要趋势,则可以实施和管理多个条件格式规则,这些规则以渐变色、数据柱线和图标集的形式将可视性极强的格式应用到符合这些规则的数据。条件格式也很容易应用,即只需进行几次单击操作,即可看到可用于分析的数据中的关系,如图 1-100 所示。

5. 轻松编写公式

下列改进使在 Excel 2007 软件中编写公式更为轻松。

(1)可调整的编辑栏

编辑栏会自动调整以容纳长而复杂的公式,从而防止公式

图 1-100 条件格式

覆盖工作表中的其他数据。与 Excel 早期版本相比,用户可以编写的公式更长、使用的嵌套级别更多,如图 1-101 所示。

图 1-101 编辑栏

(2)函数记忆式输入

使用函数记忆式输入,可以快速写入正确的公式语法。它不仅可以轻松检测到用户要使用的函数,还可以获得完成公式参数的帮助,从而使用户在第一次使用时及今后的每次使用中都能获得正确的公式。

(3)结构化引用

除了单元格引用(如 A2 和 R2C2),Excel 2007 软件还提供了在公式中引用命名区

域和表格的结构化引用。

（4）轻松访问命名区域

通过使用 Excel 2007 软件命名管理器，用户可以在一个中心位置来组织、更新和管理多个命名区域，这有助于任何需要使用用户的工作表的人理解其中的公式和数据。

6. 新的 OLAP 公式和多维数据集函数

当用户在 Excel 2007 软件中使用多维数据库（如 SQL Server Analysis Services）时，可以使用 OLAP 公式建立复杂的、任意形式的 OLAP 数据绑定报表。新的多维数据集函数可用来从 Analysis Services 中提取 OLAP 数据（数据集和数值）并将其显示在单元格中。当用户将数据透视表公式转换为单元格公式时，或者当用户在输入公式时对多维数据集函数参数使用记忆式输入时，可以生成 OLAP 公式。

7. 改进的排序和筛选功能

图 1-102　排序和筛选

在 Excel 2007 软件中，用户可以使用增强了的筛选和排序功能，快速排列工作表数据以找出所需的信息。例如，现在可以按颜色和三个以上（最多为 64 个）级别对数据进行排序。用户还可以按颜色或日期筛选数据，在"自动筛选"下拉列表中显示 1000 多个项，选择要筛选的多个项，以及在数据透视表中筛选数据，如图 1-102 所示。

8. Excel 表格的增强功能

在 Excel 2007 软件中，用户可以使用新用户界面快速创建、格式化和扩展 Excel 表格（在 Excel 2003 中称为 Excel 列表）来组织工作表上的数据，以便更容易使用这些数据。下面列出了针对表格的新功能或改进功能。

1）表格标题行。其可以打开或关闭表格标题行。如果显示表格标题，则当用户在长表格中移动时，表格标题会替代工作表标题，从而使表格标题始终与表列中的数据出现在一起。

2）计算列。计算列使用单个公式调整每一行。它会自动扩展以包含其他行，从而使公式立即扩展到这些行。用户只需输入公式一次，而无需使用"填充"或"复制"命令。

3）自动筛选。默认情况下，工作表中会启用"自动筛选"以支持强大的表格数据排序和筛选功能。

4）结构化引用。这种类型的引用允许用户在公式中使用表列标题名称代替单元格引用（如 A2 或 R2C2）。

5）汇总行。在汇总行中，用户可以使用自定义公式和文本输入。

6）表样式。用户可以应用表样式，以对表快速添加设计师水平的专业格式。如果在表中启用了可选行样式，Excel 将通过一些操作保持可选样式规则，而这些操作在以往版本中会破坏布局，如筛选、隐藏行或者对行和列手动重新排列。

9. 新的图表外观

在 Excel 2007 软件中，用户可以使用新的图表工具轻松创建能有效交流信息的、具有专业水准外观的图表。基于应用到工作簿的主题，新的、最具流行设计的图表外观包含很多特殊效果，如三维、透明和柔和阴影，如图 1-103 所示。

图 1-103　图表样式

使用新的用户界面，用户可以轻松浏览可用的图表类型，以便为自己的数据创建合适的图表。由于 Excel 2007 软件提供了大量的预定义图表样式和布局，用户可以快速应用一种外观精美的格式，然后在图表中进行所需的细节设置。

可视图表元素选取器除了设置快速布局和快速格式外，用户还可以在新的用户界面中快速更改图表的每一个元素，以更好地呈现数据。只需进行几次单击操作，即可添加或删除标题、图例、数据标签、趋势线和其他图表元素。

外观新颖的艺术字。由于 Excel 2007 软件中的图表是用艺术字绘制的，因而可对艺术字形状所做的几乎任何操作都可应用于图表及其元素。例如，可以添加柔和阴影或倾斜效果使元素突出显示，或使用透明效果使在图表布局中被部分遮住的元素可见。用户也可以使用逼真的三维效果。

清晰的线条和字体，图表中的线条减轻了锯齿现象，而且对文本使用了 ClearType 字体来提高可读性。

比以往版本更多的颜色。用户可以轻松地从预定义主题颜色中进行选择和改变其颜色强度。若要对颜色进行更多控制，用户还可以从"颜色"对话框内的 16 000 000 种颜色中选择来添加自己喜欢的颜色。

由于图表模板在新的用户界面中，所以将喜爱的图表另存为图表模板变得更为轻松。

10. 共享的图表

在 Microsoft Office 2007 软件中，图表可在 Excel、Word 和 PowerPoint 之间共享。现在，Word 和 PowerPoint 合并了 Excel 强大的图表功能，而不再使用 Microsoft Graph 提供的图表功能。由于 Excel 工作表被用作 Word 和 PowerPoint 图表的图表数据表，因而共享的图表提供了 Excel 的丰富功能，包括使用公式、筛选、排序，以及将图表链接到外部数据源［如 Microsoft SQL Server 和 Analysis Services（OLAP）］以使图表具有最新信息的能力。包含图表数据的 Excel 工作表可存储在 Word 文档或 PowerPoint 演示文稿中，或者存储在一个单独文件中以减小文档大小。用户可以轻松地在文档之间复制和粘贴图表，或将图表从一个程序复制和粘贴到另一个程序。当将图表从 Excel 复制到 Word 或 PowerPoint 时，图表会自动更改以匹配 Word 文档或 PowerPoint 演示文稿，但是用户也可以保留 Excel 图表格式。Excel 工作表数据可嵌入 Word 文档或 PowerPoint 演示文稿中，但是用户也可以将其保留在 Excel 源文件中。

在 PowerPoint 中，用户可以更轻松地使用动画强调基于 Excel 的图表中的数据，这样可使整个图表或图例项和轴标签具有动画效果。在柱形图中，甚至可以让个别柱形具有动画效果以更好地阐明某个要点。这样可以更轻松地找到并更好地控制动画功能。例如，用户可以更改单个动画步骤并使用更多动画效果。

11. 易于使用的数据透视表

图 1-104　数据透视表

在 Excel 2007 软件中，数据透视表比在 Excel 的早期版本中更易于使用。使用新的数据透视表用户界面时，只需进行几次单击操作即可显示关于要查看的数据信息，而不再需要将数据拖动到并非总是易于定位的目标拖放区域。用户只需在新的数据透视表字段列表中选择要查看的字段即可，如图 1-104 所示。

创建数据透视表后，可以利用许多其他新功能或改进功能来汇总、分析和格式化数据透视表数据。

1）在数据透视表中使用撤销功能。用户可以撤销创建或重排数据透视表所执行的大多数操作。

2）加号和减号明细指示器。这些指示器用于指示是否可以展开或折叠部分数据透视表以显示更多或更少的信息。

3）排序和筛选。排序现在变得很简单，只需在要排序的列中选择一项后单击排序按钮即可。可以使用数据透视表筛选器（如大于、等于或包含）来筛选数据。

4）条件格式。可以按单元格或单元格交叉部分将条件格式应用到 Excel 2007 软件数据透视表。

5）数据透视表样式和布局。正如对 Excel 表格和图表一样，用户可以快速将预定义或自定义样式应用到数据透视表。而且在新的用户界面中更改数据透视表的布局也更加容易。

6）数据透视图。像数据透视表一样，在新的用户界面中创建数据透视图也更加容易。所有的筛选改进也可用于数据透视图。创建数据透视图时，可以使用特定的数据透视图工具和上下文菜单，从而使用户可以在图表中分析数据。也可以按照对常规图表相同的方式，更改图表或其元素的布局、样式和格式。在 Excel 2007 软件中，更改数据透视图时会保留所应用的图表格式，这是较之 Excel 早期版本工作方式的一个改进。

12. 快速连接到外部数据

在 Excel 2007 软件中，不再需要了解公司数据源的服务器名称或数据库名称。现在，用户可以使用"快速启动"从管理员或工作组专家提供的可用数据源列表中选择。Excel 中的连接管理器使用户可查看工作簿中的所有连接，并且重新使用连接或用一种连接替代另一种连接更加容易。

13. 新的文件格式

1）基于 XML 的文件格式（.xlsx）。在 Microsoft office 2007 软件中，Microsoft 为 Word、Excel 和 PowerPoint 引入了新的、称为"Open XML 格式"的文件格式。这些新

文件格式便于与外部数据源结合，还减小了文件大小并改进了数据恢复功能。在 Excel 2007 软件中，Excel 工作簿的默认格式是基于 Excel 2007 软件 XML 的文件格式。其他可用的基于 XML 的格式是基于 Excel 2007 软件 XML 和启用了宏的文件格式（.xlsm）、用于 Excel 模板的 Excel 2007 软件文件格式（.xltx），以及用于 Excel 模板的 Excel 2007 软件启用了宏的文件格式（.xltm），如图 1-105 所示。

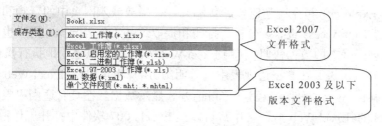

图 1-105　Excel 2007 与 2003 文件格式对比

2）Excel 2007 软件二进制文件格式。除了新的基于 XML 的文件格式，Excel 2007 软件还引入了用于大型或复杂工作簿的分段压缩文件格式的二进制版本。该文件格式，即 Excel 2007 软件二进制（或 BIFF12）文件格式（.xls），可用于获得最佳性能和向后兼容性。

3）与 Excel 早期版本的兼容性。可以检查 Excel 2007 软件工作簿来查看它是否包含与 Excel 早期版本不兼容的功能或格式，以便进行必要的更改来获得更好的向后兼容性。在 Excel 早期版本中，可以安装更新和转换器来帮助打开 Excel 2007 软件工作簿，这样就可以对其进行编辑、保存，然后再次在 Excel 2007 软件中打开它而不会丢失任何 Excel 2007 软件特定的功能或特性。

14.　更佳的打印体验

除了"普通"视图和"分页预览"视图之外，Excel 2007 软件还提供了"页面"视图。用户可以使用该视图来创建工作表，同时关注打印格式的显示效果。在该视图中，可以使用位于工作表中右侧的页眉、页脚和边距设置，以及将对象（如图表或形状）准确放置在所需的位置。在新的用户界面中，还可轻松访问"页面布局"选项卡中的所有页面设置选项，以便快速指定选项，如页面方向。查看每页上要打印的内容也很方便，这有助于避免多次打印尝试和在打印输出中出现截断的数据，如图 1-106 所示。

图 1-106　"页面"视图

15. 共享工作的新方法

如果用户能够访问 Excel Services，则可以使用它与其他人（如组织中的管理人员和其他利益相关人员）共享用户的 Excel 2007 软件工作表数据。在 Excel 2007 软件中，可以将工作簿保存到 Excel Services，并指定希望其他人查看的工作表数据。这样，用户可以在浏览器中解释 HTML 文件、将其格式设置为网页并显示它们的软件。Web 浏览器（如 Internet Explorer）可跟踪超链接、传输文件并播放嵌入网页中的音频和视频文件）中使用 Excel Web Access 查看、分析、打印和提取这些工作表数据。用户也可以定期或根据需要来创建静态的数据快照。使用 Excel Web Access 可以轻松地执行操作，如滚动、筛选、排序、查看图表及在数据透视表中查看明细。用户也可以将 Excel Web Access Web 部件连接到其他 Web 部件，以另一些可选方式显示数据。在具有适当权限的情况下，安装了 Excel 的 Excel Web Access 用户可以在 Excel 2007 软件中打开工作簿，以便使用 Excel 的完整功能在自己的计算机上分析和使用数据。使用此方法共享工作的用户可确保其他人可以访问同一个位置中的同一个数据版本，而用户只需使用最新的详细信息保持该版本是最新的。如果需要其他人（如团队成员）向用户提供批注和更新的信息，则用户可能要像在 Excel 早期版本中那样共享工作簿以收集所需的信息，然后将其保存到 Excel Services。

图 1-107　文档管理

使用文档管理服务器。Excel Services 可以与文档管理服务器集成，以围绕新的 Excel 报表和工作簿计算工作流操作创建验证过程，如基于单元格的通知或基于复杂 Excel 计算的工作流过程。也可以使用文档管理服务器安排在夜间重新计算复杂工作簿模型，如图 1-107 所示。

16. 快速访问更多模板

在 Excel 2007 软件中，可以基于随 Excel 安装的多个模板创建新工作簿，也可以在 Microsoft Online 网站上快速访问和下载模板。

习　题　一

1. Excel 2007 与低版本 Excel 的区别有哪些？
2. 简述 Excel 2007 的文件、工作簿、工作表和单元格之间的关系。
3. Excel 2007 输入的数据类型有哪几种？
4. 怎样才能显示出所有的工作表标签？
5. Excel 2007 对单元格的引用有哪几种公式？
6. 描述公式"=Sheet3!C2+Sheet4!C8+成绩单!A4"的含义。
7. 不连续的表格区域的选择是如何操作的？
8. 单元格的清除与单元格的删除有什么不同？

9. 如果一个工作表大于一页，打印输出时要将它放在一页中，该怎样操作？

10. 制作一份学生个人各门课程（至少 5 门课程）的学习成绩总评报告，求学生成绩的总分、平均分。

术 语 积 累

Excel 软件	标题栏	任务功能区	工具栏	选项卡
工作簿	工作表	单元格	编辑栏	填充柄
数据格式	公式	距数	数组	

Excel 在财务管理基础观念中的应用

第二章

第一节 财务管理基础观念及 Excel 软件要点

一、财务管理基础观念要点

资金时间价值和风险价值是财务管理的两个基础观念，两者的准确计量是财务管理中十分重要的问题。但是，两者的计量如用手工完成是很烦琐的，而借助 Excel 软件则可以大大简化相关计算，提高计算的准确性和速度。

（一）资金时间价值的概念及其计算

1. 资金时间价值的概念

资金的时间价值是财务管理的基础观念之一，其指资金在使用过程随时间的推移而发生的价值增值。资金的时间价值是企业在生产经营过程中产生的，其表现为一定量的资金在不同时间点上的价值量的差额。其中，把现在一定量的资金在未来某一时间点上的价值称为资金的终值，又称将来值，俗称本利和；而把未来某一时间点上一定量的资金折合为现在的价值称为资金的现值，又称本金。

2. 资金时间价值的计算

（1）一次性收付款项现值与终值的计算

一次性收付款项资金的时间价值的计算可以用单利法和复利法两种方法计算。在计算中，经常使用以下符号：

P—— present value，现值或本金；

F—— future value，将来值，终值或本利和；

I——interest，利息；

i——interest rate，利率；

n——计算利息的期数。

1）单利终值和现值的计算。单利是指仅计算本金在使用年限中取得的利息的计息方式。按照这种计息方式计算资金的时间价值，不论时间长短均按本金计算时间价值，以往各期产生的利息不计算时间价值。

单利终值的计算公式（已知现值 P，求终值 F）为

$$F_n = P_0 \cdot (1 + i \cdot n)$$

单利现值的计算公式（已知终值 F，求现值 P）为

$$P_0 = F_n \div (1 + i \cdot n)$$

2）复利终值与现值的计算。复利是指不仅计算本金在使用年限中取得的利息，而且计算以往年度的利息继续按利率生息取得的利息。按照这种计息方式计算资金的时间价值，不仅按本金计算时间价值，以往各期产生的利息也计算时间价值。

复利终值的计算公式（已知现值 P，求终值 F）为

$$F_n = P_0 \cdot (1 + i)^n$$

复利现值的计算公式（已知终值 F，求现值 P）为

$$P_0 = F_n \cdot (1 + i)^{-n}$$

（2）年金终值与现值的计算

年金是在一定时期内每次等额收付的系列款项。利息、租金、保险费、等额分期收款、等额分期付款及零存整取或整存零取等都表现为年金的形式。年金按其收付发生的时间点不同，可分为普通年金、先付年金、递延年金、永续年金等几种。不同种类年金的终值与现值用以下不同的方法计算。年金一般用字母 A 表示。

1）普通年金的计算。普通年金是指一定时期内发生在每期期末的等额收付系列款项，又称后付年金，如图 2-1 所示。

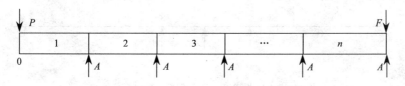

图 2-1　普通年金

① 普通年金终值的计算（已知年金 A，求年金终值 F）。

普通年金终值是一定时期内每期期末收付款项的复利终值之和，计算公式为

$$F = A \cdot \frac{(1+i)^n - 1}{i}$$

② 普通年金现值的计算（已知年金 A，求年金现值 P）。

普通年金现值是指一定时期内每期期末收付款项的复利现值之和，计算公式为

$$P = A \cdot \frac{1-(1+i)^{-n}}{i}$$

2）先付年金的计算。先付年金是指一定时期内发生在每期期初的等额系列收付款项，又称即付年金或预付年金，如图 2-2 所示。

图 2-2　先付年金

① 先付年金终值的计算。

先付年金终值是指一定时期内每期期初等额收付款项的复利终值之和，计算公式为

$$F = A \cdot \left[\frac{(1+i)^{n+1}-1}{i} \right]$$

② 先付年金现值的计算。

先付年金现值是指一定时期内每期期初等额收付款项的复利现值之和，计算公式为

$$P = \frac{1-(1+i)^{-(n-1)}}{i} + 1$$

3）递延年金的计算。递延年金是指第一次收付款发生时间与第一期无关，而是隔若干期（假设为 m 期，$m \geqslant 1$）后才开始发生的系列等额收付款项。它是普通年金的特殊形式，凡不是从第一期开始的普通年金就是递延年金，如图 2-3 所示。

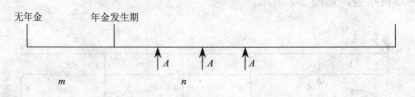

图 2-3　递延年金

① 递延年金终值的计算：递延年金终值的计算与普通年金类似，前面没有发生收付款的时期不计算，按后面发生收付款的时期期数和折现率计算终值。

② 递延年金现值的计算：递延年金现值的计算有两种方法。一是将递延年金看成 n 期普通年金，先求出第 $m+1$ 期期初时的 n 期普通年金的现值，然后再折算到第一期期初，即得到 n 期递延年金的现值；二是将递延年金看成 $m+n$ 期普通年金，先求出第 $m+n$ 期普通年金的现值，然后再减去 m 期普通年金的现值，即得到 n 期递延年金的现值。

4）永续年金的计算。永续年金是指无限期等额收付的年金，可视为普通年金的特殊形式。无限期债券的利息和优先股的股利都是永续年金的例子，如图 2-4 所示。

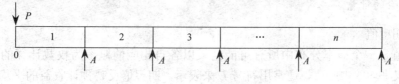

图 2-4　永续年金

① 永续年金的终值计算：由于永续年金持续期无限，没有终止的时间，因此没有终值。

② 永续年金现值的计算：

$$P = A/i$$

（3）资金时间价值计算的特殊问题

1）年偿债基金的计算（已知年金终值 F，求年金 A）。偿债基金是指为了在约定的未来时间点清偿某笔债务或积蓄一定数量的资金而分次等额提取的存款准备金。由于每次提取的等额准备金类似于年金，因而同样可以获得按复利计算的利息，所以债务实际上等于年金终值，计算公式为

$$A = F \cdot \frac{i}{(1+i)^n - 1}$$

2）年资本回收额的计算（已知年金现值 P，求年金 A）。资本回收额是指在给定的年限内等额回收或清偿所欠债务（或初始投入资本）的金额。年资本回收额的计算是年金现值的逆运算，计算公式为

$$A = P \cdot \frac{i}{1 - (1+i)^{-n}}$$

3）名义利率与实际利率。以上计算均假定利率为年利率，每年复利一次。但实际上，复利的计息期间不一定是一年，有可能是季度、月或日。例如，某些债券半年计息一次；有的抵押贷款每月计息一次；银行之间拆借资金均为每天计息一次。当每年复利计息次数超过一次时，给出的年利率叫做名义利率，而每年只复利一次的利率叫做实际利率。

把名义利率调整为实际利率的计算公式为

$$i = (1 + r/m)^m - 1$$

式中：i——实际利率；

　　　r——名义利率；

　　　m——每年复利次数。

（二）风险的概念及计量

1. 风险的概念

风险一般是指某一行动的结果具有变动性。从财务管理角度来看，风险是企业在各项生产经营活动过程中，由于各种难以预料或无法控制的因素作用，使企业的实际收益与预计收益发生背离，从而蒙受经济损失的可能性。

2. 风险的计量

（1）期望值

期望值是一个概率分布中所有可能结果以各自相应的概率为权数计算的加权平均值，是加权平均的中心值，通常用符号 E 来表示。期望值反映预计收益的平均化，在各种不确定因素影响下，它代表着投资的合理预期。

$$E = \sum x_i \cdot p_i$$

式中：x_i——各种可能结果的值；

　　p_i——各种可能结果出现的概率。

（2）标准离差

标准离差表示未来收益偏离期望值的范围大小，通常用符号 δ 表示。标准离差是以绝对数衡量决策方案的风险，在期望值相同的情况下，标准离差越大，风险越大；反之，标准离差越小，风险越小。

$$\delta = \sqrt{\sum (x_i - E)^2 P_i}$$

（3）标准离差率

标准离差率是标准离差同期望值之比，通常用符号 q 表示。标准离差率是一个相对数指标，标准离差率越大表示风险越大，标准离差率越小表示风险越小。标准离差只适用于期望值相同的决策方案的风险比较，而对于期望值不同的决策方案，评价和比较其各自的风险程度只能借助于标准离差率这一相对指标。

$$q = \delta / E \times 100\%$$

二、Excel 软件要点

（一）终值函数 FV

终值函数 FV（rate，nper，pmt，pv，type）可以在各期利率、收付款期总数及收付款时间、一次性收付款或年金的现值已知的情况下，求出一次性收付款或年金的终值。终值函数中的各参数含义如下：

1）rate：各期利率（i）。

2）nper：总投资（或贷款）期（n），即该项投资（或贷款）的收付款总期数。

3）pmt：各期所应支付的金额，其数值在整个年金期间保持不变，即年金 A。通常 pmt 包括本金和利息，但不包括其他费用及税款。如果忽略 pmt，则必须包括 pv 参数。

4）pv：现值，即从该项投资开始计算时已经入账的款项，或一系列未来付款的当前值的累积和，也称为本金（P）。如果省略 pv，则假设其值为零，并且必须包括 pmt 参数。

5）type：数字"0"或"1"，用以指定各期的付款时间是在期初还是期末。"0"表示期末，"1"表示期初。如果省略 type，则假设其值为零。

终值函数输入的一般步骤如下：

第一步，打开 Excel 制表系统。

第二步，在 Excel 工作表中选择要输入函数的单元格。

第三步，单击"公式"选项卡，再单击"插入函数"选项，或者直接选择"财务"函数，如图 2-5 所示。

第四步，在"财务"函数中显示该大类包括的所有函数，从中选择我们当前需要输入的终值函数，如图 2-5 所示。

图 2-5　选择终值函数

第五步，单击所选的终值函数，弹出"函数参数"对话框，在该对话框中进行所选函数参数的输入，如图 2-6 所示。

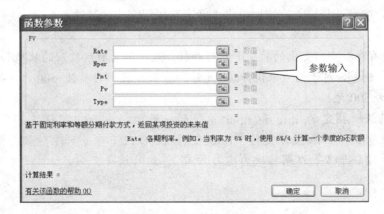

图 2-6　终值函数参数的输入

第六步，参数输入完毕后，单击"确定"按钮完成函数输入。

注意：

① 在所有参数中，支出的款项如银行存款，表示为负数；收入的款项如股息收入，表示为正数。例如，对于储户来说，500 元银行存款表示为参数–500 元，而对于银行来说该参数为 500 元。

② 应确认所指定的 rate 和 nper 单位的一致性。例如，同样是五年期，年利率为 10% 的贷款，如果按年支付，rate 应为 10%，nper 为 5；如果按月支付，rate 应为 10%/12（将年利率转换为月利率），nper 应为 5*12（将以年为期转换为以月为期）。

（二）现值函数 PV

现值函数 PV（rate，nper，pmt，fv，type）可以在各期利率、收付款期总数及收付款时间、一次性收付款或年金的终值已知的情况下，求出一次性收付款或年金的现值。现值函数中的各参数含义如下：

1）rate：各期利率（i）；

2）nper：总投资（或贷款）期（n），即该项投资（或贷款）的收付款总期数。

3）pmt：各期所应支付的金额，其数值在整个年金期间保持不变，即年金 A。如果忽略 pmt，则必须包含 fv 参数。

4）fv：终值，或在最后一次支付后希望得到的现金余额，如果省略 fv，则假设其值为零（一笔投资或贷款的未来值即为零）。如果忽略 fv，则必须包含 pmt 参数。

5）type：数字 "0" 或 "1"，用以指定各期的付款时间是在期初还是在期末。"0" 表示期末，"1" 表示在期初。如果省略 type，则假设其值为零。

现值函数输入的一般步骤如下：

第一步，打开 Excel 制表系统。

第二步，在 Excel 工作表中选择要输入函数的单元格。

第三步，单击"公式"选项卡，再单击"财务"函数选项。

第四步，从下拉组合框中选择现值函数，如图 2-7 所示。

第五步，在弹出的"函数参数"对话框中进行所选函数参数的输入，如图 2-8 所示。

第六步，参数选择输入完毕后单击"确定"按钮完成函数输入。

注意：

① 在所有参数中，支出的款项如银行存款，表示为负数；收入的款项如股息收入，表示为正数。例如，对于储户来说，500 元银行存款可表示为参数–500 元，而对于银行来说该参数为 500 元。

② 应确认所指定的 rate 和 nper 单位的一致性。例如，同样是五年期，年利率为 10%的贷款，如果按月支付，rate 应为 10%/12（将年利率转换为月利率），nper 应为 5*12（将以年为期转换为以月为期）；如果按年支付，rate 应为 10%，nper 为 5。

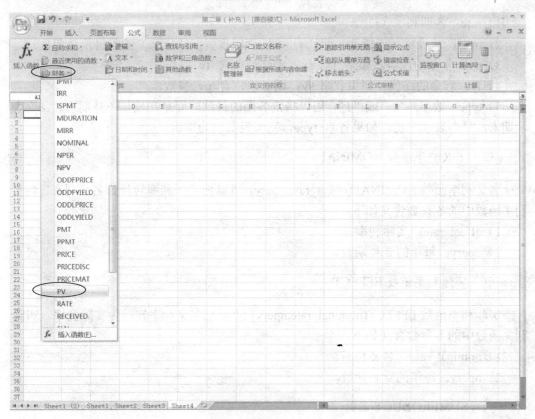

图 2-7　选择现值函数

图 2-8　现值函数参数的输入

（三）年金函数 PMT

年金函数　PMT(rate,nper,pv,fv,type)　可以在各期利率、收付款期总数及收付款时间、年金的终值或者现值已知的情况下，求出年金的数额。年金函数中的各参数含义如下：

1）rate：各期利率（i）。

2）nper：总投资（或贷款）期（n），即该项投资（或贷款）的收付款总期数。

3）pv：年金的现值。如果省略 pv，则必须包含 fv 参数。

4）fv：年金的终值。如果省略 fv，则必须包含 pv 参数。

5）type：数字 "0" 或 "1"，用以指定各期的付款时间是在期初还是期末。"0" 表示期末，"1" 表示期初。如果省略 type，则假设其值为零。

（四）名义利率函数 NOMINAL

名义利率函数 NOMINAL(effect_rate,npery) 可以把实际利率转换为名义利率。名义利率函数中的各参数含义如下：

1）effect_rate：实际利率。

2）npery：每年的复利期数。

（五）实际利率函数 EFFECT

实际利率函数 EFFECT(nominal_rate,npery) 可以把名义利率转换为实际利率。实际利率函数中的各参数含义如下：

1）nominal_rate：名义利率。

2）npery：每年的复利期数。

（六）SUMPRODUCT 函数

SUMPRODUCT(array1,array2,array3,…) 是在给定的几组数组中，将数组间对应的元素相乘，并返回乘积之和的函数，其与以数组形式输入的公式 SUM() 的计算结果相同。例如，"SUMPRODUCT(B3:B7,E3:E7)" 与 "{SUM(B3:B7*E3:E7)}" 的运算结果相同。array1，array2，array3，…为 1～30 个数组。

注意：数组参数必须具有相同的维数，否则，函数 SUMPRODUCT() 将返回错误值 #VALUE!。函数 SUMPRODUCT() 将非数值型的数组元素作为 0 处理。

（七）SQRT 函数

SQRT（number）函数的功能是计算数值的平方根，其参数 number 表示开方的数值。在本章中，SQAT 函数主要用于计算标准差。

第二节　财务管理基础观念中 Excel 的应用

一、单利终值和现值的计算

1. 单利终值的计算

【例2-1】某人把 1000 元存入银行，年利率为 3%，按单利计算这笔资金在第一年、第二年、第三年年末的终值分别是多少？

思路：该问题为单利终值的计算问题，可以通过单利终值的计算公式求解。

步骤：

第一步，创建名称为"时间价值计算"的工作簿，并在"时间价值计算"工作簿中创建名称为"单利终值的计算"Excel 工作表。

第二步，在 Excel 工作表中输入题目的基本信息，如图 2-9 所示。

该图中现值、利率、年限等值可以使用填充柄输入。

第三步，在单元格 B4、C4、D4 中分别输入终值计算公式，如图 2-10 所示。

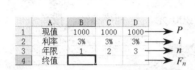

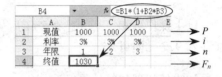

图 2-9　例 2-1 的基本信息　　　　图 2-10　单利终值的计算结果

第三步可以采用以下两种简便方法来实现：

1）在单元格 B4 中输入单利终值公式"=B1*(1+B2*B3)"，求出第一年的单利终值，然后使用填充柄把单元格 B4 复制到单元格 C4、D4，求出第二、三年的单利终值，如图 2-11 所示。

2）按 Ctrl＋Shift＋Enter 组合键输入数组来实现。首先选择单元格 B4:D4，然后按=键输入公式"B1:D1*(1+B2:D2*B3:D3)"，再按 Ctrl＋Shift＋Enter 组合键确定数组输入，如图 2-12 所示。

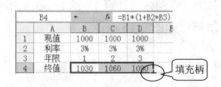

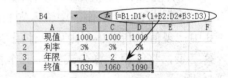

图 2-11　第二、三年的单利终值计算结果　　　图 2-12　使用组合键输入数组计算单利终值

单元格 B4、C4、D4 中的公式均为{=B1:D1*(1+B2:D2*B3:D3)}。

由以上操作可知，某人把 1000 元存入银行，在年利率为 3% 的情况下，按单利计算，在第一年年末可取得 1030 元，第二年年末可取得 1060 元，第三年年末可取得 1090 元的终值。

2. 单利现值的计算

【例 2-2】某人想在三年后从银行取出 1000 元，年利率为 3%，按单利计算，现在应存入多少钱？

思路：该问题为单利现值的计算问题，可以通过单利现值的计算公式求解。

步骤：

第一步，在"时间价值计算"工作簿中创建名称为"单利现值的计算"Excel 工作表。

第二步，在 Excel 工作表中输入题目的基本信息，如图 2-13 所示。

第三步，将单利现值计算公式输入单元格 B4 中，系统自动计算出现值的金额，如图 2-14 所示。

图 2-13　例 2-2 的基本信息

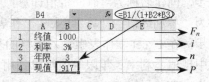

图 2-14　单利现值的计算结果

由以上操作可知，某人想在三年后从银行取出 1000 元，年利率 3%，按单利计算，现在存入 917 元即可。

二、复利终值和现值的计算

1. 复利终值的计算

【例 2-3】某人把 1000 元存入银行，年利率 3%，按复利计算这笔资金在第一年、第二年、第三年年末的终值分别是多少？

思路：该问题为复利终值的计算问题，可以使用以下两种方法解决：①通过输入复利终值的计算公式 $F_n = P \cdot (1+i)^n$ 求解；②利用终值函数求解。

1）通过输入复利终值的计算公式 $F_n = P \cdot (1+i)^n$ 求解。

步骤：

第一步，在"时间价值计算"工作簿中创建名称为"复利终值计算 1"的 Excel 工作表。

第二步，在 Excel 工作表中输入题目的基本信息，如图 2-15 所示。

其中，现值、利率、年限可以使用填充柄输入。

第三步，将终值计算公式输入工作表内，计算出第一、二、三年的复制终值，如图 2-16 所示。

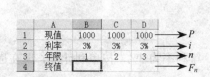

图 2-15　例 2-3 的基本信息

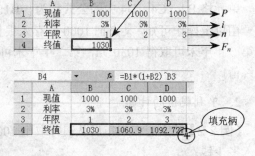

图 2-16　输入终值计算公式计算复利终值

在单元格 B4 中输入复利终值公式"=B1*(1+B2)^B3"，求出第一年的单利终值（"^"键表示乘方），然后使用填充柄复制单元格求出第二、三年的复利终值。

也可以按 Ctrl＋Shift＋Enter 组合键输入数组来实现此功能。首先选择单元格 B4:D4，然后按＝键输入公式"B1:D1*(1+B2:D2) B3:D3"，再按 Ctrl＋Shift＋Enter 组合键确定数组输入。单元格 B4、C4、D4 中的公式均为{=B1:D1*(1+B2:D2)B3:D3}，如图 2-17 所示。

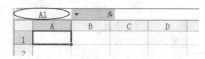

图 2-17　使用组合键输入数组计算复利终值

由以上操作可知，某人把 1000 元存入银行，年利率 3%，按复利计算在第一年年末可取得 1030 元、第二年年末可取得 1060.9 元、第三年年末可取得 1092.727 元的终值。

图 2-18　选择输入函数的单元格

2）通过终值函数求解。

步骤:

第一步，在"时间价值计算"工作簿中创建名称为"复利终值的计算 2" Excel 工作表。

第二步，在 Excel 工作表中选择要输入函数的单元格，如图 2-18 所示。

第三步，单击"公式"选项卡，再单击"财务"函数选项，系统弹出"财务"函数下拉组合框，单击终值函数"FV"，如图 2-19 所示。

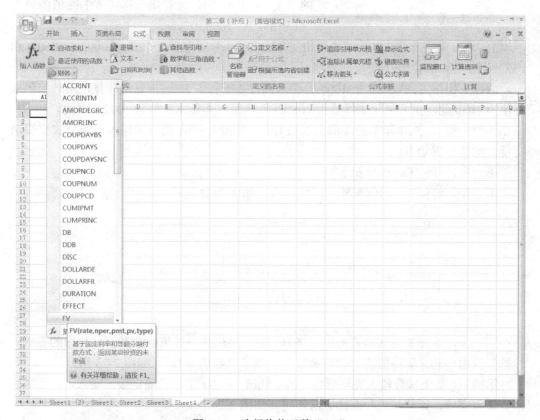

图 2-19　选择终值函数"FV"

第四步，根据终值函数形式，分析例题中终值函数相关的参数，并将参数的值填入到参数相应的文本框内，pmt 即年金 A，而本例未涉及，可不填，如图 2-20 所示。

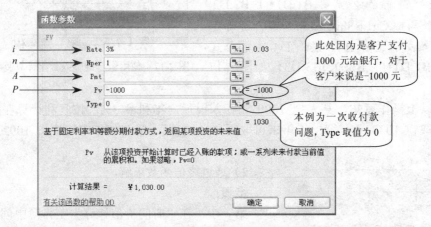

图 2-20　输入终值函数相关的参数

图 2-21　第一年年末的终值

第五步，参数选择输入完毕后单击"确定"按钮完成函数输入，如图 2-21 所示。求得第一年年末的终值为 1030 元，计算第一年年末的终值函数为"=FV(3%,1,,−1000,0)"。

第二年、第三年年末的终值可用相同方法求得，分别为 FV(3%,2,, -1000,0)=1060.9 和 FV(3%,3,, -1000,0)=1092.727。

由以上操作可知，某人把 1000 元存入银行，年利率 3%，按复利计算在第一年年末终值为 1030 元，第二年年末终值为 1060.9 元，第三年年末终值为 1092.727 元。

本例中第二、三年年末的终值可以按 Ctrl＋Shift＋Enter 组合键输入数组公式来快速实现，操作步骤如下：

第一步，打开 Excel 制表系统。

第二步，将例 2-3 的信息输入工作表内，如图 2-22 所示。

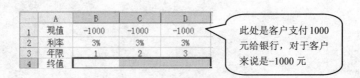

图 2-22　输入基本信息

第三步，选择要插入函数的单元格 B4:D4，然后插入终值函数并添加相应的参数，注意参数由单期计算终值的"数值参数"变成了"数组参数"，如图 2-23 所示。

第四步，数组参数输入完毕后按 Ctrl＋Shift＋Enter 组合键确定数组输入，数组终值函数输入完毕，计算结果与前述方法相同，如图 2-24 所示。

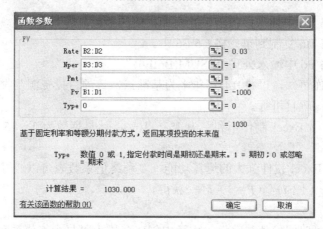

图 2-23　添加数组参数

B4	▼	fx	{=FV(B2:D2,B3:D3,,B1:D1,0)}	数组公式

	A	B	C	D	E
1	现值	-1000	-1000	-1000	
2	利率	3%	3%	3%	
3	年限	1	2	3	
4	终值	1030.000	1060.900	1092.727	

图 2-24　数组公式计算结果

【例 2-4】 东方公司于 2011 年年初对 A 项目投资 100 万元，该项目一年完工，2012～2014 年各年末预计收益为 30 万元、50 万元及 70 万元，年利率 4%，以 2014 年年末为基准点评价该项目的可行性。

思路： 为评价该项目的可行性，可以利用 Excel 软件对处于不同时间点的投资额及收益额分别计算 2014 年年末的终值，再进行比较。

步骤：

第一步，在"时间价值计算"工作簿中创建名称为"东方公司 1"的 Excel 工作表。

第二步，在 Excel 工作表中输入题目的基本信息，如图 2-25 所示。

	A	B	C	D	E	F
1		东方公司1			单位：万元	
2	项目	2011年初	2012年末	2013年末	2014年末	合计
3	现值	100	-30	-50	-70	—
4	年限	4	2	1	0	—
5	利率	4%	4%	4%	4%	—
6	终值					

图 2-25　例 2-4 的基本信息

第三步，将需要的参数变量信息及公式输入 Excel 工作表内求值，如图 2-26 所示。

	A	B	C	D	E	F
1		东方公司1			单位：万元	
2	项目	2011年初	2012年末	2013年末	2014年末	合计
3	现值	100	-30	-50	-70	—
4	年限	4	2	1	0	—
5	利率	4%	4%	4%	4%	—
6	终值	-116.99	32.45	52.00	70.00	37.46

图 2-26　以 2009 年年末为基准点评价项目的结果

① 在单元格 B6 中插入终值函数并添加相应的参数。

② 把单元格 B6 复制到单元格 C6:E6 中。

③ 在单元格 F6 中输入公式"=SUM(B6:E6)"。

通过以上操作可知，以 2014 年年末为基准点，该项目投资额及收益额的终值之和大于零。因此，该项目可行。

【例 2-5】利用 Excel 制作年利率为 1%～10%，计息期数为 1～15 年的复利终值系数表。

思路：借助 Excel 软件强大的运算功能，复利终值系数表可以通过输入复利终值的计算公式 $F_n=P\cdot(1+i)^n$（$P=1$）轻松获得。

步骤：

第一步，在"时间价值计算"工作簿中创建名称为"复利终值系数表"的 Excel 工作表。

第二步，在 Excel 工作表中输入题目的基本信息，如图 2-27 所示。

	年利率（%）年n	1%	2%	3%	4%	5%	6%	7%	8%	9%	10%
1	复利终值系数										
3	1										
4	2										
5	3										
6	4										
7	5										
8	6										
9	7										
10	8										
11	9										
12	10										
13	11										
14	12										
15	13										
16	14										
17	15										

图 2-27 例 2-5 的基本信息

该图中年利率、年限可以使用填充柄输入，在使用填充柄添加年利率时需将 1%～10%的单元格设为"百分比"格式，然后用填充柄添加序列，序列的步长值设为 0.01（可以试验使用默认步长后的效果），如图 2-28 所示。

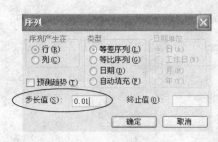

图 2-28 步长值为 0.01

第三步，将需要的参数变量信息及公式输入 Excel 工作表内求值。

首先选择要求计算复利终值系数的区域，将该区域内的所有单元格格式设为数值并保留 4 位小数，如图 2-29 所示。

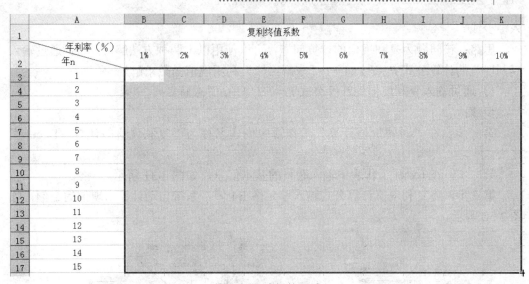

图 2-29 选择的区域

然后，在编辑栏中输入复利终值系数计算公式"=(1+B2:K2)^A3:A17"，按 Ctrl+Shift+Enter 组合键形成数组公式，如图 2-30 所示。

B3		{=(1+B2:K2)^A3:A17}	数组公式							
A	B	C	D	E	F	G	H	I	J	K
复利终值系数										
年利率（%） 年n	1%	2%	3%	4%	5%	6%	7%	8%	9%	10%
1	1.0100	1.0200	1.0300	1.0400	1.0500	1.0600	1.0700	1.0800	1.0900	1.1000
2	1.0201	1.0404	1.0609	1.0816	1.1025	1.1236	1.1449	1.1664	1.1881	1.2100
3	1.0303	1.0612	1.0927	1.1249	1.1576	1.1910	1.2250	1.2597	1.2950	1.3310
4	1.0406	1.0824	1.1255	1.1699	1.2155	1.2625	1.3108	1.3605	1.4116	1.4641
5	1.0510	1.1041	1.1593	1.2167	1.2763	1.3382	1.4026	1.4693	1.5386	1.6105
6	1.0615	1.1262	1.1941	1.2653	1.3401	1.4185	1.5007	1.5869	1.6771	1.7716
7	1.0721	1.1487	1.2299	1.3159	1.4071	1.5036	1.6058	1.7138	1.8280	1.9487
8	1.0829	1.1717	1.2668	1.3686	1.4775	1.5938	1.7182	1.8509	1.9926	2.1436
9	1.0937	1.1951	1.3048	1.4233	1.5513	1.6895	1.8385	1.9990	2.1719	2.3579
10	1.1046	1.2190	1.3439	1.4802	1.6289	1.7908	1.9672	2.1589	2.3674	2.5937
11	1.1157	1.2434	1.3842	1.5395	1.7103	1.8983	2.1049	2.3316	2.5804	2.8531
12	1.1268	1.2682	1.4258	1.6010	1.7959	2.0122	2.2522	2.5182	2.8127	3.1384
13	1.1381	1.2936	1.4685	1.6651	1.8856	2.1329	2.4098	2.7196	3.0658	3.4523
14	1.1495	1.3195	1.5126	1.7317	1.9799	2.2609	2.5785	2.9372	3.3417	3.7975
15	1.1610	1.3459	1.5580	1.8009	2.0789	2.3966	2.7590	3.1722	3.6425	4.1772

图 2-30 复利终值表数表

通过以上操作，年利率为 1%～10%，计息期数为 1～15 年的复利终值系数表显示在 Excel 工作表中。

2. 复利现值的计算

【例 2-6】某人想在三年后从银行取出 1000 元，年利率 3%，按复利计算，现在应存入多少钱？

思路：该问题为复利现值的计算问题，可以使用以下两种方法解决：（1）通过输入复利现值的计算公式 $P=F/(1+i)^n$ 求解；（2）利用现值函数求解。

1）通过输入复利现值的计算公式 $P=F/(1+i)^n$ 求解。

步骤：

第一步，在"时间价值计算"工作簿中创建名称为"复利现值的计算"Excel 工作表。

第二步，在 Excel 工作表中输入题目的基本信息，如图 2-31 所示。

第三步，将复利现值计算公式输入单元格 B4 中，系统自动计算出现值的金额，如图 2-32 所示。

图 2-31 例 2-6 的基本信息

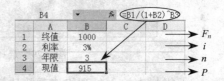

图 2-32 复利现值的计算结果

由以上述操作可知，某人三年后从银行取出 1000 元，在年利率为 3%的情况下，按复利计算，现在存入 915 元即可。

2）通过现值函数求解。

分析例题的信息，并罗列出来，参考复利终值函数的步骤完成计算，如图 2-33 所示。函数所需参数值分别为：

$i=3\%$；

$n=3$；

$F=1000$；

A 年金，本例不涉及，可不填。

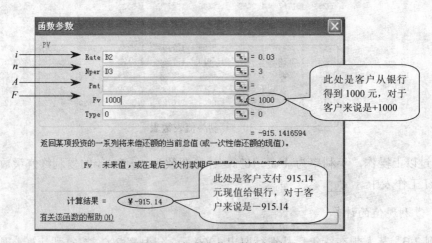

图 2-33 复利现值函数求解结果

通过以上操作可知，某人想在三年后从银行取出 1000 元，在年利率为 3%的情况下，按复利计算，现在应存入 915.14 元。

【例 2-7】 资料同例 2-4，以 2011 年年初为基准点评价该项目的可行性。

思路： 为评价该项目的可行性，也可以利用 Excel 软件对处于不同时间点的投资额及收益额分别计算 2011 年年初的现值，再进行比较。

步骤：

第一步，在"时间价值计算"工作簿中创建名称为"东方公司 2"的 Excel 工作表。

第二步，在 Excel 工作表中输入题目的基本信息，如图 2-34 所示。

	A	B	C	D	E	F
1		东方公司2			单位：万元	
2	项目	2006年初	2007年末	2008年末	2009年末	合计
3	终值	100	-30	-50	-70	—
4	年限	0	2	3	4	—
5	利率	4%	4%	4%	4%	—
6	现值					

图 2-34　例 2-7 的基本信息

第三步，将需要的参数变量信息及公式输入 Excel 工作表内求值，如图 2-35 所示。

	A	B	C	D	E	F
1		东方公司2			单位：万元	
2	项目	2006年初	2007年末	2008年末	2009年末	合计
3	终值	100	-30	-50	-70	—
4	年限	0	2	3	4	—
5	利率	4%	4%	4%	4%	—
6	现值	-100.00	27.74	44.45	59.84	32.02

图 2-35　以 2011 年年初为基准点评价项目的结果

① 在单元格 B6 中插入现值函数并添加相应的参数。

② 把单元格 B6 复制到 C6:E6 中。

③ 在单元格 F6 中输入公式"=SUM(B6:E6)"。

通过以上操作可知，以 2011 年年初为基准点，该项目投资额及收益额的现值之和为 32.02 万元。因此，该项目可行。

【例 2-8】 利用 Excel 软件制作年利率为 1%～10%，计息期数为 1～15 年的复利现值系数表。

思路： 借助 Excel 软件强大的运算功能，复利现值系数表可以通过输入复利现值的计算公式 $P=F/(1+i)^n$（$F=1$）轻松获得。

步骤：

第一步，在"时间价值计算"工作簿中创建名称为"复利现值系数表"的 Excel 工作表。

第二步，在 Excel 工作表中输入题目的基本信息，如图 2-36 所示。

图 2-36 中年利率、年限同样可以使用填充柄输入，在使用填充柄添加年利率 1%～10%时同参考复利终值系数表的有关操作。

	A	B	C	D	E	F	G	H	I	J	K
1		复利现值系数									
2	年利率（%） 年n	1%	2%	3%	4%	5%	6%	7%	8%	9%	10%
3	1										
4	2										
5	3										
6	4										
7	5										
8	6										
9	7										
10	8										
11	9										
12	10										
13	11										
14	12										
15	13										
16	14										
17	15										

图 2-36　例 2-8 的基本信息

第三步，将复利现值系数计算公式输入工作表内计算，操作同复利终值系数计算表。在编辑栏中输入复利现值系数计算公式“=1/((1+B2:K2)^A3:A17)”，按 Ctrl＋Shift＋Enter 组合键形成数组公式，如图 2-37 所示。

B3　fx {=1/((1+B2:K2)^A3:A17)}　数组公式

	A	B	C	D	E	F	G	H	I	J	K
1		复利现值系数									
2	年利率（%） 年n	1%	2%	3%	4%	5%	6%	7%	8%	9%	10%
3	1	0.9901	0.9804	0.9709	0.9615	0.9524	0.9434	0.9346	0.9259	0.9174	0.9091
4	2	0.9803	0.9612	0.9426	0.9246	0.9070	0.8900	0.8734	0.8573	0.8417	0.8264
5	3	0.9706	0.9423	0.9151	0.8890	0.8638	0.8396	0.8163	0.7938	0.7722	0.7513
6	4	0.9610	0.9238	0.8885	0.8548	0.8227	0.7921	0.7629	0.7350	0.7084	0.6830
7	5	0.9515	0.9057	0.8626	0.8219	0.7835	0.7473	0.7130	0.6806	0.6499	0.6209
8	6	0.9420	0.8880	0.8375	0.7903	0.7462	0.7050	0.6663	0.6302	0.5963	0.5645
9	7	0.9327	0.8706	0.8131	0.7599	0.7107	0.6651	0.6227	0.5835	0.5470	0.5132
10	8	0.9235	0.8535	0.7894	0.7307	0.6768	0.6274	0.5820	0.5403	0.5019	0.4665
11	9	0.9143	0.8368	0.7664	0.7026	0.6446	0.5919	0.5439	0.5002	0.4604	0.4241
12	10	0.9053	0.8203	0.7441	0.6756	0.6139	0.5584	0.5083	0.4632	0.4224	0.3855
13	11	0.8963	0.8043	0.7224	0.6496	0.5847	0.5268	0.4751	0.4289	0.3875	0.3505
14	12	0.8874	0.7885	0.7014	0.6246	0.5568	0.4970	0.4440	0.3971	0.3555	0.3186
15	13	0.8787	0.7730	0.6810	0.6006	0.5303	0.4688	0.4150	0.3677	0.3262	0.2897
16	14	0.8700	0.7579	0.6611	0.5775	0.5051	0.4423	0.3878	0.3405	0.2992	0.2633
17	15	0.8613	0.7430	0.6419	0.5553	0.4810	0.4173	0.3624	0.3152	0.2745	0.2394

图 2-37　复利现值系数表

通过以上操作，年利率为 1%～10%，计息期数为 1～15 年的复利现值系数表显示在 Excel 工作表中。

三、年金终值和现值的计算

1．普通年金终值和现值的计算

（1）普通年金终值的计算

【例 2-9】东方公司新增一台设备并立即投入使用，该设备使用年限为 8 年，预计每年年末均可获利 6 万元，年利率 10%，计算该设备所获利润的终值。

思路: 该问题为普通年金终值的计算问题,可以使用以下两种方法解决:①通过输入年金终值计算公式求解;②通过终值函数求解。

1)通过输入年金终值计算公式求解。

步骤:

第一步,在"时间价值计算"工作簿中创建名称为"普通年金终值的计算"Excel工作表。

第二步,在 Excel 工作表中输入题目的基本信息,如图 2-38 所示。

第三步,将普通年金终值计算公式输入单元格 B4 中,系统自动计算出普通年金终值的金额,如图 2-39 所示。

图 2-38 例 2-9 的基本信息

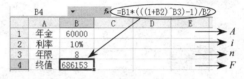

图 2-39 普通年金终值的计算结果

由以上操作可知,该设备所获利润的终值为 686 153 元。

2)通过终值函数求解。

分析例题的信息,并罗列出来,参考复利终值函数的步骤完成计算,如图 2-40 所示。

本例是计算普通年金的终值,其付款期在每期期末。

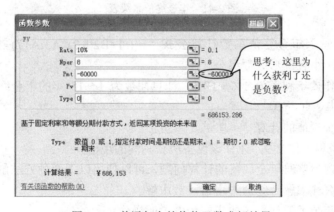

图 2-40 普通年金的终值函数求解结果

东方公司每年年末获利 60 000 元,只有将这 60 000 元存入银行才能享受到 10%的利率。若计算年金,东方公司这 60 000 元获利就变成了支付给银行的资金,所以以负数形式出现。

由以上操作可知,该设备所获利润的终值为 FV(10%,8,60 000,,0)=686 153 元。

【例 2-10】 利用 Excel 制作年利率为 1%~10%,计息期数为 1~15 年的年金终值系数表。

思路：借助 Excel 软件强大的运算功能，年金终值系数表可以通过输入年金终值的计算公式轻松获得。

步骤：

第一步，在“时间价值计算”工作簿中创建名称为“年金终值系数表”的 Excel 工作表。

第二步，在 Excel 工作表中输入题目的基本信息。

第三步，将年金终值系数计算公式输入工作表内，如图 2-41 所示。

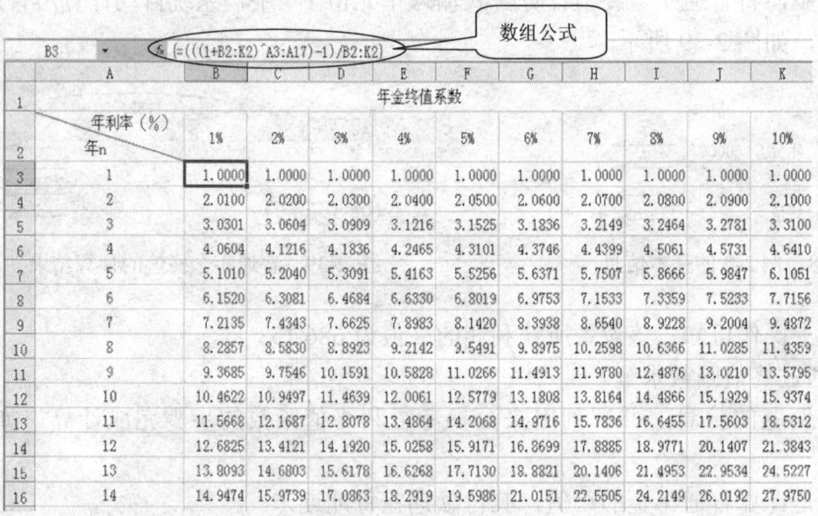

	A	B	C	D	E	F	G	H	I	J	K
1	年金终值系数										
2	年利率（%） 年n	1%	2%	3%	4%	5%	6%	7%	8%	9%	10%
3	1	1.0000	1.0000	1.0000	1.0000	1.0000	1.0000	1.0000	1.0000	1.0000	1.0000
4	2	2.0100	2.0200	2.0300	2.0400	2.0500	2.0600	2.0700	2.0800	2.0900	2.1000
5	3	3.0301	3.0604	3.0909	3.1216	3.1525	3.1836	3.2149	3.2464	3.2781	3.3100
6	4	4.0604	4.1216	4.1836	4.2465	4.3101	4.3746	4.4399	4.5061	4.5731	4.6410
7	5	5.1010	5.2040	5.3091	5.4163	5.5256	5.6371	5.7507	5.8666	5.9847	6.1051
8	6	6.1520	6.3081	6.4684	6.6330	6.8019	6.9753	7.1533	7.3359	7.5233	7.7156
9	7	7.2135	7.4343	7.6625	7.8983	8.1420	8.3938	8.6540	8.9228	9.2004	9.4872
10	8	8.2857	8.5830	8.8923	9.2142	9.5491	9.8975	10.2598	10.6366	11.0285	11.4359
11	9	9.3685	9.7546	10.1591	10.5828	11.0266	11.4913	11.9780	12.4876	13.0210	13.5795
12	10	10.4622	10.9497	11.4639	12.0061	12.5779	13.1808	13.8164	14.4866	15.1929	15.9374
13	11	11.5668	12.1687	12.8078	13.4864	14.2068	14.9716	15.7836	16.6455	17.5603	18.5312
14	12	12.6825	13.4121	14.1920	15.0258	15.9171	16.8699	17.8885	18.9771	20.1407	21.3843
15	13	13.8093	14.6803	15.6178	16.6268	17.7130	18.8821	20.1406	21.4953	22.9534	24.5227
16	14	14.9474	15.9739	17.0863	18.2919	19.5986	21.0151	22.5505	24.2149	26.0192	27.9750

图 2-41　年金终值系数表

在编辑栏中输入年金终值系数计算公式“=(((1+B2:K2)^A3:A17)−1)/B2:K2”，按 Ctrl＋Shift＋Enter 组合键形成数组公式。

通过以上操作，年利率为 1%～10%，计息期数为 1～15 年的年金终值系数表显示在 Excel 工作表中。

（2）普通年金现值的计算

【例 2-11】资料同例 2-9，计算该设备所获利润的现值。

思路：该问题为普通年金现值的计算问题，可以使用以下两种方法解决：①通过输入年金现值计算公式求解；②通过现值函数求解。

下面以输入年金现值计算公式求解为例说明操作过程。

步骤：

第一步，在“时间价值计算”工作簿中创建名称为“普通年金现值的计算”Excel 工作表。

第二步，在 Excel 工作表中输入题目的基本信息，如图 2-42 所示。

第三步，将普通年金现值计算公式输入单元格 B4 中，系统自动计算出普通年金现值的金额，如图 2-43 所示。

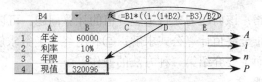

	A	B
1	年金	60000
2	利率	10%
3	年限	8
4	现值	

图 2-42 例 2-11 的基本信息

B4 fx =B1*((1-(1+B2)^-B3)/B2)

	A	B	C	D	E	
1	年金	60000				A
2	利率	10%				i
3	年限	8				n
4	现值	320096				P

图 2-43 普通年金现值的计算结果

由以上操作可知，该设备所获利润的现值为 320 096 万元。

【例 2-12】利用 Excel 制作年利率为 1%～10%，计息期数为 1～15 年的年金现值系数表。

思路：借助 Excel 软件强大的运算功能，年金现值系数表可以通过输入年金现值的计算公式轻松获得。

步骤：

第一步，在“时间价值计算”工作簿中创建名称为“年金现值系数表”的 Excel 工作表。

第二步，在 Excel 工作表中输入题目的基本信息。

第三步，在编辑栏中输入年金现值系数计算公式“=(1-(1+B2:K2)^-A3:A17)/ B2:K2)”，按 Ctrl＋Shift＋Enter 组合键形成数组公式，如图 2-44 所示。

B3 fx {=((1-(1+B2:K2)^-A3:A17)/B2:K2)} 数组公式

	A	B	C	D	E	F	G	H	I	J	K
1		年金现值系数									
2	年利率（%） 年n	1%	2%	3%	4%	5%	6%	7%	8%	9%	10%
3	1	0.9901	0.9804	0.9709	0.9615	0.9524	0.9434	0.9346	0.9259	0.9174	0.9091
4	2	1.9704	1.9416	1.9135	1.8861	1.8594	1.8334	1.8080	1.7833	1.7591	1.7355
5	3	2.9410	2.8839	2.8286	2.7751	2.7232	2.6730	2.6243	2.5771	2.5313	2.4869
6	4	3.9020	3.8077	3.7171	3.6299	3.5460	3.4651	3.3872	3.3121	3.2397	3.1699
7	5	4.8534	4.7135	4.5797	4.4518	4.3295	4.2124	4.1002	3.9927	3.8897	3.7908
8	6	5.7955	5.6014	5.4172	5.2421	5.0757	4.9173	4.7665	4.6229	4.4859	4.3553
9	7	6.7282	6.4720	6.2303	6.0021	5.7864	5.5824	5.3893	5.2064	5.0330	4.8684
10	8	7.6517	7.3255	7.0197	6.7327	6.4632	6.2098	5.9713	5.7466	5.5348	5.3349
11	9	8.5660	8.1622	7.7861	7.4353	7.1078	6.8017	6.5152	6.2469	5.9952	5.7590
12	10	9.4713	8.9826	8.5302	8.1109	7.7217	7.3601	7.0236	6.7101	6.4177	6.1446
13	11	10.3676	9.7868	9.2526	8.7605	8.3064	7.8869	7.4987	7.1390	6.8052	6.4951
14	12	11.2551	10.5753	9.9540	9.3851	8.8633	8.3838	7.9427	7.5361	7.1607	6.8137
15	13	12.1337	11.3484	10.6350	9.9856	9.3936	8.8527	8.3577	7.9038	7.4869	7.1034
16	14	13.0037	12.1062	11.2961	10.5631	9.8986	9.2950	8.7455	8.2442	7.7862	7.3667
17	15	13.8651	12.8493	11.9379	11.1184	10.3797	9.7122	9.1079	8.5595	8.0607	7.6061

图 2-44 年金现值系数表

通过以上操作，年利率为 1%～10%，计息期数为 1～15 年的年金现值系数表显示在 Excel 工作表中。

2. 先付年金终值和现值的计算

（1）先付年金终值的计算

【例 2-13】东方公司拟购置一处房产，从现在起，每年年初支付 10 万元，连续支付 10 年，年利率为 10%，计算该房产的终值。

思路：该问题为先付年金终值的计算问题，可以使用以下两种方法解决：①通过输入先付年金终值计算公式求解；②利用终值函数求解。

下面主要介绍第二种方法的操作。

步骤：

第一步，在"时间价值计算"工作簿中创建名称为"先付年金终值计算"的 Excel 工作表。

第二步，在 Excel 工作表中输入题目的基本信息。

第三步，参考复利终值函数的步骤完成计算，如图 2-45 所示。

本例是计算先付年金的终值，其付款期在每期期初，type＝1。

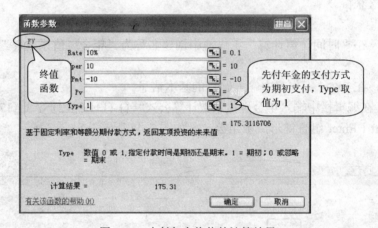

图 2-45　先付年金终值的计算结果

通过以上述操作可知，该房产的终值为 FV(10%,10,−10,,1)＝175.31 万元。

（2）先付年金现值的计算

【例 2-14】资料同例 2-13，计算该房产的现值。

思路：可以使用以下两种方法解决：①通过输入先付年金现值计算公式求解；②利用现值函数求解。

下面主要介绍第二种方法的操作。

步骤：

第一步，在"时间价值计算"工作簿中创建名称为"先付年金现值计算"的 Excel 工作表。

第二步，在 Excel 工作表中输入题目的基本信息。

第三步，参考复利现值函数的步骤题目完成计算，如图 2-46 所示。

本例是计算先付年金的终值，其付款期在每期期初，type＝1。

通过以上操作可知，该房产的现值为 PV(10%,10,−10,,1)＝67.59 万元。．

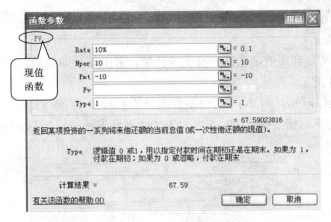

图 2-46　先付年金现值的计算结果

3. 递延年金终值和现值的计算

【例 2-15】东方公司购置的房产，还可以从第五年起，每年初支付 15 万元，连续支付 10 次，年利率为 10%，试与例 2-14 比较哪个付款方案更好。

思路：该问题为递延年金现值的计算问题，可以通过以下两种方法解决：①将递延年金看成 n 期普通年金，先求出第 $m+1$ 期期初时的 n 期普通年金的现值，然后再折算到第一期期初，即得到 n 期递延年金的现值；②将递延年金看成 $m+n$ 期普通年金，先求出第 $m+n$ 期普通年金的现值，然后再减去 m 期普通年金的现值，即得到 n 期递延年金的现值。

下面主要介绍第一种方法的操作。

步骤：

第一步，在"时间价值计算"工作簿中创建名称为"递延年金现值的计算 1"Excel 工作表。

第二步，在 Excel 工作表中输入题目的基本信息。

第三步，参考复利现值函数的步骤完成计算，求出第 $m+1$ 期期初时的 n 期先付年金的现值，如图 2-47 所示。

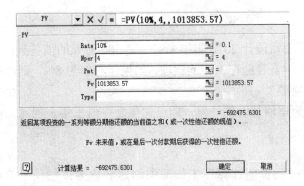

图 2-47　第 $m+1$ 期期初时的 n 期先付年金现值

$m=4$；$n=10$；$i=10\%$；$A_n=150\,000$；type＝1，本例是计算先付年金的现值，其付款期在每期期初。

第四步，参考复利现值函数的步骤完成计算，求出第一期期初时的 n 期先付年金的现值，如图 2-48 所示。

通过以上操作可知，例 2-14 的付款方案只需要投入 67.59 万元即可达到要求，而例 2-15 的付款方案则需要投入 69.25 万元才能达到要求，故例 2-14 的方案更优。

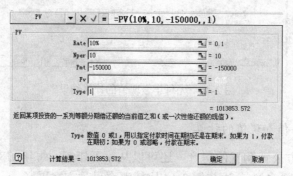

图 2-48　第一期期初时的 n 期先付年金现值

4. 永续年金终值和现值的计算

【例 2-16】某大学拟建立一项永久性奖学金，每年计划发放 10 万元，若年利率为 4%，现在应存入多少钱？

思路：该问题为已知永续年金求其现值，利用永续年金现值的公式 $P=A/i$ 即可求出。

步骤：

图 2-49　永续年金现值的计算结果

第一步，在"时间价值计算"工作簿中创建名称为"永续年金现值的计算"Excel 工作表。

第二步，在单元格 B4 中输入公式"＝B2/B3"，求得永续年金现值的结果为 250 000 元，如图 2-49 所示。

四、资金时间价值计算的特殊问题

1. 偿债基金

【例 2-17】东方公司预计 2016 年年末有一笔 300 万元的债务到期需偿还，该公司计划从 2006 年起每年年末等额存入一笔款项，如果年利率为 8%，则每年存款额应为多少才能满足上述偿债需要？

思路：该问题为偿债基金的计算，即已知年金终值求年金问题，可以使用年金函数求解。

步骤：

第一步，在"时间价值计算"工作簿中创建名称为"偿债基金的计算"Excel 工作表。

第二步，在 Excel 工作表中输入题目的基本信息。

第三步，利用年金函数完成计算，如图 2-50 所示。

$i=8\%$；$n=10$；fv=-300；type=0，其付款期在每期期末。

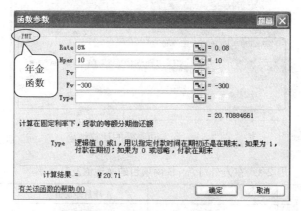

图 2-50 偿债基金的计算结果

通过以上操作可知，PMT(8%,10,,-300)＝20.71 万元，即每年应存款 20.71 万元才能满足上述偿债需要。

2. 资本回收额

【例 2-18】东方公司计划于本年年初投资 50 万元，购买一台设备，并当即投入使用，预计使用期为 8 年。如果年利率为 10%，问此设备每年年均需获利多少元，该项投资才是可行的？

思路：该问题为资本回收额的计算，即已知现值求年金问题，可以使用年金函数 PMT 求解。

步骤：

第一步，打开 Excel 软件。

第二步，在 Excel 工作表中输入题目的基本信息。

第三步，利用年金函数完成计算，如图 2-51 所示。

$i=10\%$；$n=8$；fv＝-50；type=0，其付款期在每期期末。

通过以上操作可知，PMT（10%,8,-50）＝9.37 万元，即此设备每年年均需获利 9.37 万元，该项投资才是可行的。

五、风险的计量

【例 2-19】东方公司有 A、B 两个投资项目，计划投资额相同，其收益（净现值）的概率分布如表 2-1 所示。

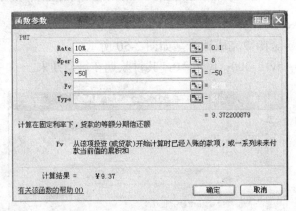

图 2-51　资本回收额的计算结果

表 2-1　东方公司 A、B 两项目的净现值及其概率　　　　　单位：万元

市场状况	概率	A 项目净现值	B 项目净现值
好	0.3	1000	2000
一般	0.4	500	1000
差	0.3	100	−500

要求：

1）分别计算 A、B 两个项目净现值的期望值。

2）分别计算 A、B 两个项目期望值的标准离差。

3）分别计算 A、B 两个项目期望值的标准离差率。

思路： 该问题为风险的计量问题，可以使用公式或 SUMPRODUCT 函数、SQAT 函数等求解。

步骤：

第一步，创建名称为"风险的计量"的工作表。

第二步，在 Excel 工作表中输入题目的基本信息，如图 2-52 所示。

第三步，将需要的参数变量信息及公式输入 Excel 工作表内求值，如图 2-53 所示。

	A	B	C	D
1	风险的计量			
2	市场状况	概率	A项目净现值	B项目净现值
3	好	0.3	1000	2000
4	一般	0.4	500	1000
5	差	0.3	100	−500
6				
7	指标	A项目	B项目	
8	期望值			
9	方差			
10	标准离差			
11	标准离差率			

图 2-52　例 2-19 的基本信息

	A	B	C	D
1	风险的计量			
2	市场状况	概率	A项目净现值	B项目净现值
3	好	0.3	1000	2000
4	一般	0.4	500	1000
5	差	0.3	100	−500
6				
7	指标	A项目	B项目	
8	期望值	530	850	
9	方差	122100	952500	
10	标准离差	349.4281	975.9610648	
11	标准离差率	65.93%	114.82%	

图 2-53　风险的计量计算结果

① 在单元格中 B8 输入公式"=SUMPRODUCT($B$3: $B$5,C3:C5)"，然后把单元格 B8 复制到单元格 C8，求出 A、B 两个项目净现值的期望值。

② 在单元格 B9 中输入公式"=SUMPRODUCT($B$3:$B$5,(C3:C5-B8)^2)",然后把单元格 B9 复制到单元格 C9,求出 A、B 两个项目净现值的方差。

③ 在单元格 B10 中输入公式"=SQRT(B9)",然后把单元格 B10 复制到单元格 C10,求出 A、B 两个项目净现值的标准离差。

④ 在单元格 B11 中输入公式"=B10/B8",然后把单元格 B11 复制到单元格 C11,求出 A、B 两个项目净现值的标准离差率(注意:把单元格 B11:C11 设置为百分比格式)。

通过以上操作可知,A 项目收益的期望值较小,风险程度较低,而 B 项目收益的期望值较大,风险程度较高。

习 题 二

1. 利用 Excel 软件制作年利率为 1%~20%,计息期数为 1~60 年的复利终值系数表。

2. 利用 Excel 软件制作年利率为 1%~20%,计息期数为 1~60 年的复利现值系数表。

3. 利用 Excel 软件计算,在利率为 10% 时,按复利计算,五年后的 10 000 元的现值是多少?

4. 资料同例 2-4,分别以 2011 年年末、2012 年年末、2013 年年末为基准点,利用 Excel 软件评价该项目的可行性。

5. 某投资项目于 2011 年年初动工,设当年投产,从投产之日起每年可获得收益 40 000 元,按年利率 6% 计算,利用 Excel 软件计算预期 10 年收益的现值。

6. 某人在六年内分期付款购房,每年年初付款 80 000 元,银行利率为 10%,利用 Excel 软件计算该项分期付款的现值相当于现在一次性现金支付的现值。

7. 假设某公司准备在今后五年内,每年年末从利润留成中提取 60 000 元存入银行,在五年后,将这一笔存款用于建造某一福利设备,如果以年息 4% 计算,利用 Excel 软件计算五年后共可以积累多少资金。

8. 甲公司 2011 年年初对 A 设备投资 10 万元,该项目 2013 年年初完工投产,2013~2015 年各年末预期收益分别为 2 万元、3 万元、5 万元,同期银行存款利率为 10%。

要求:利用 Excel 软件计算。

1)按复利计算 2013 年年初投资额的终值。

2)计算各年预期收益折成 2013 年年初时的现值之和。

3)评价该投资项目的可行性。

9. A 公司采用融资租赁方式于 2014 年年初租入一台设备,价款 10 000 00 元,租期四年,年利率为 8%。

要求:利用 Excel 软件计算。

1)计算每年年末应支付的租金。

2）计算每年年初应支付的租金。

3）分析二者的关系。

10. 某项贷款年利率 8%，每半年复利一次，利用 Excel 软件计算该笔贷款的实际利率。

11. 某企业有 A、B 两个投资项目，计划投资额均为 1000 万元，其收益（净现值）的概率分布如表 2-2 所示。

表 2-2　某企业 A、B 两项目的净现值及其概率　　　　　单位：万元

市场状况	概率	A 项目净现值	B 项目净现值
好	0.2	200	300
一般	0.6	100	100
差	0.2	50	-50

要求：利用 Excel 软件计算。

1）计算 A、B 两个项目净现值的期望值。

2）计算 A、B 两个项目期望值的标准离差。

3）计算 A、B 两个项目期望值的标准离差率。

术 语 积 累

单利	复利	终值	现值	年金
普通年金	先付年金	递延年金	永续年金	实际利率
名义利率	资本回收额	偿债基金	风险	期望值
标准离差	标准离差率	数组输入	终值函数	现值函数
年金函数	实际利率函数	名义利率函数	SUMPRODUCT 函数	SQRT 函数

Excel 在筹资管理中的应用

第三章

第一节　筹资管理及 Excel 软件要点

一、筹资管理要点

筹集资金是企业根据其生产经营、对外投资、调整资本结构等活动的需要，通过一定的渠道，采取适当的方式，获取所需资金的一种行为。筹资管理是财务管理的重要内容之一。

（一）确定筹资规模

确定筹资规模是对企业未来某一时期内的资金需要量进行科学的预计和判断。筹资规模的确定可以采用销售百分比法和资金习性预测法等方法。

1. 销售百分比法

销售百分比法是在企业未来销售预测已经完成且未来时期相关项目与销售收入之间的比率关系不变的前提下，以企业基期的资产负债表和有关销售资料为基础，利用资金与销售收入之间的比率关系，来预测企业在未来时期销售变动情况下的筹资量的方法。其步骤如下：

1）收集整理企业基期期末资产负债表及销售情况等有关资料，并估计该企业未来的销售变动情况。

2）将该企业基期资产负债表中预计随销售收入同比例变动的相关项目分离出来。

3）分别计算基期相关项目与基期销售收入的百分比，即相关资产占基期销售收入的百分比、相关负债占基期销售收入的百分比。

4）确定该企业未来时期每百元销售收入需要多少资金。

$$资金需要量与销售收入的百分比＝相关资产占销售收入百分比－相关负债占销售收入百分比$$

5）确定该企业未来时期的筹资总额。

$$未来时期的筹资总额＝销售增加额×未来时期资金需要量的百分比$$

6）确定该企业未来时期的外部筹资额。

$$外部筹资额＝未来时期的筹资总额－企业内部资金来源数额$$

2. 资金习性预测法

资金习性预测法是在企业未来销售预测已经完成且可以将资金占用量按其习性划分为不变资金和变动资金的前提条件下，根据历史各期的销售和占用资金量资料，利用"总资金＝不变资金＋单位变动资金×业务量"模型，来预测未来销量下的资金需要量的方法。其步骤如下：

1）收集整理企业历史各期的销售资料和占用资金量资料。

2）根据历史资料，使用高低点法或回归直线法分解该企业的资金占用量，求出不变资金、单位变动资金。

3）利用"总资金＝不变资金＋单位变动资金×业务量"模型，预测未来销量下的资金需要量。

（二）权益资金的筹集

权益资金的筹集可以使用吸收直接投资、发行股票（普通股、优先股）、利用留存收益等方式。对于企业而言，筹集权益资金的优点是有利于增强企业实力，有利于降低财务风险等；缺点是资金成本较高，容易分散企业控制权等。各类权益资金的资金成本计算公式如下：

$$优先股资金成本＝\frac{优先股年股利}{优先股筹资总额×(1－筹资费率)}×100\%$$

$$普通股资金成本＝\frac{预期年股利额}{普通股筹资额×(1－筹资费率)}＋普通股利年增长率$$

$$留存收益资金成本＝\frac{预期年股利额}{留存收益额}＋股利年增长率$$

$$＝普通股第一年股利率＋股利年增长率$$

（三）负债资金的筹集

企业负债资金的筹集可以使用银行借款、发行公司债券、融资租赁等方式。对于筹资企业而言，筹集负债资金的优点是资金成本较低，不分散企业控制权等；缺点是风险较大，限制条件多等。

1. 银行借款

（1）长期借款的还本付息

长期借款金额大，期限长，一般使用等额偿还法对其还款做出预先安排。

（2）银行借款的资金成本

$$长期借款成本=\frac{年利息×(1-所得税率)}{借款总额×(1-筹资费率)}×100\%$$

2. 发行债券

（1）债券发行价格的确定

债券的发行价格是投资者购买债券之后所获得的全部现金流量按期望报酬率作为贴现率所计算的总现值。债券发行时的市场利率、债券的还本付息方式等因素均影响债券的发行价格。

（2）债券的资金成本

$$债券的资金成本=\frac{年利息×(1-所得税率)}{发行额×(1-筹资费率)}×100\%$$

3. 融资租赁

融资租赁是区别于经营租赁的一种长期租赁形式，由于它可满足企业对资产的长期需要，有时也称为资本租赁。在我国融资租赁业务中，一般使用等额年金法计算租金。

等额年金法是利用时间价值原理，以设备价款为现值，以利率、手续费率的合计为贴现率，求租金。

（四）综合资金成本

企业筹集的各类资金的综合资金成本可以采用加权平均法来计算。

$$综合资金成本=\sum(个别筹资方式资金成本×该方式资金占企业总资金的比例)$$

（五）杠杆作用分析

财务管理中的杠杆作用有经营杠杆、财务杠杆和复合杠杆三种形式。其中，经营杠杆是由于经营性固定成本的存在而导致息税前利润（EBIT）变动幅度大于产销业务量变动幅度的杠杆效应；财务杠杆是由于财务性固定成本即利息和优先股股利等的存在，净利润（每股利润）的变动幅度大于息税前利润的变动幅度的杠杆效应；复合杠杆也叫总杠杆，是由于经营性固定成本和财务性固定成本的共同存在而导致的每股利润的变动幅度大于产销业务量变动幅度的杠杆效应。经营杠杆、财务杠杆和复合杠杆的杠杆效应分别用经营杠杆系数、财务杠杆系数和复合杠杆系数来衡量。

$$经营杠杆系数=\frac{息税前利润变动率}{产销量变动率}=\frac{基期边际贡献}{基期息税前利润}$$

$$财务杠杆系数=\frac{普通股每股利润的变动率}{息税前利润变动率}=\frac{息税前利润}{息税前利润-利息}$$

$$复合杠杆系数=经营杠杆系数×财务杠杆系数$$

（六）资金结构

资金结构是指企业各种资金来源的构成及其比例关系，即债务和所有者权益之间的比例关系。资金结构问题是企业筹资决策的核心问题。最优资金结构的决策可以使用比较资金成本法和比较每股利润法等方法。其中，比较资金成本法是分别计算不同资金结构下的加权平均资金成本，选择其中的最低者作为最优资金结构；比较每股利润法即息税前利润——每股利润分析法（EPS），是指在息税前利润一定的前提下，分别计算不同资金结构下每股利润的大小，其中每股利润大者为最优资金结构。

二、Excel 软件要点

（一）MAX 函数

MAX(number1,number2,…) 函数的功能是给定一组数值中的最大值，其忽略逻辑值及文本字符。例如，MAX(1,5,13,25)=25。MAX 函数在本章中主要用于高低点法中高点的确定。

（二）MIN 函数

MIN(number1,number2,…) 函数的功能是给定一组数值中的最小值，其忽略逻辑值及文本字符。例如，MIN(1,5,13,25)=1。MIN 函数在本章中主要用于高低点法中低点的确定。

（三）INDEX 函数

INDEX 函数是引用函数，其返回表格或区域中的数值或对数值的引用。INDEX 函数有多种格式，在本章中使用的格式如下：

INDEX(array,row_num,column_num)

INDEX 函数中的各参数含义如下：

1）array：指定的单元格区域或数组常量；

2）row_num：数组或引用中要返回的行序号，如果忽略，则必须有 column_num 参数。

3）column_num：数组或引用中要返回的列序号，如果忽略，则必须有 row_num 参数。

在本章中，INDEX 函数与 MATCH 函数相配合，主要用于高低点法。

（四）MATCH 函数

MATCH 函数是查找函数，其返回在指定方式下与指定数值匹配的数组中的元素的相应位置。MATCH 函数的格式如下：

MATCH(lookup_value,lookup_array,match_type)

MATCH 函数中的各参数含义如下：

1）lookup_value：在数组中所要查找的匹配的值。

2）lookup_array：所要查找的连续的单元格区域。

3）match_type：与 lookup_value 和 lookup_array 中数值进行匹配的方式。

在本章中，MATCH 函数与 INDEX 函数相配合，主要用于高低点法。

（五）SLOPE 函数

SLOPE 函数的功能是计算经过给定数据点的线性回归拟合方程的的斜率。SLOPE 函数的格式如下：

SLOPE(known_y's,known_x's)

SLOPE 函数中的各参数含义如下：

1）known_y's：因变量数组或数值区域。

2）known_x's：自变量数组或数值区域。

SLOPE 函数在本章中主要用于回归直线法。

（六）INTERCEPT 函数

INTERCEPT 函数的功能是计算线性回归拟合方程的的截距。INTERCEPT 函数的格式如下：

INTERCEPT(known_y's,known_x's)

INTERCEPT 函数中的各参数含义如下：

1）known_y's：因变量数据点。

2）known_x's：自变量数据点。

INTERCEPT 函数在本章中主要用于回归直线法。

（七）PMT 函数

PMT 函数的功能是计算在固定利率条件下，投资或贷款的等额分期偿还额。PMT 函数的格式如下：

PMT(rate,nper,pv,fv,type)

PMT 函数中的各参数含义如下：

1）rate：各期利率。

2）nper：总投资期或贷款期，即该项投资或贷款的收付款期总数。

3）pv：现值，即从该项投资开始计算时已经入账的款项，或一系列未来付款当前值的累积和，也称为本金。

4）fv：终值，或在最后一次付款后希望得到的现金余额。如果省略 fv，则假设其值为零，也就是一笔贷款的未来值为零。

5）type：数字 0 或 1，用以指定各期的付款时间是在期初还是期末。如果为 1，付款在期初，如果为 0 或忽略，付款在期末。

PMT 函数在本章中主要用于长期借款的还款计划。

（八）IPMT 函数

IPMT 函数的功能是计算给定期次内某项投资回报（或贷款偿还）的利息部分。IPMT

函数的格式如下：

IPMT(rate,per,nper,pv,fv,type)

IPMT 函数中的各参数含义如下：

1）rate：各期利率。

2）per：用于计算其利息数额的期数，必须在 1 到 nper 之间。

3）nper：总投资期或贷款期，即该项投资或贷款的付款期总数。

4）pv：现值，即从该项投资开始计算时已经入账的款项，或一系列未来付款的当前值的累积和，也称为本金。

5）fv：终值，或在最后一次付款后希望得到的现金余额。如果省略 fv，则假设其值为零。

6）type：数字 0 或 1，用以指定各期的付款时间是在期初还是期末。如果省略 type，则假设其值为零。

IPMT 函数在本章中主要用于长期借款的还款计划。

（九）PPMT 函数

PPMT 函数的功能是计算给定期次内某项投资回报（或贷款偿还）的本金部分。PPMT 函数的格式如下：

PPMT(rate,per,nper,pv,fv,type)

PPMT 函数中的各参数含义如下：

1）rate：各期利率。

2）per：用于计算其本金数额的期数，必须介于 1 到 nper 之间。

3）nper：总投资期或贷款期，即该项投资或贷款的付款期总数。

4）pv：现值，即从该项投资开始计算时已经入账的款项，或一系列未来付款当前值的累积和，也称为本金。

5）fv：终值，或在最后一次付款后希望得到的现金余额。如果省略 fv，则假设其值为零，也就是一笔贷款的未来值为零。

6）type：数字 0 或 1，用以指定各期的付款时间是在期初还是期末。

PPMT 函数在本章中主要用于长期借款的还款计划。

第二节　筹资管理中 Excel 的应用

一、确定筹资规模

1. 销售百分比法

【例 3-1】东方公司 2011 年的销售额为 200 000 元，生产能力还有剩余，销售净利率为 10%，股利支付率为 40%。预计 2012 年的销售额为 240 000 元，销售净利率和股利支付率不变，该公司 2011 年 12 月 31 日的资产负债表如表 3-1 所示。

表 3-1　东方公司简要资产负债（2011 年 12 月 31 日）　　　　单位：万元

资产		负债及所有者权益	
货币资金	10 000	应付票据	10 000
应收账款	30 000	应付账款	30 000
存货	60 000	长期借款	60 000
固定资产（净值）	70 000	实收资本	60 000
无形资产	10 000	留存收益	20 000
总计	180 000	总计	180 000

要求：利用 Excel 软件预测该公司 2012 年的外部筹资需求量。

思路：该问题为根据企业的历史资料，利用销售百分比法确定筹资规模问题，可以通过在 Excel 工作表中输入销售百分比法的相关公式解决。

步骤：

第一步，创建名称为"筹资管理"的工作簿，并在"筹资管理"工作簿中创建名称为"销售百分比法"的 Excel 工作表。

第二步，在 Excel 工作表中输入题目的基本信息，如图 3-1 所示。

图 3-1　例 3-1 的基本信息

第三步，将销售百分比法需要的参数变量信息及公式输入 Excel 工作表内求值，如图 3-2 所示。

① 在单元格 C15 中输入公式"=C4/$C$22"，然后将单元格 C15 分别复制到单元格

C16:C17 和 E4:E5，求得相关项目与基期销售额之间的百分比。

	A	B	C	D	E	F
1	表3-1			销售百分比法		
2			2011年12月31日		单位：元	
3	资　　产			负债及所有者权益		
4	货币资金		10,000	应付票据	10,000	
5	应收账款		30,000	应付账款	30,000	
6	存货		60,000	长期借款	60,000	
7	固定资产（净值）		70,000	实收资本	60,000	
8	无形资产		10,000	留存收益	20,000	
9	总计		180,000	总计	180,000	
10						
14	资　　产			负债及所有者权益		
15	货币资金		5%	应付票据	5%	
16	应收账款		15%	应付账款	15%	
17	存货		30%	长期借款	不变动	
18	固定资产（净值）		不变动	实收资本	不变动	
19	无形资产		不变动	留存收益	不变动	
20	总计		50%	总计	20%	
21						
22	基期销售额		200,000			
23	预测期销售额		240,000			
24	销售增加额		40,000			
25	销售净利率		10%			
26	利润留用比率		40%			
27	预测期筹资总数额		12000			
28	内部资金来源		8000			
29	预测期外部筹资额		4000			

图 3-2　销售百分比的计算结果

② 在单元格 C20 中输入公式 "=SUM(C15:C17)"，然后在单元格 E20 中输入公式 "=SUM(E15:E16)"，求得相关项目与基期销售额之间的百分比的合计数。

③ 在单元格 C24 中输入公式 "=C23–C22"，求得销售增加额。

④ 在单元格 C27 中输入公式 "=C24*(C20–E20)"，求得预测期筹资总额。

⑤ 在单元格 C28 中输入公式 "=C22*C25*C26"，求得内部资金来源数额。

⑥ 在单元格 C29 中输入公式 "=C27–C28"，求得预测期外部筹资额。

通过以上操作可知，东方公司 2007 年的外部筹资需求量为 4000 元。

2. 资金习性预测法

（1）高低点法

【例 3-2】东方公司产销量和资金占用量连续四年的变化情况如表 3-2 所示，2012 年预计产销量为 150 万件，利用 Excel 软件预测该公司 2012 年的资金需要量。

表 3-2　产销量和资金占用量的变化情况

年度	产销量 x/万件	资金占用量 y/万元	年度	产销量 x/万件	资金占用量 y/万元
2008	100	90	2010	130	105
2009	120	100	2011	140	110

思路：该问题为根据企业的历史资料，利用高低点法确定筹资规模问题，可以使用函数

MAX(number1,number2,…)、MIN(number1,number2,…) 和 INDEX(…) 等求解。

步骤：

第一步，在"筹资管理"工作簿中创建名称为"高低点法"的 Excel 工作表。

第二步，在 Excel 工作表中输入题目的基本信息，如图 3-3 所示。

	A	B	C
1	年度	产销量x（万件）	资金y（万元）
2	2008	100	90
3	2009	120	100
4	2010	130	105
5	2011	140	110
6			
7	最高产销量		
8	最低产销量		
9	△y		
10	△x		
11	变量b		
12	变量a		
13	2012年的预测值		

图 3-3　例 3-2 的基本信息

第三步，将高低点法需要的参数变量信息及公式输入 Excel 工作表内求值。

① 最高产销量及最低产销量的公式输入，如图 3-4 所示。

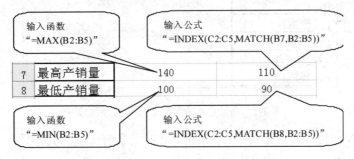

图 3-4　最高及最低产销量的计算结果

② 求出 Δy、Δx 的值，如图 3-5 所示。

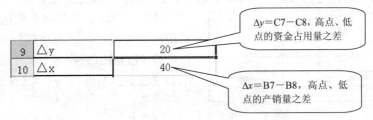

图 3-5　高点、低点的资金占用量及产销量之差

③ 求出常量 a、b 的值，如图 3-6 所示。

$$常量\ a = y_{高} - b_{高}x\ 或\ a = y_{低} - b_{低}x$$

$$常量b=\frac{\Delta y}{\Delta x}$$

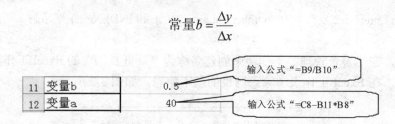

11	变量b	0.5
12	变量a	40

输入公式 "=B9/B10"

输入公式 "=C8－B11*B8"

图 3-6　高低点法求出 a、b 的值

④ 2012 年预计产销量为 150 万件，2012 年的资金需要量的计算公式为 $y=a+bx$，将公式输入 Excel 工作表中，如图 3-7 所示。

	A	B	C
1	年度	产销量x（万件）	资金y（万元）
2	2008	100	90
3	2009	120	100
4	2010	130	105
5	2011	140	110
6			
7	最高产销量	140	110
8	最低产销量	100	90
9	△y	20	
10	△x	40	
11	变量b	0.5	
12	变量a	40	
13	2012年的预测值	115	

输入公式 "=B12+B11*150"

图 3-7　高低点法求解资金需要的预测值

通过以上操作可知，该公司 2012 年在预计产销量为 150 万件的情况下，需要资金 115 万元。

（2）回归直线法

【例 3-3】资料如例 3-2，利用 Excel 软件计算 2012 年的资金需要量。

	A	B	C
1	年度	产销量x（万件）	资金y（万元）
2	2008	100	90
3	2009	120	100
4	2010	130	105
5	2011	140	110
6			
7	b		
8	a		
9	2012年的预测值		

图 3-8　例 3-3 的基本信息

思路：该问题为根据企业的历史资料，利用回归直线法确定筹资规模问题，可以使用函数 SLOPE（known_y's，known_x's）和 INTERCEPT（known_y's，known_x's）求解。

步骤：

第一步，在"筹资管理"工作簿中创建名称为"回归直线法"的 Excel 工作表。

第二步，在 Excel 工作表中输入题目的基本信息，如图 3-8 所示。

第三步，将回归直线法需要的参数变量信息及公式输入 Excel 工作表内求值。

① 求出常量 a、b 的值，如图 3-9 所示。

② 求出 2012 年资金需要量的预测值，如图 3-10 所示。

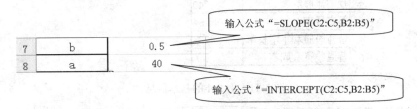

图 3-9 回归直线法求出 a、b 的值

	A	B	C
1	年度	产销量x（万件）	资金y（万元）
2	2008	100	90
3	2009	120	100
4	2010	130	105
5	2011	140	110
6			
7	b	0.5	
8	a	40	
9	2012年的预测值	115	输入公式 "=B8+B7*150"

图 3-10 回归直线法求解资金需要的预测值

通过以上操作可知，该公司 2012 年在预计产销量为 150 万件的情况下，需要资金 115 万元。

二、权益资金的筹集

1. 普通股的资金成本

【例 3-4】东方公司发行面值为 4 元的普通股 100 万股，筹资总额为 400 万元，筹资费率为 5%，第一年每股股利为 0.4 元，以后每年按 3%的比率增长，利用 Excel 软件计算该普通股的资金成本。

思路：该问题为普通股资金成本的计算问题，可以通过普通股资金成本公式求解。

步骤：

第一步，在"筹资管理"工作簿中创建名称为"普通股资金成本计算"的 Excel 工作表。

第二步，在 Excel 工作表中输入题目的基本信息，如图 3-11 所示。

第三步，将需要的参数变量信息及公式输入 Excel 工作表内求值，如图 3-12 所示。在单元格 B6 中输入普通股资金成本公式 "=(B3/(B2*(1−B4)))＋B5"进行求值。

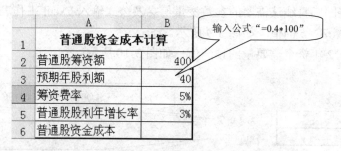

	A	B
1	**普通股资金成本计算**	
2	普通股筹资额	400
3	预期年股利额	40
4	筹资费率	5%
5	普通股股利年增长率	3%
6	普通股资金成本	

输入公式“=0.4∗100”

图 3-11　例 3-4 的基本信息

B6　fx =(B3/(B2*(1-B4)))+B5

	A	B	C
1	**普通股资金成本计算**		
2	普通股筹资额	400	
3	预期年股利额	40	
4	筹资费率	5%	
5	普通股股利年增长率	3%	
6	普通股资金成本	13.53%	

输入公式“=(B3/(B2∗(1−B4)))+B5”

图 3-12　普通股资金成本的计算结果

通过以上操作可知，该普通股的资金成本是 13.53%。

2. 优先股的资金成本

【例 3-5】东方公司发行面值总额为 200 万元的优先股，每年支付 10%的股利，筹资费率为 4%。试利用 Excel 软件计算该优先股的资金成本。

思路：该问题为优先股资金成本的计算问题，可以通过优先股资金成本公式求解。

步骤：

第一步，在“筹资管理”工作簿中创建名称为“优先股的资金成本计算”Excel 工作表。

第二步，在 Excel 工作表中输入题目的基本信息，如图 3-13 所示。

	A	B
1	**优先股资金成本计算**	
2	优先股筹资总额	200
3	优先股年股利	20
4	筹资费率	4%
5	优先股资金成本	

输入公式“=200∗10%”

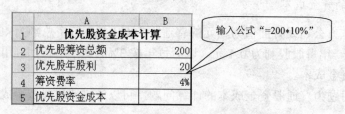

图 3-13　例 3-5 的基本信息

第三步，将需要的参数变量信息及公式输入 Excel 工作表内求值，如图 3-14 所示。在 B5 中输入优先股资金成本公式“=(B3/(B2∗(1−B4)))∗100%”进行求值。

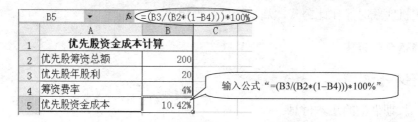

图 3-14 优先股资金成本的计算结果

通过以上操作可知，该优先股的资金成本是 10.42%。

3. 留存收益的资金成本

【例 3-6】东方公司留存收益 200 万元，第一年普通股股利为 11%，预计以后每年按 3%的比率增长。试利用 Excel 软件计算留存收益的资金成本。

思路：该问题为留存收益资金成本的计算问题，可以通过留存收益资金成本的公式求解。

步骤：

第一步，在"筹资管理"工作题目簿中创建名称为"留存收益资金成本的计算"Excel 工作表。

第二步，在 Excel 工作表中输入题目的基本信息，如图 3-15 所示。

图 3-15 例 3-6 的基本信息

第三步，在单元格 B5 中输入留存收益资金成本公式"=(B3/B2)+B4"进行求值，如图 3-16 所示。

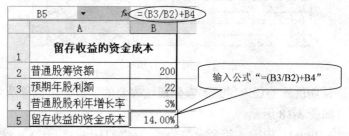

图 3-16 留存收益的资金成本计算结果

通过以上操作可知，该留存收益的资金成本是 14%。

使用"留存收益的资金成本＝普通股第一年股利率＋股利年增长率"也会得出相同

的值。上机实践时操作此公式，观察结果是否相同。

三、负债资金的筹集

1. 银行借款

（1）长期借款的还本付息

长期借款金额大，期限长，应对其还款做出预先安排。下面以等额偿还法为例说明如何安排长期借款的还本付息。

【例 3-7】东方公司向银行借入了一笔为期 10 年、金额为 300 万元的贷款，年利率为 8%，与银行约定以等额偿付方式偿还贷款。试计算该贷款的每年偿还额、每年的本金及利息。

思路：该问题为长期借款的还本付息问题，在等额偿还法操作中，可以首先使用年金函数 PMT（该函数的具体使用方法参照第二章）计算出各期的等额偿还额，其次用 IPMT 函数计算出各期的付息额，最后用 PPMT 函数计算出各期的还本额。

步骤：

第一步，在"筹资管理"工作簿中创建称名称为"长期借款还本付息表"的 Excel 工作表。

第二步，在 Excel 工作表中输入题目的基本信息，如图 3-17 所示。

	A	B	C	D	E
1	长期借款还本付息				
2	借款金额（万元）	300			
3	借款期限	10			
4	年利率	8%			
5					
6	各年还本付息（万元）				
7	借款期限	年偿还额	利息	偿还本金	剩余本金
8	0				
9	1				
10	2				
11	3				
12	4				
13	5				
14	6				
15	7				
16	8				
17	9				
18	10				

图 3-17　例 3-7 的基本信息

第三步，把长期借款的还本付息等额偿还法需要的参数变量信息及公式输入 Excel 工作表内求值，如图 3-18 所示。

① 在单元格 B9:B18 中输入年金函数公式"=PMT(B4,B3,-B2)"，求得第 1～10 年每年的偿还额。

② 在单元格 C9:C18 中输入 IPMT 函数公式"=IPMT(B4,A9:A18,B3,-B2)"，求得第 1～10 年每年支付的利息额。

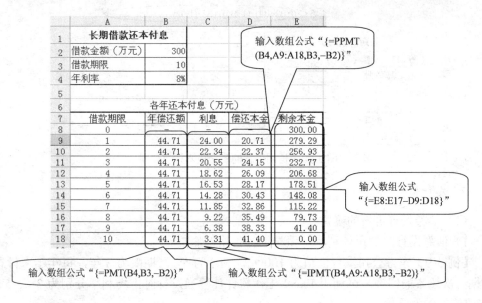

图 3-18　长期借款的还本付息计算结果

③ 在单元格 D9:D18 中输入 PPMT 函数公式"=PPMT(B4,A9:A18,B3,–B2)",求得第 1～10 年每年偿还的本金额。

④ 在单元格 E9:E18 中输入数组公式"={E8:E7–D9:D18}",求得第 1～10 年每年的剩余本金额。

（2）长期借款的资金成本

【例 3-8】 东方公司向银行借入了一笔 4 年期、金额为 300 万元的贷款,年利率为 8%,每年付息一次,到期还本,筹资费率为 0.6%,所得税率为 33%。试计算该借款成本。

思路: 该问题为长期借款资金成本的计算问题,可以通过长期借款资金成本公式求解。

步骤:

第一步,在"筹资管理"工作簿中创建名称为"长期借款的资金成本"Excel 工作表。

第二步,在 Excel 工作表中输入题目的基本信息,如图 3-19 所示。

	A	B
1	**长期借款的资金成本**	
2	借款金额（万元）	300
3	借款期限	4
4	年利率	8%
5	筹资费率	0.6%
6	所得税率	33%
7	长期借款的资金成本	

图 3-19　例 3-8 的基本信息

第三步,在单元格 B7 中输入长期借款资金成本公式"=(((B2*B4)*(1–B6))/(B2*(1–B5)))*100%"进行求值,如图 3-20 所示。

使用"长期借款成本 = $\dfrac{\text{年利息}\times(1-\text{所得税率})}{1-\text{筹资费率}}\times100\%$"也会得出相同的值。上机实践时操作此公式,观察结果是否相同。

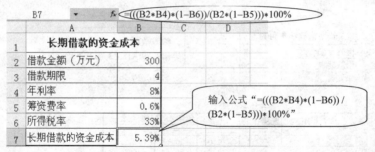

图 3-20　长期借款的资金成本计算结果

2. 发行债券

（1）债券发行价格的确定

1）债券发行时的市场利率对债券发行价格的影响。

【例 3-9】东方公司发行面值为 100 元，利率为 5%，期限为 8 年，每年年末付息，到期一次还本的债券。试利用 Excel 工作软件计算当发行时市场利率分别为 3%、5% 和 8% 该债券的发行价格。

思路：该问题为债券发行价格的计算问题，可以使用现值函数 PV 求解。

步骤：

第一步，在"筹资管理"工作簿中创建名称为"债券发行价格 1"的 Excel 工作表。

第二步，在 Excel 工作表中输入题目的基本信息，如图 3-21 所示。

第三步，将债券票面价格计算需要的参数变量信息及公式输入 Excel 工作表内求值。

在单元格 B6:D6 中输入数组公式"=PV(B5:D5,B4,−B2*B3,−B2)"，并按 Ctrl＋Shift＋Enter 组合键结束数组输入，如图 3-22 所示。

图 3-21　例 3-9 的基本信息　　　　图 3-22　债券发行价格的计算结果

通过以上操作可知，东方公司发行面值为 100 元的债券，当市场利率为 3% 时的发行价格为 114.04 元；市场利率为 5% 时的发行价格为 100 元；市场利率为 8% 时的发行价格为 82.76 元。

2）债券的还本付息方式对债券发行价格的影响。

【例 3-10】资料如例 3-9，试计算当该债券半年付息一次时的发行价格。

思路：该问题为付息期发生改变后债券发行价格的计算问题，仍可以通过现值函数 PV 求解。

步骤：

第一步，在“筹资管理”工作簿中创建名称为“债券发行价格 2”的 Excel 工作表。

第二步，在 Excel 工作表中输入题目的基本信息。

第三步，将债券票面价格计算需要的参数变量信息及公式输入 Excel 工作表内求值。

在单元格 B6:D6 中输入数组公式“=PV(B5:D5/2,B4*2,–B2*B3/2,–B2)”，并按 Ctrl＋Shift＋Enter 组合键结束数组输入，如图 3-23 所示。

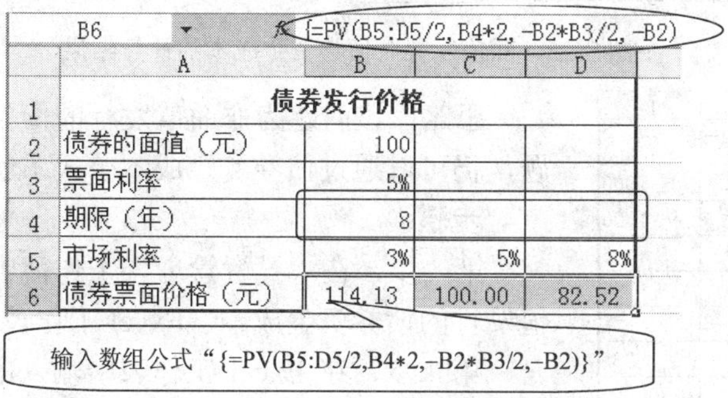

	A	B	C	D
1	债券发行价格			
2	债券的面值（元）	100		
3	票面利率	5%		
4	期限（年）	8		
5	市场利率	3%	5%	8%
6	债券票面价格（元）	114.13	100.00	82.52

图 3-23　付息期发生改变后债券发行价格的计算

通过以上操作可知，东方公司发行面值为 100 元，半年付息一次的债券，当市场利率为 3%时的发行价格为 114.13 元；市场利率为 5%时的发行价格为 100 元；市场利率为 8%时的发行价格为 82.52 元。

（2）债券的资金成本

1）面值发行时，债券资金成本的计算。

【例 3-11】东方公司按面值发行 1000 万元的票面利率为 9%，期限为 6 年，每年年末付息，到期一次还本的债券，筹资费率为 3%，所得税率为 33%。试计算该债券成本。

思路：该问题为债券资金成本的计算问题，可以通过债券资金成本公式求解。

步骤：

第一步，在“筹资管理”工作簿中创建名称为“面值发行的债券资金成本”Excel 工作表。

第二步，在 Excel 工作表中输入题目的基本信息，如图 3-24 所示。

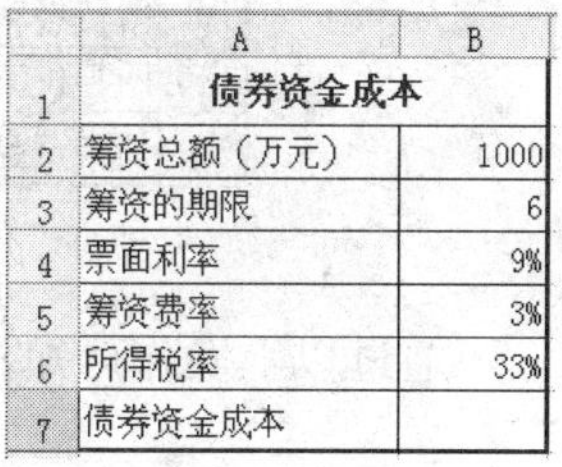

	A	B
1	债券资金成本	
2	筹资总额（万元）	1000
3	筹资的期限	6
4	票面利率	9%
5	筹资费率	3%
6	所得税率	33%
7	债券资金成本	

图 3-24　例 3-11 的基本信息

第三步，将面值发行时，债券资金成本计算需要的参数变量信息及公式输入 Excel 工作表内求值，如图 3-25 所示。

通过以上操作可知，东方公司按面值发行 1000 万元的债券的资金成本为 6.22%。

2）非面值发行时，债券资金成本的计算。

【例 3-12】东方公司发行面值为 1000 万元，票面利率为 9%，期限为 6 年，每年年末付息，到期一次还本的债券。发行价格为 1100 万元，筹资费率为 3%，所得税率为 33%，试计算该债券成本。

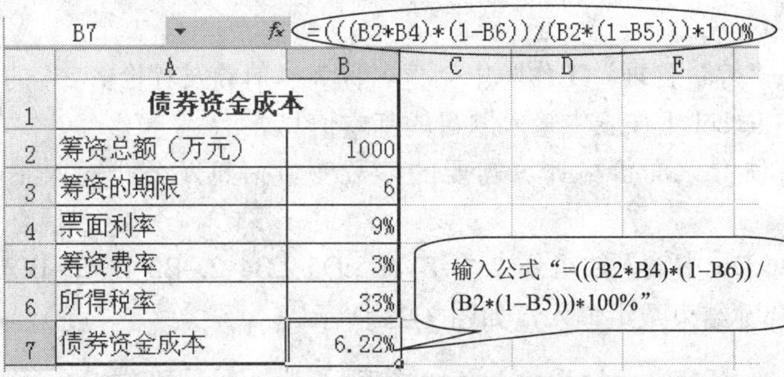

	A	B
1	债券资金成本	
2	筹资总额（万元）	1000
3	筹资的期限	6
4	票面利率	9%
5	筹资费率	3%
6	所得税率	33%
7	债券资金成本	6.22%

图 3-25 面值发行时债券资金成本的计算结果

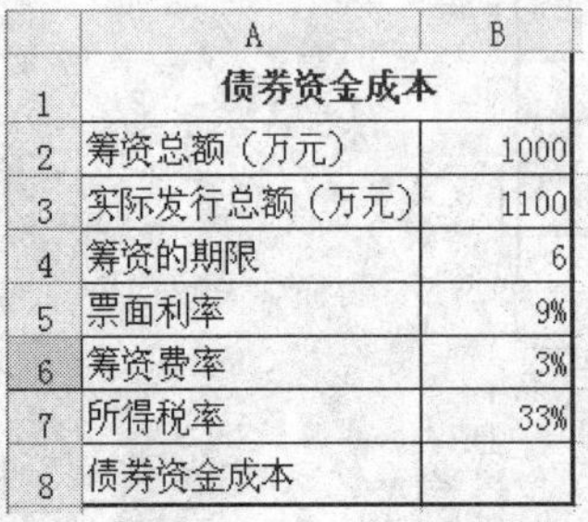

	A	B
1	债券资金成本	
2	筹资总额（万元）	1000
3	实际发行总额（万元）	1100
4	筹资的期限	6
5	票面利率	9%
6	筹资费率	3%
7	所得税率	33%
8	债券资金成本	

图 3-26 例 3-12 的基本信息

思路：该问题为非面值发行的债券资金成本的计算问题，仍可以通过债券资金成本公式求解。

步骤：

第一步，在“筹资管理”工作簿中创建名称为“非面值发行的债券资金成本”Excel 工作表。

第二步，在 Excel 工作表中输入题目的基本信息，如图 3-26 所示。

第三步，将非面值发行时，债券资金成本计算需要的参数变量信息及公式输入 Excel 工作表内求值，如图 3-27 所示。

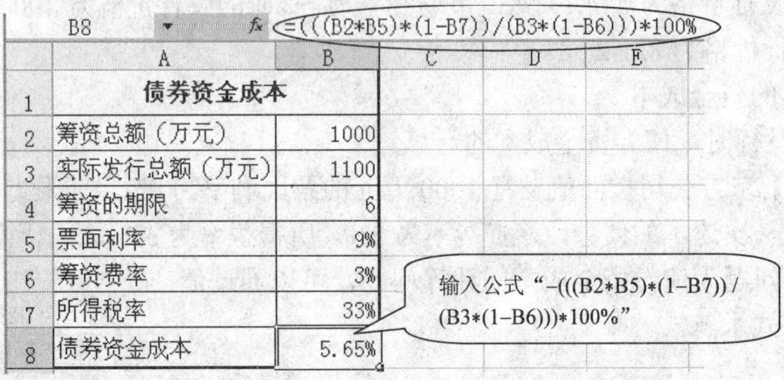

	A	B
1	债券资金成本	
2	筹资总额（万元）	1000
3	实际发行总额（万元）	1100
4	筹资的期限	6
5	票面利率	9%
6	筹资费率	3%
7	所得税率	33%
8	债券资金成本	5.65%

图 3-27 非面值发行时债券资金成本的计算结果

通过以上操作可知，东方公司溢价发行债券的资金成本为 5.65%。

3. 融资租赁

（1）期末支付的租金计算

【例 3-13】东方公司于 2012 年 1 月 1 日向租赁公司租入设备一台，价值 100 万元，租期为 6 年，利息与手续费等综合费率为 12%。试计算当该公司分别于每年末、每季末、每月末支付租金时应支付的金额。

思路：该问题为融资租赁租金支付的计算问题，可以利用年金函数 PMT 求解。

步骤：

第一步，在“筹资管理”工作簿中创建名称为“融资租赁租金的计算 1”Excel 工作表。

第二步，在 Excel 工作表中输入题目的基本信息，如图 3-28 所示。

	A	B	C	D
1	融资租赁租金的计算			
2	租金支付方式	每年末	每季末	每月末
3	设备购置成本（万元）	100	100	100
4	租期（年）	6	6	6
5	综合费率	12%	12%	12%
6	每年支付的次数	1	4	12
7	每期应付租金（万元）			

图 3-28　例 3-13 的基本信息

第三步，将计算需要的参数变量信息及公式输入 Excel 工作表内求值，如图 3-29 所示。

B7	▼	=	{=PMT(B5:D5/B6:D6,B4:D4*B6:D6,-B3:D3,,0)}		
	A	B	C	D	E	F
1	融资租赁租金的计算					
2	租金支付方式	每年末	每季末	每月末		
3	设备购置成本（万元）	100	100	100		
4	租期（年）	6	6	6		
5	综合费率	12%	12%	12%		
6	每年支付的次数	1	4	12		
7	每期应付租金（万元）	24.32	5.90	1.96		

输入数组公式"{=PMT(B5:D5/B6:D6,B4:D4*B6:D6,-B3:D3,,0)}"

图 3-29　融资租赁租金的计算结果 1

在单元格 B7:D7 中输入数组公式"=PMT(B5:D5/B6:D6,B4:D4*B6:D6,-B3:D3,,0)"，按 Ctrl＋Shift＋Enter 组合键结束数组输入。

通过以上操作可知，东方公司融资租入的这台设备，如果每年末支付租金，租金为 24.32 万元；每季末支付租金，租金为 5.9 万元；每月末支付租金，租金为 1.96 万元。

（2）期初支付的租金计算

【例 3-14】资料如例 3-13，试分别计算该公司于每年初、每季初、每月初应支付的租金。

思路：该问题为支付时间为期初的融资租赁租金支付计算问题，仍可以年金函数 PMT 求解。

步骤：

第一步，在"筹资管理"工作簿中创建名称为"融资租赁租金的计算 2"Excel 工作表。

第二步，在 Excel 工作表中输入题目的基本信息，如图 3-30 所示。

第三步，将计算需要的参数变量信息及公式输入 Excel 工作表内求值，如图 3-31 所示。

在单元格 B7:D7 中输入数组公式"=PMT(B5:D5/B6:D6,B4:D4*B6:D6,-B3:D3,,1)"，按 Ctrl＋Shift＋Enter 组合键结束数组输入。

	A	B	C	D
1	融资租赁租金的计算			
2	租金支付方式	每年初	每季初	每月初
3	设备购置成本（万元）	100	100	100
4	租期（年）	6	6	6
5	综合费率	12%	12%	12%
6	每年支付的次数	1	4	12
7	每期应付租金（万元）			

图 3-30　例 3-14 的基本信息

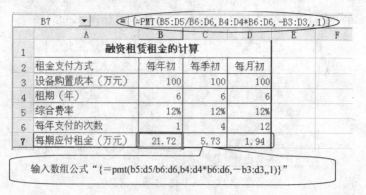

图 3-31　融资租赁租金的计算结果 2

注意：因为付款时间改为期初，本例与例 3-16 的区别在于 type 的值选 1。

通过以上操作可知，东方公司融资租入的这台设备，如果每年初支付租金，租金为 21.72 万元；每季初支付租金，租金为 5.73 万元；每月初支付租金，租金为 1.94 万元。

四、杠杆作用分析

1. 经营杠杆的计量

【例 3-15】东方公司有关资料如表 3-3 所示，试利用 Excel 软件计算该公司的经营杠杆系数。

表 3-3　2011 年和 2012 年东方公司的项目资料

项目	2011 年	2012 年	变动率
销售单价	45	45	0
销售量	10 000	14 000	40%
销售额	450 000	630 000	40%
单位变动成本	20	20	0
变动成本	200 000	280 000	40%
固定成本	100 000	100 000	0
息税前利润	150 000	250 000	67%
利息	50 000	50 000	0
税前利润	10 000	20 000	100%
所得税	33 000	66 000	100%
净利润	67 000	134 000	100%
普通股股数	10 000	10 000	0
每股利润	6.7	13.4	100%

思路：该问题为经营杠杆系数的计算问题，可以通过经营杠杆计算公式求解。

步骤：

第一步，在"筹资管理"工作簿中创建名称为"经营杠杆系数的计算"Excel 工作表。

第二步，在 Excel 工作表中输入题目的基本信息，如图 3-32 所示。

第三步，将计算需要的参数变量信息及公式输入 Excel 工作表内求值，如图 3-33 所示。

① 在单元格 B16 和 C16 中分别输入公式"=B4–B6"和"=C4–C6"，求得 2011 年、2012 年的边际贡献额。

② 在单元格 D16 中输入公式 "=C16−B16"，求得 2011 年、2012 年的边际贡献额的变动额。

③ 在单元格 B17 和 C17 中分别输入公式 "=B16/B8" 和 "=C16/C8"，求得 2011 年、2012 年的经营杠杆系数。

	A	B	C	D
1	项目	2011年	2012年	变动率
2	销售单价	45	45	0
3	销售量	10000	14000	40%
4	销售额	450000	630000	40%
5	单位变动成本	20	20	0%
6	变动成本	200000	280000	40%
7	固定成本	100000	100000	0
8	息税前利润	150000	250000	67%
9	利息	50000	50000	0
10	税前利润	10000	20000	100%
11	所得税	33000	66000	100%
12	净利润	67000	134000	100%
13	普通股股数	10000	10000	0
14	每股利润	6.7	13.4	100%
15				
16	边际贡献			
17	经营杠杆系数			

图 3-32　例 3-15 的基本信息

	A	B	C	D
1	项目	2011年	2012年	变动率
2	销售单价	45	45	0
3	销售量	10000	14000	40%
4	销售额	450000	630000	40%
5	单位变动成本	20	20	0%
6	变动成本	200000	280000	40%
7	固定成本	100000	100000	0
8	息税前利润	150000	250000	67%
9	利息	50000	50000	0
10	税前利润	10000	20000	100%
11	所得税	33000	66000	100%
12	净利润	67000	134000	100%
13	普通股股数	10000	10000	0
14	每股利润	6.7	13.4	100%
15				
16	边际贡献	250000	350000	100000
17	经营杠杆系数	1.67	1.25	

图 3-33　经营杠杆系数计算结果

通过以上操作可知，该公司 2011 年、2012 年的经营杠杆系数分别为 1.67 和 1.40。

2. 财务杠杆的计量

【例 3-16】资料如例 3-15，试利用 Excel 软件计算该公司的财务杠杆系数。

思路：该问题为财务杠杆系数的计算问题，可以通过财务杠杆计算公式求解。

步骤：

第一步，在"筹资管理"工作簿中创建名称为"财务杠杆系数的计算"Excel 工作表。

第二步，在 Excel 工作表中输入题目的基本信息，如图 3-34 所示。

第三步，将计算需要的参数变量信息及公式输入 Excel 工作表内求值，如图 3-35 所示。

	A	B	C	D
1	项目	2011年	2012年	变动率
2	销售单价	45	45	0
3	销售量	10000	14000	40%
4	销售额	450000	630000	40%
5	单位变动成本	20	20	0%
6	变动成本	200000	280000	40%
7	固定成本	100000	100000	0
8	息税前利润	150000	250000	67%
9	利息	50000	50000	0
10	税前利润	10000	20000	100%
11	所得税	33000	66000	100%
12	净利润	67000	134000	100%
13	普通股股数	10000	10000	0
14	每股利润	6.7	13.4	100%
15				
16				
17	财务杠杆系数			

图 3-34　例 3-16 的基本信息

	A	B	C	D
1	项目	2011年	2012年	变动率
2	销售单价	45	45	0
3	销售量	10000	14000	40%
4	销售额	450000	630000	40%
5	单位变动成本	20	20	0%
6	变动成本	200000	280000	40%
7	固定成本	100000	100000	0
8	息税前利润	150000	250000	67%
9	利息	50000	50000	0
10	税前利润	10000	20000	100%
11	所得税	33000	66000	100%
12	净利润	67000	134000	100%
13	普通股股数	10000	10000	0
14	每股利润	6.7	13.4	100%
15				
16				
17	财务杠杆系数	1.50	1.25	

图 3-35　财务杠杆系数的计算结果

在单元格 B17 和 C17 中分别输入公式"=B8/(B8–B9)"和"=C8/(C8–C9)"，求得 2011 年、2012 年的财务杠杆系数。

通过以上操作可知，该公司 2011 年、2012 年的财务杠杆系数分别为 1.50 和 1.25。

3. 复合杠杆的计量

【例 3-17】 资料如例 3-15，试利用 Excel 软件计算该公司的复合杠杆系数。

思路： 该问题为复合杠杆系数的计算问题，可以通过复合杠杆计算公式求解。

步骤：

第一步，在"筹资管理"工作簿中创建名称为"复合杠杆系数的计算"Excel 工作表。

第二步，在 Excel 工作表中输入题目的基本信息，如图 3-36 所示。

第三步，将计算需要的参数变量信息及公式输入 Excel 工作表内求值，如图 3-37 所示。

	A	B	C	D
1	项目	2011年	2012年	变动率
2	销售单价	45	45	0
3	销售量	10000	14000	40%
4	销售额	450000	630000	40%
5	单位变动成本	20	20	0%
6	变动成本	200000	280000	40%
7	固定成本	100000	100000	0
8	息税前利润	150000	250000	67%
9	利息	50000	50000	0
10	税前利润	10000	20000	100%
11	所得税	33000	66000	100%
12	净利润	67000	134000	100%
13	普通股股数	10000	10000	0
14	每股利润	6.7	13.4	100%
15				
16	边际贡献			
17	经营杠杆系数			
18	财务杠杆系数			
19	复合杠杆系数			

图 3-36 输入例 3-17 的基本信息

	A	B	C	D
1	项目	2011年	2012年	变动率
2	销售单价	45	45	0
3	销售量	10000	14000	40%
4	销售额	450000	630000	40%
5	单位变动成本	20	20	0%
6	变动成本	200000	280000	40%
7	固定成本	100000	100000	0
8	息税前利润	150000	250000	67%
9	利息	50000	50000	0
10	税前利润	10000	20000	100%
11	所得税	33000	66000	100%
12	净利润	67000	134000	100%
13	普通股股数	10000	10000	0
14	每股利润	6.7	13.4	100%
15				
16	边际贡献	250000	350000	
17	经营杠杆系数	1.67	1.25	
18	财务杠杆系数	1.5	1.25	
19	复合杠杆系数	2.50	0	

图 3-37 复合杠杆系数的计算结果

在单元格 B19 和 C19 中分别输入公式"=B16/(B8–B9)"和"=C16/(C8–C9)"，求得 2011 年、2012 年的复合杠杆系数。

通过以上操作可知，该公司 2011 年、2012 年的复合杠杆系数分别为 2.50 和 1.5625。

五、资本结构的决策方法

1. 比较资金成本法

【例 3-18】 东方公司拟筹集资金 500 万元，现有三种筹资方案可供选择。方案甲为负债筹资 200 万，发行股票筹资 300 万；方案乙为负债筹资与发行股票筹资各 250 万；方案丙为负债筹资 300 万，发行股票筹资 200 万。负债资金成本为 8%，发行股票的资金成本为 11%，要求通过比较资金成本，利用 Excel 软件选择该公司的最优资金结构。

思路： 该问题为运用比较资金成本法选择最佳资本结构的问题，可以通过加权计算

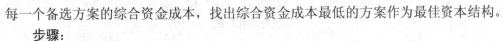

每一个备选方案的综合资金成本，找出综合资金成本最低的方案作为最佳资本结构。

步骤：

第一步，在"筹资管理"工作簿中创建名称为"比较资金成本法"的 Excel 工作表。

第二步，在 Excel 工作表中输入题目的基本信息，如图 3-38 所示。

筹资方式	方案甲		方案乙		方案丙	
	资金成本	比例	资金成本	比例	资金成本	比例
负债	8%	40%	8%	50%	8%	60%
股票	11%	60%	11%	50%	11%	40%
综合资金成本						

图 3-38　例 3-18 的基本信息

第三步，将计算需要的参数变量信息及公式输入 Excel 工作表内求值，如图 3-39 所示。

筹资方式	方案甲		方案乙		方案丙	
	资金成本	比例	资金成本	比例	资金成本	比例
负债	8%	40%	8%	50%	8%	60%
股票	11%	60%	11%	50%	11%	40%
综合资金成本	9.80%		9.50%		9.20%	

图 3-39　比较资金成本法的计算结果

① 在单元格 B6 中输入公式"=B4*C4+B5*C5"，求得方案 A 的综合资金成本。
② 在单元格 D6 中输入公式"=D4*E4+D5*E5"，求得方案 B 的综合资金成本。
③ 在单元格 F6 中输入公式"=F4*G4+F5*G5"，求得方案 C 的综合资金成本。

通过以上操作可知，丙方案的综合资金成本最低，即丙方案为最佳资本结构。

2. 比较每股利润法

【例 3-19】东方公司原有资金 800 万元，其中，债务资金 300 万元，利率为 6%；普通股 25 万股，每股面值 20 元。因业务扩大，需增加资金 200 万元，现有以下两种筹资方案可供选择：

1）发行五年期长期债券，债券利率为 8%。
2）增发 8 万股普通股，每股发行价格为 25 元。

该公司所得税率 33%，预计增资后息税前利润为 150 万元。要求通过比较每股利润，利用 Excel 软件选择该公司的最优资金结构。

思路：该问题为运用比较每股利润法选择最佳资本结构的问题，可以通过计算每一个备选方案的每股利润，找出每股利润最大的方案作为最佳资本结构。

步骤：

第一步，在"筹资管理"工作簿中创建名称为"比较每股利润法"的 Excel 工作表。

第二步，在 Excel 工作表中输入题目的基本信息，如图 3-40 所示。

第三步，将计算需要的参数变量信息及公式输入 Excel 工作表内求值，如图 3-41 所示。

	A	B	C	D	E	F
1	比较每股利润法					
2	项目		利率	股数（万股）	发行价格	每股利润（元/股）
3	原有资金（万元）	800				
4	债务（万元）	300	6%			
5	普通股（万元）	500		25	20	
6	所得税率	33%				
7	追加筹资（万元）	200				
8	预计息税前利润（万元）	150				

图 3-40　例 3-19 的基本信息

	A	B	C	D	E	F
1	比较每股利润法					
2	项目		利率	股数（万股）	发行价格	每股利润（元/股）
3	原有资金（万元）	800				
4	债务（万元）	300	6%			
5	普通股（万元）	500		25	20	
6	所得税率	33%				
7	追加筹资（万元）	200				
8	预计息税前利润（万元）	150				
9						
10	方案1（长期债券（万元））	200	8%			3.1088
11	方案2（普通股（万股））			8	25	2.68

图 3-41　比较每股利润法的计算结果

① 在单元格 F10 中输入公式“=((B8–B4*C4–B10*C10)*(1–B6))/D5”，求得筹资方案 1 的每股利润为 3.1088 元/股。

② 在单元格 F11 中输入公式“=((B8–B4*C4)*(1–B6))/(D5+D11)”，求得筹资方案 2 的每股利润为 2.68 元/股。

通过以上操作可知，方案 1 获得的每股利润要多于方案 2，故选用方案 1 做新的筹资方案。

习　题　三

1．A 公司 2011 年的销售额为 1 000 000 元，这是该公司最大生产能力，销售净利率为 4%，股利支付率为 40%，预计 2012 年的销售额为 1 500 000 元，销售净利率和股利支付率不变。该公司 2011 年 12 月 31 日的资产负债表如表 3-4 所示。

表 3-4　资产负债表（2011 年 12 月 31 日）

资　产		负债及所有者权益	
货币资金	20 000	应付账款	150 000
应收账款	170 000		
存货	200 000	长期借款	230 000
固定资产（净值）	300 000	实收资本	400 000
无形资产	110 000	留存收益	20 000
总计	800 000	总计	800 000

要求：利用 Excel 软件计算该公司 2012 年的外部筹资需求量。

2．B 公司 2009～2013 年销售量和资金需要量的历史资料如表 3-5 所示，2014 年预计产销量为 160 台。

表 3-5　B 公司的销售量和资金需要量情况

年度	销售量 x/台	资金 y/万元	年度	销售量 x/台	资金 y/万元
2009	80	850	2012	130	1050
2010	100	900	2013	140	1100
2011	120	1000			

要求：利用 Excel 软件计算。

1）按高低点法预测该公司 2014 年的资金需要量。

2）按回归直线法预测该公司 2014 年的资金需要量。

3．某公司发行普通股股票 1000 万元，筹资费率为 6%，第一年年末股利率为 11%，预计股利年增长率为 3%，所得税率为 33%。要求利用 Excel 软件计算该普通股成本。

4．某公司平价发行优先股股票 1000 万元，筹资费率为 4%，年股利率为 10%，所得税率为 33%。要求利用 Excel 软件计算该优先股成本。

5．某公司留存收益 200 万元，上一年年末普通股股利率为 11%，预计股利年增长率为 3%，所得税率为 33%。要求利用 Excel 软件计算该留存收益成本。

6．某公司向银行借入一笔长期借款，借款年利率为 6%，借款手续费率为 0.3%，所得税率为 33%。要求利用 Excel 软件计算该银行借款成本。

7．某企业拟平价发行六年期公司债券，债券面值 800 万元，票面利率 10%，每年年末付息一次，所得税率为 33%。要求利用 Excel 软件计算该债券成本。

8．某企业拟发行五年期公司债券，债券面值 600 万元，票面利率 10%，每半年付息一次。若此时市场利率为 8%，其债券的发行价格应为多少？若此时市场利率为 10%，利用 Excel 软件计算其债券的发行价格应为多少？

9．某公司采用融资租赁方式租入设备一套，价款为 60 万元，租期为四年，租期内年利率为 12%。

要求：利用 Excel 软件计算。

1）计算每年末支付租金方式的应付租金。

2）计算每年初支付租金方式的应付租金。

10．某公司 2011 年实现销售收入 200 万元，变动成本总额为 110 万元，固定成本 50 万元，公司负债 100 万元，年利率 8%，所得税率为 33%。要求利用 Excel 软件计算该公司经营杠杆系数、财务杠杆系数及复合杠杆系数。

11．某公司欲筹资 500 万元，半年前拟定的筹资方案的资金成本为 16.20%。通过市场调查，提出一项新的筹资方案，具体资料如表 3-6 所示。

表 3-6　新的筹资方案

筹资方式	筹资额/万元	利率或股利率	筹资费率
长期借款	100	8%	2%
长期债券	100	12%	3%

续表

筹资方式	筹资额/万元	利率或股利率	筹资费率
优先股	150	12.5%	5%
普通股	150	13.5%	8%

其中，企业所得税率为 33%，普通股的固定增长率为 6%，每股市价为 20 元。

要求：利用 Excel 软件计算确定是否放弃原有的筹资方案。

12．某公司目前拥有资金 500 万元，其中，普通股 25 万股，每股价格 10 元，每股股利 2 元；债券 150 万元，年利率 8%；优先股 100 万元，年股利率 15%，目前的税后净利润为 67 万元，所得税率为 33%。该公司准备新开发一投资项目，项目所需投资为 500 万元，预计项目投产后可使企业的年息税前利润增加 50 万元。投资所需资金有下列两种方案可供选择：

A 方案：发行债券 500 万元，年利率 10%。

B 方案：发行普通股股票 500 万元，每股发行价格 20 元。

要求：利用 Excel 软件计算。

1）计算两种筹资方案的财务杠杆系数与每股利润。

2）若不考虑风险因素，确定该公司最佳的筹资方案。

术 语 积 累

筹资规模	销售百分比法	资金习性预测法	高低点法
回归直线法	资金成本	权益资金	普通股
优先股	留存收益	负债资金	银行借款
债券	融资租赁	经营杠杆	财务杠杆
复合杠杆	资本结构	比较资金成本法	比较每股利润法
MAX 函数	MIN 函数	INDEX 函数	SLOPE 函数
INTERCEPT 函数	PMT 函数	IPMT 函数	PPMT 函数

Excel 在流动资产管理中的应用

第四章

第一节　流动资产管理及 Excel 软件要点

一、流动资产管理要点

流动资产是指在一年内或超过一年的一个营业周期内变现或运用的资产。流动资产具有投资回收期短、流动性强、占用资金数量具有波动性等特点，其主要项目包括现金、应收账款、存货等。

（一）现金的管理

现金是指在生产经营过程中暂时停留在货币形态的资金，包括库存现金，各种形式的银行存款、银行本票、银行汇票等。现金是企业所有资产中流动性最强的资产，拥有一定数量的现金能够满足企业正常交易、防范风险及投资动机的需要，但会引起现金的机会成本、管理成本、转换成本等现金持有成本的增加。因此，保持适量的现金对企业而言关系重大。企业的最佳现金持有量可以通过成本分析模型和存货模型等确定。

1. 成本分析模型

成本分析模型是通过分析与现金持有量相关的机会成本、管理成本，转换成本等成本，选择现金持有总成本最低时的现金持有量作为企业的最佳现金持有量的一种方法。

2. 存货模型

存货模型是将现金看做企业的一种特殊存货，按照存货管理中的经济批量原理确定企业最佳现金持有量的方法。在存货模式中，只对现金持有的机会成本及现金与有价证券之间的固定转换成本予以考虑。其中，现金持有的机会成本随着现金持有量的增加而增加，而转换成本则呈现出相反的变动趋势。因此，能够使现金持有的机会成本及现金与有价证券之间的转换成本之和保持最低的现金持有量，即为企业的最佳现金持有量。

最佳现金持有量为

$$Q = \sqrt{2TF/K}$$

式中：T——企业在一定时期内的现金需求总量；

    F——每次转换成本；

    K——有价证券收益率。

（二）应收账款的管理

应收账款是企业因对外赊销产品、提供劳务等业务产生的应向对方单位收回的款项。对于企业而言，应收账款具有扩大销售、加快存货周转的功能，但同时会引起应收账款的机会成本、管理成本、坏账损失等应收账款成本。企业对应收账款的管理是通过制定恰当的信用政策来实施的。信用政策包括信用标准、信用条件及收账政策三项内容。

1. 信用标准

信用标准是指客户获取企业的商业信用所应具备的最低条件，一般利用预计坏账损失率来表示。

2. 信用条件

信用条件是指企业要求客户支付赊销款项的条件，包括信用期限、折扣期限和现金折扣率等。信用条件的基本表达方式如"1/30,N/60"，其中，1 表示现金折扣率为 1%，30 表示折扣期限为 30 天，60 表示信用期限为 60 天。一般而言，信用条件越宽松，应收账款的促销作用越明显，但相应的应收账款机会成本、管理成本、坏账损失等成本会增加。

3. 收账政策

收账政策是指当客户违反信用条件、拖欠甚至拒付账款时，企业应采取的收账策略及措施。收账政策可以大致分为积极的收账政策和消极的收账政策两类。积极的收账政策一般会加快应收账款的回收速度，从而降低应收账款的机会成本、坏账损失等成本，但收账费用较高；而消极的收账政策则反之。

（三）存货的管理

存货是企业在生产经营过程中为生产或销售目的而储备的物资，具有防止停工待料、适应市场变化、降低进货成本、维持均衡生产等功能，但也造成了存货的机会成本、储存成本等成本的增加。财务管理中对存货的管理主要是通过确定存货的经济订货批量和存货 ABC 管理法等方法来实施。

1. 存货经济批量的基本模型

基本模型应用条件如下。

1）企业能及时补充存货。

2）存货能集中到货。

3）不存在缺货现象。

4）企业在一定时期的存货需求总量可以比较准确地预计。

5）存货的单价不变。

经济订货批量（利用求导得出）为

$$Q=\sqrt{2AB/C}$$

年度最佳订货次数为

$$N=A/Q=\sqrt{AC/2B}$$

经济订货批量平均占用资金为

$$W=QP/2=\sqrt{AB/2C}$$

存货相关总成本为

$$TC=\sqrt{2ABC}$$

最佳订货周期为

$$T=360/N$$

式中：A——进货总量；

$\quad\quad P$——存货单价；

$\quad\quad Q$——订货批量；

$\quad\quad B$——每次订货成本；

$\quad\quad C$——单位储存成本。

2. 允许缺货情况下的经济批量模型

允许缺货的情况下确定存货的最佳经济批量要考虑的成本有三项：订货成本、储存成本和缺货成本。

允许缺货时的最佳经济批量为

$$Q=\sqrt{2AB/C\times(C+R)/R}$$

平均缺货量为 $S=Q(C/(C+R))$

式中：A——进货总量；

$\quad\quad Q$——允许缺货时的经济批量；

$\quad\quad B$——每次订货成本；

C——单位储存成本；

R——单位缺货成本；

S——平均缺货量。

3. 存货的 ABC 管理法

在企业中，原材料、包装物、产品等存货品种众多，价格悬殊，管理难度较大。存货的 ABC 管理法是依据重要性原则，按照各种存货的资金占用额度把企业的所有存货划分成 A、B、C 三类，分别进行管理的存货控制方法。其中，A 类存货的特点是资金占用额度大，但品种数量较少，应重点规划和控制；B 类存货的特点是资金占用额度一般，但品种数量相对较多，应进行次重点的管理；C 类存货的特点是资金占用额度较小，但品种数量繁多，只进行一般的管理即可。运用 ABC 管理法对存货进行分类时的主要标准是各种存货的资金占用额度。

二、Excel 软件要点

（一）SQRT 函数

SQRT（number）函数可以用于计算某一数值的平方根。参数 number 是要计算的数值。如果参数 number 为负值，则 SQRT 函数将返回错误值 "#NUM!"。

（二）"排序"功能

利用"排序"功能可以对某一区域的数据按某一关键字或多个关键字进行升序或降序的排列。"排序"功能在本章中主要用于存货的 ABC 管理法，其步骤如下：

1）选择某一单元格区域。

2）单击"数据"选项卡，再单击"排序"选项，弹出"排序"对话框，如图 4-1 所示。

3）在"排序"对话框中，利用下拉列表框选择需要的关键字，排序依据和次序按实现升序或降序排列，单击"确定"按钮，指定区域的数据排序完成，如图 4-1 所示。

（三）IF 函数

IF 函数也称为条件函数，其根据参数条件，对数值和公式进行条件检测，返回不同的结果。IF 函数的格式为

$$=IF(logical\_test,value\_if\_true,value\_if\_false)$$

其中：

1）logical_test：条件表达式，其结果是 true 或 false，可以使用任何运算符。

2）value_if_true：条件表达式，是 true 时返回的值。

3）value_if_false：条件表达式，是 false 时返回的值。

在本章中，IF 函数主要用于存货的 ABC 管理。

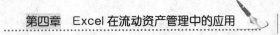

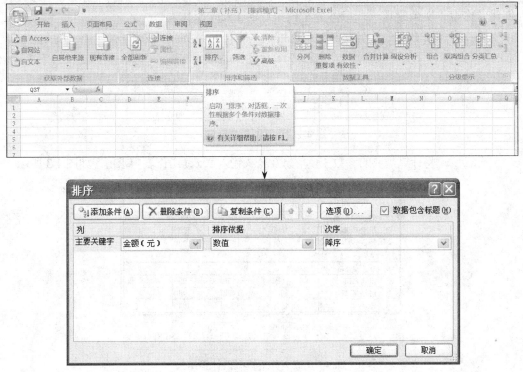

图 4-1 "排序"功能

第二节 流动资产管理中 Excel 的作用

一、现金的管理

1. 成本分析模型

【例 4-1】东方公司有 A、B、C、D 四种现金持有方案，有关成本资料如表 4-1 所示。

表 4-1 四种现金持有方案 单位：元

项目	A 方案	B 方案	C 方案	D 方案
现金持有量	20 000	30 000	40 000	50 000
机会成本	1600	2400	3200	4000
短缺成本	3000	1400	900	0

要求：计算四种方案的现金持有总成本，并确定该公司的最佳现金持有量。

思路：成本分析模式下的最佳现金持有量，就是与现金持有量相关的机会成本与短缺成本之和最小的现金持有量。该模式应先分别计算出各种方案的机会成本与短缺成本之和，再从中选出总成本之和最低的现金持有量即为最佳现金持有量。各现金持有方案的总成本可以使用数组公式或求和函数 SUM()计算。

步骤：

第一步，创建名称为"流动资产管理"的工作簿，并在"流动资产管理"工作簿中创建名称为"现金管理——成本分析模型"的 Excel 工作表。

第二步，在 Excel 工作表中输入题目的基本信息，如图 4-2 所示。

	A	B	C	D	E
1	项 目	A	B	C	D
2	现金持有量	20000	30000	40000	50000
3	机会成本	1600	2400	3200	4000
4	短缺成本	3000	1400	900	0

图 4-2 例 4-1 的基本信息

第三步，将计算需要的参数变量信息及公式输入 Excel 工作表内求值，如图 4-3 所示。

	A	B	C	D	E
1	项 目	A	B	C	D
2	现金持有量	20000	30000	40000	50000
3	机会成本	1600	2400	3200	4000
4	短缺成本	3000	1400	900	0
5					
6	项 目	A	B	C	D
7	机会成本	1600	2400	3200	4000
8	短缺成本	3000	1400	900	0
9	总成本	4600	3800	4100	4000

输入数组公式"{=B7:E7+B8:E8}"

图 4-3 成本分析模型的计算结果

在 B9:E9 单元格区域内输入数组公式"=B7:E7+B8:E8"，按 Ctrl＋Shift＋Enter 组合键结束数组公式输入。也可以在单元格 B9 中输入求和函数"＝SUM（B7:B8）"然后将单元格 B9 复制到单元格 C9、D9、E9 中（可以使用填充柄拖动完成），操作完毕得出"总成本"的值。

将以上四种方案的总成本比较可知，B 方案总成本最低。也就是说，当企业持有30 000 元现金时，各类现金持有成本的总和最低，故 30 000 元是该公司的最佳现金持有量。

2. 存货模型

【例 4-2】东方公司现金收支比较稳定，预计全年需要现金 100 万元，现金与有价证券之间的每次转换成本为 300 元，有价证券的收益率为 6%。要求：运用存货模型确定该公司的最佳现金持有量。

思路：运用存货模型确定最佳现金持有量时，只对现金持有的机会成本和固定转换成本予以考虑。该问题可以根据存货模型确定最佳现金持有量的公式运用开根号函数 SQRT（number）求解。

步骤：

第一步，在"流动资产管理"工作簿中创建名称为"现金管理——存货模型"的 Excel 工作表。

1	存货模型	
2	全年需要的现金	1000000
3	现金与有价证券的转换成本（元/次）	300
4	有价证券收益率	6%

图 4-4 例 4-2 的基本信息

第二步，在 Excel 工作表中输入题目的基本信息，如图 4-4 所示。

第三步，将计算需要的参数变量信息

及公式输入 Excel 工作表内求值，如图 4-5 所示。

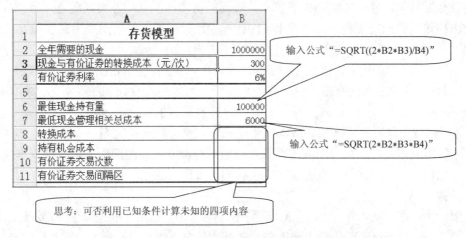

图 4-5 存货模型的计算结果

根据最佳现金持有量的公式 $Q=\sqrt{2TF/K}$，在 Execl 中选用开根号函数 "=SQRT (number)"。

① 在单元格 B6 中输入公式 "=SQRT((2*B2*B3)/B4)"，求得最佳现金持有量为 100 000 元。

② 在单元格 B7 中输入公式 "=SQRT(2*B2*B3*B4)"，求得最低现金管理相关总成本为 6000 元。

要求上机实验计算出转换成本、持有机会成本、有价证券交易次数、有价证券交易间隔区等四项内容的值（转换成本＝3000 元，持有机会成本＝3000 元，有价证券交易次数＝10 次，有价证券交易间隔区＝36 天）。

存货模型可以较精确地测算出最佳现金持有量和有价证券的变现次数，对企业的现金管理和有价证券管理有一定作用，但存货模型的前提条件局限性较大，使得这种模型的运用受到限制，因此，运用存货模型有必要同财务管理人员的经验相结合。

二、应收账款的管理

1. 信用标准的制定

【例 4-3】东方公司预计下年度销售额为 150 000 元，变动成本率为 60%，应收账款机会成本为 15%。现行的信用标准为预计坏账损失率在 10% 以下，平均坏账损失率为 9%，平均收账期为 45 天。现东方公司拟改变信用标准，资料如表 4-2 所示，试对以下 A、B 两种方案做出决策。

表 4-2 新信用标准的 A、B 方案 单位：元

项目	A 方案	B 方案	项目	A 方案	B 方案
信用标准（预计坏账损失率）	5%	15%	平均收账期	65	80
年赊销额	140 000	160 000	预计坏账损失率	6%	13%

思路：从表 4-2 可以看出，较低的信用标准（B 方案）能够增加企业的销售额，但平均收账期较长，预计坏账损失率较高；较高的信用标准（A 方案）反之。为了对两方案做出决策，我们需要在 Excel 工作表内计算并比较两方案的信用成本后收益，具体过程如下：

$$信用成本前收益＝年赊销额－年赊销额×变动成本率$$
$$信用标准变化后的应收账款机会成本＝年赊销额×平均收款期/360×变动成本率×应收账款的机会成本率$$
$$信用标准变化后的坏账损失成本＝年赊销额×预计坏账损失率$$
$$信用成本后收益＝信用成本前收益－信用标准变化后的应收账款机会成本－信用标准变化后的坏账损失成本$$

步骤：

第一步，在"流动资产管理"工作簿中创建名称为"信用标准决策"的 Excel 工作表。

第二步，在 Excel 工作表中输入题目的基本信息，如图 4-6 所示。

	A	B	C
1	信用标准决策		
2	项目		
3	销售收入（元）	150000	
4	变动成本率	60%	
5	信用标准	10%	
6	平均坏账损失率	9%	
7	平均账款期（天）	45	
8	应收账款的机会成本率	15%	
9			
10	项目	方案A	方案B
11	改变后信用标准	5%	15%
12	年赊销额	140000	160000
13	变动成本		
14	信用成本前收益（元）		
15	平均收账期	65	80
16	预计坏账损失率	6%	13%
17	应收账款的机会成本（元）		
18	坏账损失（元）		
19	信用成本后收益（元）		

图 4-6　例 4-3 的基本信息

第三步，将计算需要的参数变量信息及公式输入 Excel 工作表内求值，如图 4-7 所示。

① 在单元格 B13 中输入公式"=B12*$B$4"，再将单元格 B13 复制到单元格 C13 中，求得方案 A、方案 B 的变动成本。

② 在单元格 B14 中输入公式"=B12–B13"，再将单元格 B14 复制到单元格 C14 中，求得方案 A、方案 B 的信用成本前收益。

③ 在单元格 B17 中输入公式"=B12*B15/360*$B$4*$B$8"，再将单元格 B17 复制到单元格 C17 中，求得方案 A、方案 B 的应收账款机会成本。

④ 在单元格 B18 中输入公式"=B12*B16"，再将单元格 B18 复制到单元格 C18 中，求得方案 A、方案 B 的坏账损失成本。

⑤ 在单元格 B19 中输入公式"=B14–B17–B18"，再将单元格 B19 复制到单元格 C19 中，求得方案 A、方案 B 信用标准变化的净收益。

	A	B	C
1	信用标准决策		
2	项目		
3	销售收入（元）	150000	
4	变动成本率	60%	
5	信用标准	10%	
6	平均坏账损失率	9%	
7	平均收款期（天）	45	
8	应收账款的机会成本率	15%	
9			
10	项目	方案A	方案B
11	改变后信用标准	5%	15%
12	年赊销额	140000	160000
13	变动成本	84000	96000
14	信用成本前收益（元）	56000	64000
15	平均收账期	65	80
16	预计坏账损失率	6%	13%
17	应收账款的机会成本（元）	2275	3200
18	坏账损失（元）	8400	20800
19	信用成本后收益（元）	45325	40000

图 4-7 信用标准决策的计算结果

比较以上两种方案的信用成本后收益可知，A 方案的信用成本后收益较大，应作为该公司新的信用标准。

注意：A、B 方案相关指标的计算公式相同，可以使用公式复制方法减少输入量。

2. 信用条件的选择

【例 4-4】东方公司预计下年度销售额为 150 000 元，变动成本率为 60%，应收账款机会成本为 15%，信用标准为预计坏账损失率在 10%以下，平均坏账损失率为 5%，现行的信用条件为 N/30。现东方公司拟改变信用条件，资料如表 4-3 所示，试对以下 A、B 两种方案做出决策。

表 4-3 新信用条件的 A、B 方案　　　　　　单位：元

项目	A 方案	B 方案
信用条件	N/40	1/30，N/60
年赊销额	170 000	200 000
预计坏账损失率	11%	10%
现金折扣率	0	1%
享受现金折扣的销售额所占比例	0	50%

思路：为了对两方案做出决策，我们需要在 Excel 工作表内计算并比较两方案的信用成本后收益，具体过程如下：

信用成本前收益＝年赊销额－年赊销额×变动成本率

信用条件变化后的应收账款机会成本＝年赊销额×平均收款期/360×变动成本率　　　　　　　×应收账款的机会成本率

信用条件变化后的现金折扣成本＝年赊销额×需付现金折扣的销售额占总销售额的百分比　　　　×现金折扣率

信用条件变化后的坏账损失成本＝年赊销额×预计坏账损失率

信用成本总额＝信用条件变化后的应收账款机会成本＋信用条件变化后的现金折扣成本
＋信用条件变化后的坏账损失成本

信用成本后收益＝信用成本前收益－信用成本总额

步骤：

第一步，在"流动资产管理"工作簿中创建名称为"信用条件决策"的 Excel 工作表。

第二步，在 Excel 工作表中输入题目的基本信息，如图 4-8 所示。

	A	B	C
1	信用条件决策		
2	项目		
3	销售收入（元）	150000	
4	变动成本率	60%	
5	信用标准	10%	
6	平均坏账损失率	5%	
7	信用条件	30天付清	
8	应收账款的机会成本率	15%	
9			
10	项目	方案A	方案B
11	改变后信用条件	N/40	1/30,N/60
12	年赊销额	170000	200000
13	减：变动成本		
14	信用成本前收益		
15	预计坏账损失率	11%	10%
16	享受现金折扣的销售额所占比例	0%	50%
17	现金折扣率	0%	1%
18	预计收账期		
19	应收账款机会成本（元）		
20	现金折扣成本（元）		
21	坏账损失成本（元）		
22	信用成本总额		
23	信用成本后收益		

图 4-8 例 4-4 的基本信息

第三步，将计算需要的参数变量信息及公式输入 Excel 工作表内求值，如图 4-9 所示。

① 在单元格 B13 中输入公式"=B12*$B$4"，再将单元格 B13 复制到单元格 C13 中，求得方案 A、方案 B 的变动成本。

② 在单元格 B14 中输入公式"=B12－B13"，再将单元格 B14 复制到单元格 C14 中，求得方案 A、方案 B 的信用成本前收益。

③ 在单元格 B18 中输入方案 A 的预计收账期"40"，单元格 C18 中输入公式"=30*(1－C16)+60*C16"，求得方案 B 的预计收账期。

④ 在单元格 B19 中输入公式"=B12*B18/360*$B$4*$B$8"，再将单元格 B19 复制到单元格 C19 中，求得方案 A、方案 B 的应收账款机会成本。

⑤ 在单元格 B20 中输入方案 A 的现金折扣成本"0"，并在单元格 C20 中输入公式"=C12*C16*C17"，求得方案 B 的现金折扣成本。

⑥ 在单元格 B21 中输入公式"=B12*B15"，再将单元格 B21 复制到单元格 C21 中，求得方案 A、方案 B 的坏账损失成本。

	A	B	C
1	信用条件决策		
2	项目		
3	销售收入（元）	150000	
4	变动成本率	60%	
5	信用标准	10%	
6	平均坏账损失率	5%	
7	信用条件	30天付清	
8	应收账款的机会成本率	15%	
9			
10	项目	方案A	方案B
11	改变后信用条件	N/40	1/30,N/60
12	年赊销额	170000	200000
13	减：变动成本	102000	120000
14	信用成本前收益	68000	80000
15	预计坏账损失率	11%	10%
16	享受现金折扣的销售额所占比例	0%	50%
17	现金折扣率	0%	1%
18	预计收账期	40	45
19	应收账款机会成本（元）	1700	2250
20	现金折扣成本（元）	0	1000
21	坏账损失成本（元）	18700	20000
22	信用成本总额	20400	23250
23	信用成本后收益	47600	56750

图 4-9　信用条件决策的计算结果

⑦ 在单元格 B22 中输入公式 "=B19+B20+B21"，再将单元格 B22 复制到单元格 C22 中，求得方案 A、方案 B 信用成本总额。

⑧ 在单元格 B23 中输入公式 "=B14–B22"，再将单元格 B23 复制到单元格 C23 中，求得方案 A、方案 B 信用成本后收益。

通过以上计算可知，信用条件变化后，方案 A、方案 B 带来的收益均为正值，均可行。但方案 B 带来的信用成本后收益大于方案 A，方案 B 更优，所以应选择方案 B 作为该公司新的信用条件。

3．收账政策的确定

【例 4-5】东方公司预计下年度赊销额为 150 000 元，变动成本率为 60%，应收账款机会成本为 15%。现东方公司打算变更收账政策，资料如表 4-4 所示，试对该公司收账政策做出决策。

表 4-4　变更收账政策前、后的方案　　　　　　　　　　　　单位：元

项目	目前方案（A 方案）	拟改方案（B 方案）
每年的收账费用	10 000	20 000
平均收账期	60	30
坏账损失率	4%	2%

思路：为了对两方案做出决策，我们在 Excel 工作表内需要计算并比较两方案的以下影响：

$$应收账款的平均占用额＝年赊销额/360×应收账款平均收账期$$
$$坏账损失成本＝年赊销额×坏账损失率$$

收账政策机会成本＝应收账款的平均占用额×变动成本率×应收账款的机会成本率
收账政策总成本＝收账政策的机会成本＋坏账损失成本＋收账费用

步骤：

第一步，在"流动资产管理"工作簿中创建名称为"收账政策决策"的 Excel 工作表。

第二步，在 Excel 工作表中输入题目的基本信息，如图 4-10 所示。

	A	B	C
1	收账政策决策		
2	项目		
3	销售收入（元）	150000	
4	变动成本率	60%	
5	应收账款的机会成本率	15%	
6			
7	项目	方案A	方案B
8	每年的收账费用（元）	10000	20000
9	平均收账期（天）	60	30
10	坏账损失率	4%	2%
11	应收账款的平均占用额(元)		
12	坏账损失（元）		
13	收账政策的机会成本(元)		
14	收账费用（元）		
15	收账政策总成本（元）		

图 4-10　例 4-5 的基本信息

第三步，将计算需要的参数变量信息及公式输入 Excel 工作表内求值，如图 4-11 所示。

	A	B	C
1	收账政策决策		
2	项目		
3	销售收入（元）	150000	
4	变动成本率	60%	
5	应收账款的机会成本率	15%	
6			
7	项目	方案A	方案B
8	每年的收账费用（元）	10000	20000
9	平均收账期（天）	60	30
10	坏账损失率	4%	2%
11	应收账款的平均占用额(元)	25000	12500
12	坏账损失（元）	6000	3000
13	收账政策的机会成本(元)	2250	1125
14	收账费用（元）	10000	20000
15	收账政策总成本（元）	18250	24125

图 4-11　收账政策决策的计算结果

① 在单元格 B11 中输入公式"=$B$3/360*B9"，再将单元格 B11 复制到单元格 C11 中，求得 A 方案、B 方案应收账款的平均占用额。

② 在单元格 B12 中输入公式"=$B$3*B10"，再将单元格 B12 复制到单元格 C12 中，求得 A 方案、B 方案的坏账损失成本。

③ 在单元格 B13 中输入公式"=B11*$B$4*$B$5"，再将单元格 B13 复制到单元格 C13 中，求得 A 方案、B 方案收账政策的机会成本。

④ 在单元格 B14 中输入公式 "=B8"，再将单元格 B14 复制到单元格 C14 中，求得 A 方案、B 方案的收账费用。

⑤ 在单元格 B15 中输入公式 "=B12+B13+B14"，再将单元格 B15 复制到单元格 C15 中，求得 A 方案、B 方案的收账政策总成本。

通过以上计算可知，A 方案收账政策总成本较低，方案 A 更优，应选择方案 A 作为该公司新的收账政策。

三、存货的管理

1. 存货经济批量的基本模型

【例 4-6】东方公司每年需耗用甲材料 6000 千克，该材料单位采购成本 40 元，年单位储存成本 6 元，一次订货成本 80 元。求该材料的经济批量、最佳订货次数。

思路： 该问题为运用存货经济批量的基本模型计算材料的经济批量、最佳订货次数问题，可以通过存货经济批量基本模型的相关公式运用开根号函数 SQRT（number）求解。

步骤：

第一步，在"流动资产管理"工作簿中创建名称为"存货经济批量的基本模型"Excel 工作表。

第二步，在 Excel 工作表中输入题目的基本信息，如图 4-12 所示。

	A	B
1	存货经济批量的基本模型	
2	全年需要量（千克）	6000
3	一次订货成本（元）	80
4	材料单价（元）	40
5	年单位存储成本（元）	6

图 4-12　例 4-6 的基本信息

第三步，将计算需要的参数变量信息及公式输入 Excel 工作表内求值，如图 4-13 所示。

	A	B
1	存货经济批量的基本模型	
2	全年需要量（千克）	6000
3	一次订货成本（元）	80
4	材料单价（元）	40
5	年单位存储成本（元）	6
6		
7	经济进货批量（千克）	400
8	存货相关总成本（元）	2400
9	年度最佳进货次数（次）	15
10	经济进货批量平均占用资金（元）	8000
11	最佳进货周期（天）	24

此处使用开根号函数 "SQRT(number)"

图 4-13　存货经济批量基本模型的计算结果

将经济进货批量、年度最佳进货次数、经济进货批量平均占用资金、存货相关总成本、最佳进货周期的公式输入 Execl 工作表中，计算各项目的值。

① 在单元格 B7 中输入公式 "=SQRT((2*B2*B3)/B5)"，求得经济进货批量的值。

② 在单元格 B8 中输入公式 "=SQRT(2*B2*B3*B5)"，求得存货相关总成本的值。

③ 在单元格 B9 中输入公式 "=B2/B7"，求得年度最佳进货次数的值。

④ 在单元格 B10 中输入公式"=B4*(B7/2)"，求得经济进货批量平均占用资金的值。

⑤ 在单元格 B11 中输入公式"=360/B9"，求得最佳进货周期的值。

计算结果表明，该企业甲材料每次进货批量为 400 千克为最佳批量，因为其相关订货成本与储存成本的年度总额最低，即 2400 元。经济进货批量平均占用资金 8000 元，该企业的年最佳订货次数为 15 次，最佳进货周期为 24 天。

2. 允许缺货情况下的经济批量模型

【例 4-7】东方公司每年需耗用乙材料 60 000 千克，年单位储存成本 6 元，一次订货成本 80 元，单位缺货成本 10 元。求允许缺货的情况下该材料的经济批量及平均缺货量。

思路：该问题为运用允许缺货情况下的经济批量模型计算材料的经济批量、平均缺货量问题。允许缺货的情况下确定存货的经济批量要考虑的成本有三项：订货成本、储存成本和缺货成本。该问题可以通过允许缺货情况下的经济批量模型运用开根号函数 SQRT（number）求解。

步骤：

第一步，在"流动资产管理"工作簿中创建名称为"允许缺货情况下的经济批量模型"的 Excel 工作表。

第二步，在 Excel 工作表中输入题目的基本信息，如图 4-14 所示。

第三步，将计算需要的参数变量信息及公式输入 Excel 工作表内求值，如图 4-15 所示。

	A	B
1	允许缺货时的经济批量模型	
2	全年需要量（千克）	60000
3	一次订货成本（元）	80
4	单位缺货成本（元）	10
5	年单位存储成本（元）	6
6		
7	允许缺货时的经济批量（千克）	
8	平均缺货量（千克）	

图 4-14 例 4-7 的基本信息

	A	B
1	允许缺货时的经济批量模型	
2	全年需要量（千克）	60000
3	一次订货成本（元）	80
4	单位缺货成本（元）	10
5	年单位存储成本（元）	6
6		
7	允许缺货时的经济批量（千克）	1600
8	平均缺货量（千克）	600

图 4-15 允许缺货时经济批量模型的计算结果

将允许缺货的情况下存货的经济批量、平均缺货量的公式输入 Execl 工作表中，计算各项目的值。

① 在单元格 B7 中输入公式"=SQRT((2*B2*B3/B5)*((B5+B4)/B4))"，求得允许缺货时的经济批量的值。

② 在单元格 B8 中输入公式"=B7*(B5/(B5+B4))"，求得平均缺货量的值。

通过以上计算可知，该材料在允许缺货的情况下，最佳经济批量为 1600 千克，平均缺货量为 600 千克。

3. 存货的 ABC 管理法

【例 4-8】东方公司生产所需的原材料有 20 种，均需外购，各种原材料的市场价格及全年需要量如表 4-5 所示。要求：对该企业的原材料存货进行 ABC 分类管理。

表 4-5　东方公司原材料明细表

材料编码	单价/（元/千克）	全年需用量/千克	材料编码	单价/（元/千克）	全年需用量/千克
C001	9	300	C011	0.2	2000
C002	6	6000	C012	0.6	12 000
C003	3	9000	C013	15	1100
C004	0.8	10 000	C014	12.5	2300
C005	1.2	4000	C015	2.3	2800
C006	25	6000	C016	4.1	5000
C007	14	4600	C017	6.6	8000
C008	0.5	30 000	C018	8.9	580
C009	3.8	1300	C019	5.8	650
C010	3.1	8000	C020	6.4	1000

思路：存货的 ABC 管理法是按照一定标准把企业的所有存货划分成 A、B、C 三类，分别进行管理的存货控制方法。其中，A 类存货是重点存货，应重点规划和控制；B 类存货应进行次重点的管理；C 类存货只进行一般的管理。运用 ABC 管理法对存货进行分类时的主要标准是各种存货的资金占用额度。利用 Excel 软件的排序功能可以轻松实现存货的 ABC 分类管理。

步骤：

第一步，在"流动资产管理"工作簿中创建名称为"原材料的 ABC 分类表"Excel 工作表。

第二步，在 Excel 工作表中输入题目的基本信息，如图 4-16 所示。

	A	B	C	D	E	F	G
1			原材料的ABC分类表				
2	材料编码	单价（元/千克）	全年需用量（千克）	金额（元）	比例	累计比重	存货类别
3	C001	9	300				
4	C002	6	6000				
5	C003	3	9000				
6	C004	0.8	10000				
7	C005	1.2	4000				
8	C006	25	6000				
9	C007	1.4	46000				
10	C008	0.5	30000				
11	C009	3.8	1300				
12	C010	3.1	8000				
13	C011	0.2	2000				
14	C012	0.6	12000				
15	C013	15	1100				
16	C014	12.5	2300				
17	C015	2.3	2800				
18	C016	4.1	5000				
19	C017	6.6	8000				
20	C018	8.9	580				
21	C019	5.8	650				
22	C020	6.4	1000				
23	合计						

图 4-16　例 4-8 的基本信息

第三步，将需要的参数变量信息及公式输入 Excel 工作表内求值。

① 在单元格 D3 中输入公式"=B3*C3"，再将单元格 D3 复制到单元格 D3:D22 中，求得各种原材料一年占用资金的数额。

② 在单元格 D23 中输入公式"=SUM(D3:D22)"，求得原材料占用资金总额。

③ 在单元格 E3 中输入公式"=D3/$D$23"，再将单元格 E4 复制到单元格 E5:E23 中，求得各种原材料占用资金的数额占原材料资金总额的比例（注意：应把 E3:F23 区域的单元格设置成百分比形式）。

④ 选择单元格区域 A2:E22，单击"数据"选项卡，再单击"排序"选项，弹出"排序"对话框。在该对话框中，主要关键字选择"金额（元）"，排序依据选择"数值"，次序选择"降序"，单击"确定"按钮，得到各类原材料按资金占用额从大到小排列的数据。

⑤ 在单元格 F3 中输入公式"=E3"，单元格 F4 中输入公式"＝F3＋E4"，再将单元格 F4 复制到单元格 F5:F22 中，求得原材料资金占用的累计比例。

⑥ 在单元格 G3 中输入公式"=IF(F3<=75%,"A",IF(F3<=95%,"B","C"))"，再将单元格 G3 复制到单元格 G4:G22 中，把所有原材料分成 A、B、C 三类，如图 4-17 所示。

	A	B	C	D	E	F	G
1			原材料的ABC分类表				
2	材料编码	单价（元/千克）	全年需用量（千克）	金额（元）	比例	累计比例	存货类别
3	C006	25	6000	150000	30.89%	30.89%	A
4	C007	14	4600	64400	13.26%	44.16%	A
5	C017	6.6	8000	52800	10.87%	55.03%	A
6	C002	6	6000	36000	7.41%	62.44%	A
7	C014	12.5	2300	28750	5.92%	68.36%	A
8	C003	3	9000	27000	5.56%	73.92%	A
9	C010	3.1	8000	24800	5.11%	79.03%	B
10	C016	4.1	5000	20500	4.22%	83.25%	B
11	C013	15	1100	16500	3.40%	86.65%	B
12	C008	0.5	30000	15000	3.09%	89.74%	B
13	C004	0.8	10000	8000	1.65%	91.39%	B
14	C012	0.6	12000	7200	1.48%	92.87%	B
15	C015	2.3	2800	6440	1.33%	94.20%	B
16	C020	6.4	1000	6400	1.32%	95.52%	C
17	C018	8.9	580	5162	1.06%	96.58%	C
18	C009	3.8	1300	4940	1.02%	97.60%	C
19	C005	1.2	4000	4800	0.99%	98.59%	C
20	C019	5.8	650	3770	0.78%	99.36%	C
21	C001	9	300	2700	0.56%	99.92%	C
22	C011	0.2	2000	400	0.08%	100.00%	C
23	合计			485562	100.00%		

图 4-17 原材料的 A、B、C 分类结果

通过以上计算分析可知，C006、C007、C017、C002、C014、C003 材料是该公司的 A 类存货，应重点管理；C010、C016、C013、C008、C004、C012、C015 材料是该公司的 B 类存货，应进行次重点管理；其余材料是 C 类存货，只进行一般的管理即可。

习 题 四

1．某企业有四种现金持有方案，如表 4-6 所示。

表 4-6　某企业的四种现金持有方案　　　　　　　单位：万元

项目	甲	乙	丙	丁
现金持有量	15 000	20 000	25 000	30 000
管理成本	2000	2000	2000	2000
机会成本率	10%	10%	10%	10%
短缺成本	4500	3000	2500	0

要求：利用 Excel 软件确定该企业的最佳现金持有量。

2．A 公司现金收支比较稳定，预计全年需要现金 600 万元，现金与有价证券的每次转换成本为 200 元，有价证券的收益率为 5%。要求：利用 Excel 软件确定该公司的最佳现金持有量。

3．A 公司预计下年度销售额为 2000 万元，变动成本率为 65%，应收账款机会成本为 11%，现行的信用标准为预计坏账损失率在 10% 以下，平均收账期为 45 天。现 A 公司拟改变信用条件，资料如表 4-7 所示。试利用 Excel 软件对以下甲、乙两个方案做出决策。

表 4-7　改变信用条件的甲、乙方案　　　　　　　单位：万元

项目	甲方案	乙方案
信用条件	N/40	2/10，1/30，N/60
年赊销额	1900	2200
预计坏账损失率	12%	7%
享受现金折扣的销售额所占比例	0	（50%，30%，20%）
收账费用	10	6

4．B 公司全年需用甲材料 3000 千克，单位采购成本为 10 元，预计每次订货的变动性订货成本为 45 元，单位材料年平均变动性储存成本为 3 元。假定该材料不存在缺货情况，要求利用 Excel 软件计算：

1）甲材料的经济进货批量。

2）经济进货批量下的总成本。

3）经济进货批量的平均占用资金。

4）年度最佳进货次数。

5）最佳进货周期。

5．B 公司全年需用乙材料 50 000 千克，单位采购成本为 13 元，预计每次订货的变动性订货成本为 60 元，单位材料年平均变动性储存成本为 6 元。该材料允许存在缺货情况，要求利用 Excel 软件计算：

1）乙材料的经济进货批量。

2）乙材料的平均缺货量。

6. C 公司生产所需的原材料有 30 种，均需外购，各种原材料的市场价格及全年需要量如表 4-8 所示。

要求：利用 Excel 软件对该企业的原材料存货进行 ABC 分类管理。

表 4-8　C 公司原材料明细表

材料编码	单价/（元/千克）	全年需用量/千克	材料编码	单价/（元/千克）	全年需用量/千克
C001	19	1 000	C016	4.1	8 000
C002	0.66	40 000	C017	6.6	2 000
C003	30	8 000	C018	8.9	580
C004	18	1 000	C019	5.8	650
C005	12	5 000	C020	6.4	1 000
C006	25	3 000	C021	0.1	2 000
C007	14	9 600	C022	0.3	1 500
C008	4.5	3 000	C023	0.6	800
C009	3.8	1 300	C024	0.9	1 600
C010	31	5 000	C025	1.2	630
C011	0.2	20 000	C026	2.2	450
C012	0.6	44 000	C027	1.6	800
C013	15	3 100	C028	0.5	2 200
C014	10.5	4 300	C029	0.7	4 500
C015	5.3	4 200	C030	0.9	1 500

术　语　积　累

现金管理	现金最佳持有量的成本分析模型
现金最佳持有量的存货模型	应收账款的管理
信用标准	信用条件
收账政策	存货的管理
存货经济批量的基本模型	允许缺货情况下的经济批量模型
存货的 ABC 管理法	SQRT（number）函数
排序功能	IF 函数

Excel 在投资管理中的应用

5

第五章

第一节　投资管理及 Excel 软件要点

一、投资管理要点

投资是指为了将来获得更多现金流入而在现在付出现金的行为。按照不同的对象，投资可以分为项目投资（也叫做固定资产投资）和证券投资两大类。

（一）项目投资决策

项目投资是一种以特定项目为对象，直接与新建项目或更新改造项目有关的长期投资行为。项目投资决策的评价指标分为非折现评价指标和折现评价指标两类。

1. 非折现评价指标

非折现评价指标不考虑资金时间价值因素，又称静态指标，具体包括投资报酬率和静态投资回收期两个指标。在进行项目投资决策时，非折现评价指标是决策辅助指标。

（1）投资报酬率

投资报酬率（ROI）是指达产期正常年度利润或平均利润占投资总额的百分比。

$$投资报酬率 = \frac{年平均利润}{投资总额} \times 100\%$$

（2）静态投资回收期

静态投资回收期是指以投资项目经营净现金流量（NCF）抵偿原始总投资所需要的全部时间。

如果经营期各年的净现金流量相等，且这些年的净现金流量之和大于等于原始投资额，则静态投资回收期＝原始投资额/每年的现金流量；如果各年的净现金流量不相等，可采用按年累计的方法确定静态投资回收期。

2. 折现评价指标

折现评价指标考虑资金时间价值因素，又称动态指标，具体包括净现值、获利指数和内部报酬率等指标。在进行项目投资决策时，折现评价指标是决策的主要指标。

（1）净现值

净现值是指在项目计算期内，按行业基准收益率或其他设定的折现率计算的各年净现金流量现值的代数和，记作 NPV。

净现值＝项目计算期内现金流入量现值之和－现金流出量现值之和

如果投资方案的净现值大于或等于零，该方案为可行方案；反之，该方案为不可行方案。

（2）获利指数

获利指数又称现值指数，是指投产后按行业基准收益率或设定折现率折算的各年净现金流量的现值合计与原始投资额的现值合计之比，记作 PI。

$$获利指数＝\frac{经营期净现金流量现值}{原始投资额现值}$$

如果投资方案的获利指数大于或等于 1，该方案为可行方案；反之，该方案为不可行方案。

（3）内部报酬率

内部报酬率也称内含报酬率，是指项目投资实际可望达到的报酬率，亦可将其定义为使投资项目的净现值等于零时的折现率，记作 IRR。内部报酬率可以使用逐步测试法求得。

如果项目的内部报酬率大于或等于事先给定的标准折现率或资金成本，表明项目可行；反之，项目不可行。

（二）项目投资决策的风险分析

在实际生活中，投资项目涉及的时间都较长，对整个项目计算期内的收益和成本很难准确预测，因此，项目投资决策应进行风险分析。项目投资决策的风险分析方法一般有风险调整贴现率法和肯定当量法两种。

1. 风险调整贴现率法

风险调整贴现率法的基本思想是对于高风险的项目，采用较高的贴现率，而对于低风险的项目，采用较低的贴现率，然后根据净现值法来评价选择投资方案。

2. 肯定当量法

肯定当量法的基本原理是先用系数把各年的风险净现金流量调整为无风险的净现金流量，然后再用无风险贴现率计算出净现值，以判断投资项目的可取程度。

（三）债券投资决策

债券作为一种投资，现金流出是其购买价格，现金流入是持有期间得到的利息和归还的本金或出售时得到的现金之和。债券的价值和债券投资收益率是债券投资决策时使用的主要指标。

1. 债券的价值

债券的价值是以市场利率为贴现率计算的债券面值和利息的现值之和。

2. 债券投资收益率

债券投资收益率是根据时间价值原理依据债券的买价、利息、到期还本额列成求现值的等式，反求的利率。

（四）股票投资决策

股票作为一种投资，其目的是获利或者是控股。股票的投资收益率是股票投资决策时使用的主要指标，可以利用资本-资产定价模型，即 CAPM 模型计算。

$$K_i = R_F + \beta_i \times (K_M - R_F)$$

式中：K_i——第 i 种股票的收益率；

R_F——无风险收益率；

β_i——第 i 种股票的 β 系数；

K_M——证券市场平均收益率。

（五）证券投资组合的决策

证券投资组合的收益率一般也采用资本-资产定价模型计算，即

$$K_i = R_F + \beta_i \times (K_M - R_F)$$

式中：K_i——第 i 种证券投资组合的收益率；

R_F——无风险收益率；

β_i——第 i 种证券投资组合的 β 系数；

K_M——证券市场平均收益率。

二、Excel 软件要点

（一）直线法折旧函数 SLN

直线法折旧函数 SLN（cost，salvage，life）可以用于求解某项资产在一个期间中的线性折旧值。SLN 函数中的各参数含义如下。

1）cost：资产原值。

2）salvage：资产在折旧期末的价值（也称资产残值）。

3）life：折旧期限（有时也称做资产的使用寿命）。

在本章中，SLN 函数主要用于项目投资决策。

（二）净现值函数 NPV

净现值函数 NPV（rate，value1，value2，…）通过使用贴现率及一系列未来支出（负值）和收入（正值），可以求解一项投资的净现值。NPV 函数中的各参数含义如下。

1）rate：某一期间的贴现率，是一固定值。

2）value1，value2，…1～29 个参数，代表投资项目净现金流量支出及收入。

value1，value2，…在时间上必须具有相等间隔，并且都发生在期末。

注意：NPV 函数使用 value1，value2，…的顺序来解释现金流的顺序，所以必须保证支出和收入的数额按正确的顺序输入。如果参数为数值、空白单元格、逻辑值或数字的文本表达式，则都会计算在内；如果参数是错误值或不能转化为数值的文本，则被忽略。如果参数是一个数组或引用，则只计算其中的数字，数组或引用中的空白单元格、逻辑值、文字及错误值将被忽略。

NPV 函数假定投资开始于 value1 现金流所在日期的前一期，并结束于最后一笔现金流的当期。NPV 函数依据未来的现金流来进行计算。如果第一笔现金流发生在第一个周期的期初，则第一笔现金必须添加到 NPV 函数的结果中，而不应包含在 values 参数中。

NPV 函数与 PV 函数相似。PV 与 NPV 之间的主要差别在于，PV 函数允许现金流在期初或期末开始。与可变的 NPV 的现金流数值不同，PV 的每一笔现金流在整个投资中必须是固定的。

在本章中，NPV 函数主要用于项目投资决策。

（三）内部报酬率函数 IRR

内部报酬率函数 IRR（values，guess）可以用于求解由数值代表的一组现金流的内部报酬率。这些现金流不必为均衡的，但它们必须按固定的间隔产生，如按月或按年。内部报酬率为投资的真实报酬率，其中包含定期支付（负值）和定期收入（正值）。IRR 函数中的各参数含义如下。

1）values：数组或单元格的引用，包含用于计算返回的内部报酬率的数字。values 必须包含至少一个正值和一个负值，以计算返回的内部报酬率。

2）guess：对 IRR 函数计算结果的估计值。

注意：IRR 函数根据数值的顺序来解释现金流的顺序，故应确定按正确的顺序输入了支付和收入的数值。如果数组或引用包含文本、逻辑值或空白单元格，这些数值将被忽略。

Excel 使用迭代法计算 IRR 函数。从指定的 guess 值开始，IRR 函数进行循环计算，直至结果的精度达到 0.00001%。如果 IRR 函数经过 20 次迭代，仍未找到结果，则返回错误值"#NUM!"。在大多数情况下，并不需要为 IRR 函数的计算提供 guess 值。如果省略 guess 值，系统默认它为 0.1 即 10%，如果 IRR 函数返回错误值"#NUM!"，或结果没有靠近期望值，则可用另一个 guess 值再试一次。

在本章中，IRR 函数主要用于项目投资决策。

（四）乘积之和函数 SUMPRODUCT

乘积之和函数 SUMPRODUCT（array1，array2，array3，…）是在给定的几组数组中，将数组间对应的元素相乘，并返回乘积之和的函数，其与以数组形式输入的公式SUM（）的计算结果相同。例如，"SUMPRODUCT(B3:B7,E3:E7)" 与 "{SUM(B3:B7*E3:E7)}" 的运算结果相同。SUMPRODUCT 函数中的参数含义如下。

array1，array2，array3，…为 1～30 个数组。

注意：数组参数必须具有相同的维数，否则，SUMPRODUCT 函数将返回错误值"#VALUE!"。

SUMPRODUCT 函数将非数值型的数组元素作为 0 处理。

在本章中，SUMPRODUCT 函数主要用于项目投资决策。

（五）"规划求解"功能

"规划求解"功能可以求出最佳组合方案。单击"数据"选项卡，再单击"规划求解"选项，弹出"规划求解参数"对话框，在该对话框内输入我们要求的信息，再单击"求解"按钮，即可以找出最佳组合方案，如图 5-1 所示。

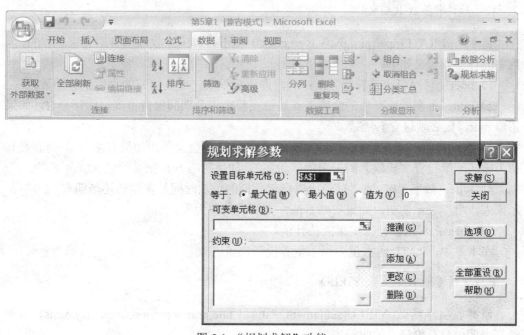

图 5-1 "规划求解"功能

在本章中，"规划求解"功能主要用于项目投资决策。

（六）有价证券价格函数 PRICE

有价证券价格函数 PRICE（settlement，maturity，rate，yld，redemption，frequency，basis）可以用于求解定期付息的面值 100 元的有价证券的价格。

PRICE 函数中的各参数含义如下。

1）settlement：证券的成交日，即在发行日之后，证券卖给购买者的日期，这里可以使用 DATE 函数来输入日期，如 DATE(2013,8,9) 输入 2013 年 8 月 9 日，也可以使用文字输入 2013-8-9。

2）maturity：有价证券的到期日。到期日是有价证券有效期截止时的日期，日期输入参照 settlement。

3）rate：有价证券的年息票利率。

4）yld：有价证券的年收益率。

表 5-1　日计数基准

basis	日计数基准
0 或省略	US（NASD）30/360
1	实际天数/实际天数
2	实际天数/360
3	实际天数/365
4	欧洲 30/360

5）redemption：面值 100 元的有价证券的清偿价值。

6）frequency：年付息次数，如果按年支付，frequency＝1；按半年期支付，frequency＝2；按季支付，frequency＝4。

7）basis：日计数基准类型，如表 5-1 所示。

在本章中，PRICE 函数主要用于债券投资决策。

（七）利率函数 RATE

利率函数 RATE(nper,pmt,pv,fv,type,guess) 用于计算未来款项的各期利率。RATE 函数中的各参数含义如下。

1）nper：总投资（或贷款）期（n），即该项投资（或贷款）的收付款总期数。

2）pmt：各期所应支付的金额，其数值在整个年金期间保持不变，即年金 A。如果忽略 pmt，则必须包含 fv 参数。

3）fv：终值，或在最后一次支付后希望得到的现金余额。如果省略 fv，则假设其值为零（一笔投资（贷款）的未来值即为零）。如果忽略 fv，则必须包含 pmt 参数。

4）type：数字"0"或"1"，用以指定各期的付款时间是在期初还是期末。"0"表示期末，"1"表示期初。如果省略 type，则假设其值为零。

5）guess：对函数计算结果的估计值。

在本章中，RATE 函数主要用于债券投资决策。

（八）债券收益率函数 YIELD

债券收益率函数 YIELD(settlement,maturity,rate,pr,redemption,frequency,basis) 用于计算定期付息有价证券的收益率。

YIELD 函数中参数 settlement、maturity、rate、redemption、frequency、basis 含义同 PRICE 函数，不再重复，只有 pr 参数为 YIELD 函数特有参数，其含义为面值 100 元的有价证券的价格（实际购买价格）。

在本章中，YIELD 函数主要用于债券投资决策。

第二节 投资管理中 Excel 的应用

一、项目投资的决策

1. 单一投资项目的可行性分析

【例5-1】东方公司欲投资一项固定资产项目，建设期为 1 年，分别于第一年年初、第二年年初各投入 1000 万，该固定资产估计可以使用 10 年，报废时无残值，采用直线法计提折旧。项目于第二年投产后，每年的营业收入为 8500 万元，付现成本为 7900 万元，所得税率为 33%，企业要求的最低投资报酬率为 10%。要求：对该项目做出可行性分析。

思路：对项目投资进行可行性分析，主要是通过计算净现值、内含报酬率等折现指标来判断项目的可行性。

步骤：

第一步，创建名称为"投资管理"的工作簿，并在"投资管理"工作簿中创建名称为"单一投资项目的可行性分析"的 Excel 工作表。

第二步，在 Excel 工作表中输入题目的基本信息，如图 5-2 所示。

年	项目	现金流入	现金流出				净现金流量
		销售收入（万元）	固定资产投资（万元）	付现固定费用（万元）	固定资产折旧	所得税	
建设期	0	0	1000	0	0	0	
	1	0	1000	0	0	0	
经营期	2	8500	0	7900			
	3	8500	0	7900			
	4	8500	0	7900			
	5	8500	0	7900			
	6	8500	0	7900			
	7	8500	0	7900			
	8	8500	0	7900			
	9	8500	0	7900			
	10	8500	0	7900			

所得税率	33%
基准收益率	10%
净现值NPV	
内含报酬率IRR	

图 5-2 例 5-1 的基本信息

第三步，将计算需要的参数变量信息及公式输入 Excel 工作表内求值，如图 5-3 所示。

① 在 F6:F14 单元格区域内输入数组公式"{=SLN(SUM(D4:D5),0,B14)}"，求得经营期第 2～10 期固定资产折旧的值。

② 在 G6:G14 单元格区域内输入数组公式"{=(C6:C14-E6:E14-F6:F14)*D16}"，求得经营期第 2～10 期所得税的值。

③ 在 H4:H14 单元格区域内输入数组公式 "{=C4:C14−D4:D14−E4:E14−G4:G14}"，求得经营期第 0～10 期净现金流量的值。

④ 在单元格 D18 中输入公式 "=NPV(D17,H5:H14)+H4"，求得净现值 NPV 的值。

思考：为什么单元格 D18 的公式不是 "=NPV(D17,H4:H14)"？

⑤ 在单元格 D19 中输入公式 "=IRR(H4:H14)"，求得内含报酬率的值。

为什么单元格 D19 中的公式是 "=IRR(H4:H14)"？

通过以上操作可知，该投资项目的净现值大于零且内含报酬率大于基准收益率项目，因此，该投资项目可行。

	项目	现金流入	现金流出				净现金流量
年		销售收入（万元）	固定资产投资（万元）	付现固定费用（万元）	固定资产折旧	所得税	
建设期	0	0	1000	0	0	0	−1000
	1	0	1000	0	0	0	−1000
	2	8500	0	7900	200	132	468
	3	8500	0	7900	200	132	468
	4	8500	0	7900	200	132	468
经营期	5	8500	0	7900	200	132	468
	6	8500	0	7900	200	132	468
	7	8500	0	7900	200	132	468
	8	8500	0	7900	200	132	468
	9	8500	0	7900	200	132	468
	10	8500	0	7900	200	132	468
所得税率			33%				
基准收益率			10%				
净现值NPV			541.11				
内含报酬率IRR			16%				

（项目可行性分析；输入 SLN 函数；输入 NPV 函数；输入 IRR 函数）

图 5-3　单一投资项目可行性分析结果

2. 多个互斥投资项目的选择

【例 5-2】 东方公司现有三个互斥的投资项目，有关资料如表 5-2 所示，企业的期望报酬率为 10%，试作出决策分析。

表 5-2　三个互斥的投资项目　　　　　　　　　　　　　单位：万元

年	A 方案	B 方案	C 方案
	现金净流量	现金净流量	现金净流量
0	−30 000	−30 000	−30 000
1	12 000	12 000	15 000
2	12 000	18 000	20 000
3	12 000	17 000	18 000

思路：多个互斥方案的比较与优选，需根据具体情况利用特定指标从中选择最优

项目。

1）如果几个项目的投资额相等且计算期相同，可通过计算各项目的净现值做出最优决策。

2）如果几个项目的投资额不相等，但是计算期相同，原则上可通过计算比较内部收益率做出选择。

在本例中，A、B、C 三个投资项目的投资额相等且计算期相同，因此，可通过计算各项目的净现值找出最优决策。

步骤：

第一步，在"投资管理"工作簿中创建名称为"多个互斥方案比较"的 Excel 工作表。

第二步，在 Excel 工作表中输入题目的基本信息，如图 5-4 所示。

	A	B	C	D	E
1			多个互斥方案比较		
2	基准收益率				10%
3					
4	年		A方案	B方案	C方案
5			现金净流量（万元）	现金净流量（万元）	现金净流量（万元）
6	0		-30000	-30000	-30000
7	1		12000	12000	15000
8	2		12000	18000	20000
9	3		12000	17000	18000
10					
11	净现值NPV				
12	内部报酬率IRR				

图 5-4　例 5-2 的基本信息

第三步，将计算需要的参数变量信息及公式输入 Excel 工作表内求值，如图 5-5 所示。

	A	B	C	D	E
1			多个互斥方案比较		
2	基准收益率				10%
3					
4	年		A方案	B方案	C方案
5			现金净流量（万元）	现金净流量（万元）	现金净流量（万元）
6	0		-30000	-30000	-30000
7	1		12000	12000	15000
8	2		12000	18000	20000
9	3		12000	17000	18000
10					
11	净现值NPV		-157.78	8557.48	13688.96
12	内部报酬率IRR				

思考：如何利用 IRR 函数计算内部报酬率的值？

图 5-5　多个互斥方案比较结果

在单元格 C11 中输入公式"=NPV(D2,C7:C9)+C6"，单元格 D11 中输入公式"=NPV(D2,D7:D9)+D6"，单元格 E11 中输入公式"=NPV(D2,E7:E9)+E6"，求出 A、B、C 方案

的净现值的值。

也可以在单元格 C11 中输入公式"=NPV($D$2,C7:C9)+C6"，然后将单元格 C11 复制到单元格 D11、E11 中，同样求得 A、B、C 方案净现值的值。

思考：如何利用 IRR 函数计算 A、B、C 方案内部报酬率的值？

通过以上操作可知，A 方案净现值为负数，说明该方案的报酬率达不到 10%，应该予以放弃；B、C 方案的净现值为正数，说明它们的报酬率都超过了 10%，这两个方案是有利的，因而可以接受。并且，B 方案和 C 方案相比，C 方案的净现值较大，C 方案为最优方案。

3. 资金限额条件下的投资项目的组合

【例 5-3】东方公司现有五个投资项目待选，有关资料如表 5-3 所示，企业的资金限额为 20 万元，试做出投资项目的组合决策。

表 5-3　五个投资项目的有关资料　　　　　　　　单位：元

投资项目	投资额	净现值	现值指数
A 方案	50 000	15 000	1.3
B 方案	20 000	8 000	1.4
C 方案	80 000	16 000	1.2
D 方案	150 000	75 000	1.5
E 方案	100 000	10 000	1.1

思路：多个投资项目组合决策，可以分成以下两种情况进行分析。

1）在资金总量不受限制的情况下，可按每一项目的净现值大小排序，确定优先考虑的项目顺序。

2）在资金总量受到限制时，则需按现值指数的大小结合净现值进行各种组合排序，从中选出能使ΣNPV 最大的最优组合。

在本例中，资金总量受到限制，A、B、C、D、E 五个投资项目需按现值指数的大小结合净现值进行各种组合排序，从中选出能使 $\sum$ NPV 最大的最优组合。

步骤：

第一步，在"投资管理"工作簿中创建名称为"多投资方案组合"的 Excel 工作表。

第二步，在 Excel 工作表中输入题目的基本信息，并将表中的方案按现值指数由大到小排列顺序，如图 5-6 所示。

第三步，将计算需要的参数变量信息及公式输入 Excel 工作表内求值。

① 在单元格 B10 中输入公式"=SUMPRODUCT(B3:B7,E3:E7)"，求得所有中选方案使用资金合计的值。

② 在单元格 B11 中输入公式"=SUMPRODUCT(C3:C7,E3:E7)"，求得所有中选方案净现值合计的值。

③ 单元格 E3:E7 内容为空。

④ 用"规划求解"功能求出最佳组合方案，具体步骤如图 5-7 所示。

	A	B	C	D	E
1	多投资方案组合				
2	投资项目	投资额（元）	净现值（元）	现值指数（元）	选择方案
3	D方案	150000.00	75000.00	1.50	
4	B方案	20000.00	8000.00	1.40	
5	A方案	50000.00	15000.00	1.30	
6	C方案	80000.00	16000.00	1.20	
7	E方案	100000.00	10000.00	1.10	
8	资金限额（元）	200000.00			
9					
10	使用资金合计（元）				
11	净现值（元）				

在单元格 E3:E7 内做出方案的选择，求解结果为"1"表示选中，"0"表示未选中。

图 5-6　例 5-3 的基本信息

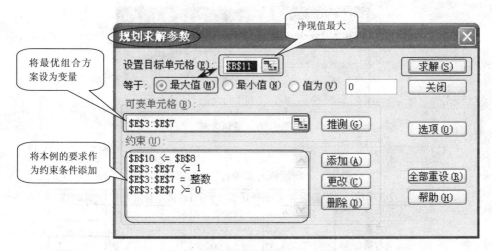

图 5-7　最佳组合方案的具体步骤

单击"数据"选项卡，再单击"规划求解"选项，弹出"规划求解参数"对话框，在该对话框内输入我们要求的信息。

本例的最佳组合方案的要求就是该组合方案的净现值最大，所以在"规划求解参数"对话框中将"设置目标单元格"中输入"$B$11"，并且"等于"设为"最大值"。

"可变单元格"中输入"$E$3:$E$7"（此处选择组合方案的单元格，这些单元格就是将要被求出的组合方案，目前不确定所以是变量）。

"约束"列表框中输入约束条件"$B$10<=$B$8"选择方案使用的资金总额小于等于资金限额，"$E$3:$E$7<=1"、"$E$3:$E$7>=0"、"$E$3:$E$7=整数"三个约束条件表示 E3:E7 单元格的结果只能是 1 或者 0，即选择或者未选择。

这里，添加约束条件的步骤是，单击"添加"按钮，弹出"添加约束"对话框，将约束条件输入对话框内，输入完成一个条件后单击"添加"按钮继续输入约束条件，全部输入完成后单击"确定"按钮退出"添加约束"对话框，返回到"规划求解参数"对话框，如图 5-8 所示。

如果要修改约束条件，则单击"更改"按钮，弹出"改变约束"对话框，修改约束
条件完毕后单击"确定"按钮返回到"规划求解参数"对话框，如图 5-9 所示。

图 5-8　添加约束条件　　　　　　　图 5-9　改变约束条件

所有的参数输入完毕后单击"求解"按钮，系统自动计算并弹出"规划求解结果"
对话框显示计算结果，点选"保存规划求解结果"单选按钮，再单击"确定"按钮完
成"规划求解"输入过程，如图 5-10 所示。规划求解的结果显示在 Excel 工作表中，
如图 5-11 所示。

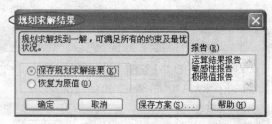

图 5-10　规划求解

	A	B	C	D	E
1	多投资方案组合				
2	投资项目	投资额（元）	净现值（元）	现值指数（元）	选择方案
3	D方案	150000.00	75000.00	1.50	1
4	B方案	20000.00	8000.00	1.40	0
5	A方案	50000.00	15000.00	1.30	1
6	C方案	80000.00	16000.00	1.20	0
7	E方案	100000.00	10000.00	1.10	0
8	资金限额（元）	200000.00			最优组合方案为"DA"
9					
10	使用资金合计（元）	200000.00	最优投资组合的净现值		
11	净现值（元）	90000.00			

图 5-11　多投资方案组合的计算结果

通过以上操作可知，在资金总量受到限制的条件下，D 方案、A 方案组合可以带给
企业最大的净现值。

4. 固定资产更新的投资决策

【例 5-4】东方公司现有一台旧设备，原值 200 000 元，预计可以使用 15 年，现已

使用 7 年，最终残值 1000 元，变现价值 90 000 元，年运行成本 80 000 元。现考虑对该设备进行更新，新设备原值 280 000 元，预计可以使用 15 年，最终残值 5000 元，年运行成本 60 000 元，新、旧设备均按直线法折旧。该公司要求的最低报酬率为 9%。要求：对该设备是否更新做出决策。

思路： 固定资产更新的投资决策可以通过比较新、旧设备的年平均成本，选择其中较低者作为最佳方案。

步骤：

第一步，在"投资管理"工作簿中创建名称为"固定资产更新的投资决策"Excel 工作表。

第二步，在 Excel 工作表中输入题目的基本信息，如图 5-12 所示。

第三步，将计算需要的参数变量信息及公式输入 Excel 工作表内求值，如图 5-13 所示。

	A	B	C
1	固定资产更新的投资决策		
2		旧设备	新设备
3	原值	200000	280000
4	预计使用年限	15	15
5	已经使用年限	7	0
6	最终残值	1000	5000
7	变现价值	90000	280000
8	年运行成本	80000	60000
9	最低报酬率	9%	9%
10	所得税率		
11			
12	年折旧额		
13	设备投资净值		
14	税后付现成本净现值		
15	折旧抵税额现值		
16	最终残值现值		
17	合　计		
18	年平均成本		

图 5-12　例 5-4 的基本信息

	A	B	C
1	固定资产更新的投资决策		
2		旧设备	新设备
3	原值	200000	280000
4	预计使用年限	15	15
5	已经使用年限	7	0
6	最终残值	1000	5000
7	变现价值	90000	280000
8	年运行成本	80000	60000
9	最低报酬率	9%	9%
10	所得税率	33%	33%
11			
12	年折旧额	13266.67	18333.33
13	设备投资净值	95654.00	280000.00
14	税后付现成本净现值	296666.30	324039.67
15	折旧抵税额现值	-24231.44	-48767.17
16	最终残值现值	-501.87	-1372.69
17	合　计	367587.00	553899.82
18	年平均成本	66413.55	68716.19

图 5-13　固定资产更新的投资计算结果

① 在单元格 B12 中输入公式"=SLN(B3,B6,B4)"，再将单元格 B12 复制到单元格 C13，求得新、旧设备年折旧额。

② 在单元格 B13 中输入公式"=B7-(B7-(B3-B12*B5))*B10"，再将单元格 B13 复制到单元格 C13，求得新、旧设备的投资净值。

③ 在单元格 B14 中输入公式"=PV(B9,B4-B5,-B8*(1-B10))"，再将单元格 B14 复制到单元格 C14，求得新、旧设备的税后每年的付现成本净现值。

④ 在单元格 B15 中输入公式"=PV(B9,B4-B5,B12*B10)"，再将单元格 B15 复制到单元格 C15，求得新、旧设备的折旧抵税额现值。

⑤ 在单元格 B16 中输入公式"=-B6/(1+B9)^(B4-B5)"，再将单元格 B16 复制到单元格 C16，求得新、旧设备的最终残值现值。

⑥ 在单元格 B17 中输入公式"=SUM(B13:B16)"，再将单元格 B17 复制到单元格 C17，求得新、旧设备的投资净值，税后每年的付现成本净现值，折旧抵税额现值，最终残值现值的合计数。

⑦ 在单元格 B18 中输入公式"=B17/PV(B9,B4−B5,−1)"，再将单元格 B18 复制到单元格 C18，求得新、旧设备的年平均成本。

通过以上操作可知，旧设备的年平均成本为 66 413.55 元，新设备的年平均成本为 68 716.19 元，因此，应该继续使用旧设备。

二、项目投资决策的风险分析

1. 风险调整贴现率法

【例 5-5】东方公司要求的最低报酬率为 14%，现有甲风险投资项目，估计其风险程度中等，各年的现金流量及概率分布如表 5-4 所示。

无风险的最低报酬率为 8%，假设中等风险程度的项目变化系数为 0.2。要求：使用风险调整贴现率法对甲项目做出可行性分析。

思路：风险调整贴现率法的基本思想是对于高风险的项目，采用较高的贴现率，而对于低风险的项目，采用较低的贴现率，然后根据净现值法来选择投资方案。

步骤：

第一步，在"投资管理"工作簿中创建名称为"风险调整贴现率法"的 Excel 工作表。

第二步，在 Excel 工作表中输入题目的基本信息，如图 5-14 所示。

表 5-4　各年的现金流量及概率分布

年	净现金流量	概率
0	−10 000	1.00
1	6000	0.25
	5000	0.50
	4000	0.25
2	8000	0.20
	7000	0.60
	6000	0.20
3	7000	0.30
	5000	0.40
	4000	0.30

	A	B	C	D	E
1		风险调整贴现率法			
2	年	净现金流量	概率	现金流量期望值	标准离差
3	0	−10000	1		
4		6000	0.25		
5	1	5000	0.5		
6		4000	0.25		
7		8000	0.2		
8	2	7000	0.6		
9		6000	0.2		
10		7000	0.3		
11	3	5000	0.4		
12		4000	0.3		
13	无风险最低报酬率		8%		
14	有风险最低报酬率		14%		
15	项目变化系数		0.2		
16					
17	综合期望值现值				
18	综合标准离差				
19	综合变化系数				
20	风险斜率				
21	综合调整贴现率				
22	风险调整贴现率计算的净现值				

图 5-14　例 5-5 的基本信息

第三步，将计算需要的参数变量信息及公式输入 Excel 工作表内求值，如图 5-15 所示。

	A	B	C	D	E
1	风险调整贴现率法				
2	年	净现金流量	概率	现金流量期望值	标准离差
3	0	-10000	1		
4	1	6000	0.25		
5		5000	0.5		
6		4000	0.25		
7	2	8000	0.2		
8		7000	0.6		
9		6000	0.7		
10	3	7000	0.3		
11		5000	0.4		
12		4000	0.3		
13	无风险最低报酬率		8%		
14	有风险最低报酬率		14%		
15	项目变化系数		0.2		
16					
17	综合期望值现值				
18	综合标准离差				
19	综合变化系数				
20	风险斜率				
21	综合调整贴现率				
22	风险调整贴现率计算的净现值				

风险调整贴现率计算的净现值大于零，则该项目可行。

图 5-15　风险调整贴现率法的计算结果

① 在单元格 D3 中输入公式"=B3*C3"，单元格 D4 中输入公式"=SUMPRODUCT（B4:B6，C4:C6）"，单元格 D7 中输入公式"=SUMPRODUCT(B7:B9,C7:C9)"，单元格 D10 中输入公式"=SUMPRODUCT(B10:B12,C10:C12)"，求得第 0、1、2、3 年现金流量期望值的值。

② 在单元格 E4 中输入公式"=SQRT((B4–D4)^2*C4+(B5–D4)^2*C5+(B6–D4)^2*C6)"，单元格 E7 中输入公式"=SQRT((B7–D7)^2*C7+(B8–D7)^2*C8+(B9– D7)^2*C9)"，单元格 E10 中输入公式"=SQRT((B10–D10)^2*C10+(B11–D10)^2*C11+(B12–D10)^2*C12)"，求得第1、2、3 年标准离差的值。

③ 在单元格 C17 中输入公式"=NPV(C13,D4,D7,D10)"，求得综合期望值现值，单元格 C18 中输入公式"=SQRT((E4^2/(1+C13)^2)+(E7^2/(1+C13)^4)+(E10^2/(1+C13)^6))"，求得综合标准离差的值。

④ 在单元格 C19 中输入公式"=C18/C17"，求得综合变化系数的值。

⑤ 在单元格 C20 中输入公式"=(C14–C13)/C15"，求得风险斜率的值。

⑥ 在单元格 C21 中输入公式"=C13+C19*C20"，求得综合调整贴现率的值。

⑦ 在单元格 C22 中输入公式"=NPV(C21,D4:D12)+D3"，求得风险调整贴现率计算的净现值。

通过以上操作可知，使用风险调整贴现率法计算的甲项目的净现值为 4169.28 元大于零，所以该项目可行。

2. 肯定当量法

【例 5-6】资料同例 5-4，假设中等风险程度的项目变化系数为 0.5，通常要求的含有风险报酬的最低报酬率为 11%，有风险的报酬率和无风险最低报酬率之间的函数关系是已知的。要求：用肯定当量法对甲项目做出可行性分析。

思路： 肯定当量法的基本原理是先用一个系数把风险的净现金流量调整为无风险的净现金流量，然后再用无风险贴现率计算出净现值，以判断投资项目是否可取。

步骤：

第一步，在"投资管理"工作簿中创建名称为"肯定当量法"的 Excel 工作表。

第二步，在 Excel 工作表中输入题目的基本信息，如图 5-16 所示。

	A	B	C	D	E	F	G
1				肯定当量法			
2	年	净现金流量	概率	现金流量期望值	标准离差	肯定当量系数	肯定当量现金流量
3	0	-10000	1	-10000	—	—	—
4		6000	0.25				
5	1	5000	0.5	5000	707		
6		4000	0.25				
7		8000	0.2				
8	2	7000	0.6	7000	632		
9		6000	0.2				
10		7000	0.3				
11	3	5000	0.4	5300	1187		
12		4000	0.3				
13	无风险最低报酬率	8%					
14	有风险最低报酬率	11%					
15	项目变化系数	0.5					
16							
17	综合期望值现值	14838					
18	综合标准离差	1269					
19	综合变化系数	8.6%					
20	风险斜率	0.06					
21	综合调整贴现率	8.5%					
22	风险调整贴现率计算的净现值	4700.36	肯定当量法计算的净现值				

> 重新计算风险调整贴现率法的净现值，并与肯定当量法计算的净现值对比。

图 5-16 例 5-6 的基本信息

利用风险贴现率法的计算表格改变项目变化系数及有风险报酬的最低报酬率的值，并重新计算得到新的条件下运用风险调整贴现率法计算的净现值，再添加肯定当量相关选项即可。

第三步，将计算需要的参数变量信息及公式输入 Excel 工作表内求值，如图 5-17 所示。

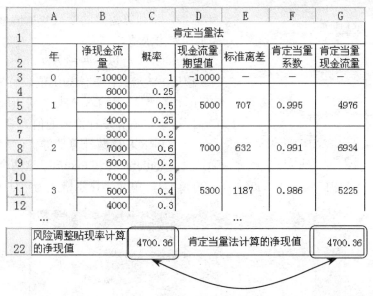

图 5-17 肯定当量法的计算结果

① 在单元格 F4 中输入公式 "=(1+C13)/(1+C21)"，单元格 F7 中输入公式 "=(1+C13)^2/(1+C21)^2"，单元格 F10 中输入公式 "=(1+C13)^3/(1+C21)^3"，求得第 1、2、3 年肯定当量系数的值（或者在单元格 F4 中输入公式 "=(1+$C$13)^A4/(1+$C$21)^A4"，然后将单元格 F4 复制到单元格 F7、F10 中，同样可求出第 1、2、3 年肯定当量系数的值）。

② 在单元格 G4 中输入公式 "=F4*D4"，然后将单元格 G4 复制到单元格 G7、G10 中，求得第 1、2、3 年肯定当量现金流量的值。

③ 在单元格 G22 中输入公式 "=NPV(C13,G4:G12)+D3"，求出肯定当量法计算的净现值的值。

通过以上操作可知，肯定当量法计算的净现值与风险调整贴现率法计算的净现值数额相同且大于零，因此，该项目可行。

三、债券投资的决策

1. 债券价值的确定

【例 5-7】东方公司拟购入于 2006 年 1 月 1 日发行的，某公司债券，每张面值 1000 元，期限为 3 年，票面利率 8%，每年末付息一次，购买时的市场利率为 10%。问债券价格为多少时才能进行投资？

思路：该债券的价值是以市场利率为贴现率计算的债券面值和利息的现值之和，即债券价值＝本金现值＋利息现值。债券价值可以使用 PV 函数或者 PRICE 函数计算。

步骤：

第一步，在"投资管理"工作簿中创建名称为"债券价值的确定"Excel 工作表。

第二步，在 Excel 工作表中输入题目的基本信息，如图 5-18 所示。

	E	F	G
1		债券价值计算	
2	票面价值	1000	
3	票面年利率	8%	
4	期限（年）	3	
5	市场年利率	10%	
6	付息方式	每年末付息一次	
7	日计数基准	3	
8	发行日期	2006年1月1日	假设
9	到期日	2009年1月1日	假设
10			
11	债券发行价值	PV函数计算	
12		PRICE函数计算	

图 5-18　例 5-7 的基本信息

第三步，将计算需要的参数变量信息及公式输入 Excel 工作表内求值。

第三步的计算有以下两种方法：

1）使用 PV 函数计算债券价值，如图 5-19 所示。

在单元格 F11 中输入公式 "=PV(F5,F4,−F2*F3,−F2)"，即可求得债券发行价值的值。

2）使用 PRICE 函数计算债券价值。

① 假设 settlement 和 maturity 这两个参数的值，在单元格 F8、F9 中的输入为 2006-1-1、2009-1-1，单元格显示格式为年/月/日。

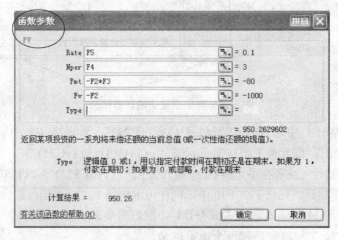

图 5-19　PV 函数计算债券价值

② 在单元格 F12 中输入公式 "=PRICE(F8,F9,F3,F5,F2/(F2/100),1,3)*(F2/100)"，即可使用 PRICE 函数求得债券发行价值的值，如图 5-20 所示。

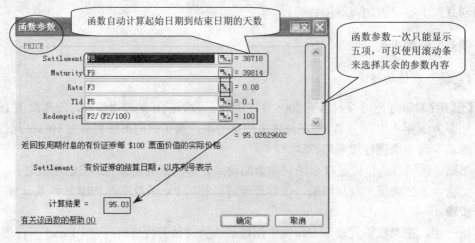

图 5-20　PRICE 函数计算债券价值

两种函数方法求解债券价值的结果如图 5-21 所示。

注意：使用 PRICE 函数时，函数要求债券的面值以 100 元计算，所以在为 redemption 参数输入值时需要使用公式 "F2/100" 将实例中的票面价值转换为 100，在函数计算完毕后结果再乘以 "F2/100"，这样得出的最后结果才是正确的。

	E	F	G
1		债券价值计算	
2	票面价值	1000	
3	票面年利率	8%	
4	期限（年）	3	
5	市场年利率	10%	
6	付息方式	每年末付息一次	
7	日记数基准	3	
8	发行日期	2006年1月1日	假设
9	到期日	2009年1月1日	假设
10			
11	债券发行价值	950.26	PV函数计算
12		950.26	PRICE函数计算

图 5-21 债券价值的计算结果

通过以上操作可知，PV 函数与 PRICE 函数计算的债券价值相同，由此可知债券价格在低于或等于 950.26 元时才能进行投资。

PV 函数与 PRICE 函数所计算出的债券价格是一样的。PV 函数不需要输入债券的发行日和到期日，也不需要输入计息基准，因此使用更方便，针对性也更强。但是，PRICE 函数是一个更有用的债券价值计算函数，不仅可以计算债券的初始发行价格，也可以计算市场上正在流通的债券的理论价值，从而判断某债券是否具有投资价值，市场价格低于或等于其理论价值的债券具有投资价值，而市场价格高于其理论价值的债券不具有投资价值。

如果没有指定具体日期，则可以假设日期计算，将起始日期设为 "00" 年，将债券持有期用文本运算符 "&&" 连接，如本例为三年期的债券：

PRICE（"2000-1-1"，"2003-1-1"，F3，F5，F2/(F2/100)，1，3)*(F2/100)

PRICE（"2000-1-1"，"200"&3&"-1-1"，F3，F5，F2/(F2/100)，1，3)*(F2/100)

两个函数计算结果是相同的，如果改为 10 年期债券，则函数可变为

PRICE（"2000-1-1"，"20"&10&"-1-1"，F3，F5，F2/(F2/100)，1，3)*(F2/100)

文本运算符 "&&" 可以引用单元格变量，使整个表格形成动态变化表格。

2. 债券投资收益率的计算

【例 5-8】东方公司计划投资购买 A 债券，该债券面额为 1000 元，票面利率 6%，期限为 5 年，发行价为 950 元，按年计息，到期还本。求此项投资的收益率。

思路：债券投资收益率是利用时间价值原理，根据债券的买价、利息、到期还本额列成求现值的等式，反求的利率。计算债券的投资收益率可以利用 RATE 函数或 YLELD 函数。

步骤：

第一步，在"投资管理"工作簿中创建名称为"债券投资收益率的计算"Excel 工作表。

	A	B	C
1		债券投资收益率	
2	票面价值	1000	
3	票面年利率	6%	
4	期限（年）	5	
5	发行价格	950	
6	付息方式	每年付息一次	
7	日记数基准	3	
8	发行日期	2000年1月1日	假设
9	到期日	2005年1月1日	假设
10			
11	投资收益率		RATE函数计算
12			YIELD函数计算

图 5-22 例 5-8 的基本信息

第二步，在 Excel 工作表中输入题目的基本信息，如图 5-22 所示。

第三步，将计算需要的参数变量信息及公式输入 Excel 工作表内求值，如图 5-23 所示。

第三步的计算有以下两种方法：

1）利用 RATE（nper，pmt，pv，fv，type，guess）函数计算债券的投资收益率。

在单元格 B11 中输入公式 "=RATE(B4，

B2*B3,–B5,B2)"，使用 RATE 函数求得投资收益率的值。

	A	B	C
1		债券投资收益率	
2	票面价值	1000	
3	票面年利率	6%	
4	期限（年）	5	
5	发行价格	950	
6	付息方式	每年付息一次	
7	日记数基准	3	
8	发行日期	2000年1月1日	假设
9	到期日	2005年1月1日	假设
10			
11	投资收益率	7.23%	RATE函数计算
12		7.23%	YIELD函数计算

图 5-23　债券投资收益率的计算结果

2）利用 YIELD（settlement，maturity，rate，pr，redemption，frequency，basis）函数计算债券的投资收益率。

在单元格 B12 中输入公式"=YIELD(B8,B9,B3,B5/10,B2/10,1,3)"，使用 YIELD 函数求得投资收益率的值。根据函数要求将发行价转换为 100 元面值"B5/10"，将票面价值转换为 100 元面值"B2/10"，得出结果。

通过以上操作可知，该公司此项投资收益率为 7.23%。

RATE 函数和 YIELD 函数均计算出了结果并且得出的值"相同"，YIELD 函数计算

	A	B	C
11	投资收益率	7.22687023155%	RATE函数计算
12		7.22687023153%	YIELD函数计算

图 5-24　计算结果的比较

结果比 RATE 函数的计算结果更精确。我们可以将单元格 B11、B12 的数据格式修改为保留 11 位小数，如图 5-24 所示，可以发现两个函数的计算结果是有差别的，这个差别很小，在实际操作中没有意义，所以一般情况下，两个函数是可以互用的。

四、股票投资的决策

【例 5-9】东方公司计划投资购买某股票，其 β 系数为 1.25，证券市场的平均收益率为 18%，无风险收益率为 6%。要求利用资本-资产定价模型确定该股票的必要收益率。

思路：股票投资收益率可以利用资本-资产定价模型即 CAPM 模型计算。

步骤：

第一步，在"投资管理"工作簿中创建名称为"股票投资决策"的 Excel 工作表。

第二步，在 Excel 工作表中输入题目的基本信息，如图 5-25 所示。

第三步，将计算需要的参数变量信息及公式输入 Excel 工作表内求值，如图 5-26 所示。

	A	B	C
1	股票投资决策		
2	证券市场平均收益率		18%
3	无风险收益率		6%
4	β 系数		1.25

图 5-25　例 5-9 的基本信息

	A	B	C
1	股票投资决策		
2	证券市场平均收益率		18%
3	无风险收益率		6%
4	β 系数		1.25
5	该股票必要报酬率		0.21

图 5-26　股票投资决策的计算结果

在单元格 C5 中输入公式"=C3+C4*(C2–C3)",求得该股票的必要收益率。

通过以上操作可知,该股票的必要收益率为 21%。

五、证券投资组合的决策

【例 5-10】东方公司计划同时购买甲、乙、丙三种股票,各股票的 β 系数分别为 1.6、1、0.7,三种股票在总投资额中所占比例分别为甲 40%,乙 30%,丙 30%,股票市场平均收益率为 12%,无风险收益率为 8%,要求:①求该证券投资组合的 β 系数;②求该证券投资组合的风险收益率;③确定该证券投资组合的必要收益率。

思路: 证券投资组合的收益率也可以利用资本-资产定价模型即 CAPM 模型计算。

步骤:

第一步,在"投资管理"工作簿中创建名称为"证券投资组合的决策"Excel 工作表。

第二步,在 Excel 工作表中输入题目的基本信息,如图 5-27 所示。

第三步,将计算需要的参数变量信息及公式输入 Excel 工作表内求值,如图 5-28 所示。

	A	B	C	D
1	证券投资组合的决策			
2	项目	甲股票	乙股票	丙股票
3	β系数	1.6	1	0.7
4	比重	40%	30%	30%
5	股市平均收益率	12%		
6	无风险收益率	8%		
7				
8	证券组合的β系数			
9	证券组合的风险收益率			
10	证券组合的必要收益率			

图 5-27 例 5-10 的基本信息

	A	B	C	D
1	证券投资组合的决策			
2	项目	甲股票	乙股票	丙股票
3	β系数	1.6	1	0.7
4	比重	40%	30%	30%
5	股市平均收益率	12%		
6	无风险收益率	8%		
7				
8	证券组合的β系数	1.15		
9	证券组合的风险收益率	4.60%		
10	证券组合的必要收益率	12.60%		

图 5-28 证券投资组合的计算结果

① 在单元格 B8 中输入公式"=SUMPRODUCT(B3:D3,B4:D4)",求得该证券投资组合的 β 系数。

② 在单元格 B9 中输入公式"=B8*(B5–B6)",求得该证券投资组合的风险收益率。

③ 在单元格 B10 中输入公式"=B9+B6",求得该证券投资组合的必要收益率。

通过以上操作可知,甲、乙、丙三种股票组合的 β 系数为 1.15,风险收益率为 4.60%,必要收益率为 12.60%。

习 题 五

1. 某长期投资项目各年的净现金流量如表 5-5 所示。

表 5-5 某长期投资项目的净现金流量　　　　单位:万元

年	0	1	2	3	4	5
净现金流量	−600	300	200	200	200	100

要求:利用 Excel 软件计算。

1) 按 10%的年折现率计算该长期投资方案的净现值。

2）按 10%的年折现率计算该长期投资方案的现值指数。

3）按 10%的年折现率计算该长期投资方案的内含报酬率。

4）对该项目做出评价。

2．已知某长期投资项目建设期净现金流量：$NCF_0=-500$ 万元，$NCF_1=-500$ 万元，$NCF_2=0$。第 3～12 年的经营净现金流量为 $NCF_{3-12}=200$ 万元，第 12 年年末的回收额为 100 万元，行业基准折现率为 10%。要求：利用 Excel 软件计算。

1）按 10%的年折现率计算该长期投资方案的净现值。

2）按 10%的年折现率计算该长期投资方案的现值指数。

3）按 10%的年折现率计算该长期投资方案的内含报酬率。

4）对该项目做出评价。

3．M 公司要求的最低报酬率为 11%，现有一风险投资项目各年的现金流量及概率分布如表 5-6 所示。

表 5-6　某风险投资项目各年的现金流量及概率分布

年	净现金流量	概率	年	净现金流量	概率
0	−18 000	1.00	3	7000 5000 4000	0.30 0.40 0.30
1	6000 5500 5000	0.30 0.50 0.20	4	6000 5000 3500	0.25 0.40 0.35
2	8000 7000 6000	0.20 0.60 0.20	5	5000 3000 2500	0.30 0.50 0.20

无风险报酬率为 7%，假设中等风险程度的项目变化系数为 0.2。要求：利用 Excel 软件计算。

1）运用风险调整贴现率法对该项目做出可行性分析。

2）运用肯定当量法对该项目做出可行性分析。

4．某企业购入公司债券，每张面值 100 元，期限为 5 年，票面利率 6%，每半年末付息一次，购买时的市场利率为 5.5%。问债券价格为多少时才能进行投资？

5．某企业购入公司债券，每张面值 2000 元，期限为 8 年，票面利率 7%，每年末付息一次，购买时的市场利率为 6%。问债券价格为多少时才能进行投资？

6．某企业购入公司债券，每张面值 1000 元，期限为 3 年，票面利率 5%，发行价为 950 元，按年计息，到期还本。求此项投资收益率。

7．A 公司拟投资购买某股票，其 β 系数为 1.5，证券市场的平均收益率为 16%，无风险收益率为 6%。要求利用资本-资产定价模型确定该股票的必要收益率。

8．某公司持有 A、B、C 三种股票构成的证券投资组合，其 β 系数分别为 3、1.5、0.7，在证券投资组合中所占的比例分别为 40%、50%、10%，股票的市场收益率为 16%，无风险收益率为 6%。要求：利用 Excel 软件计算该证券投资组合的预期报酬率。

术 语 积 累

项目投资	单一投资项目	互斥投资项目
投资项目组合	固定资产更新投资	项目投资的风险分析
风险调整贴现率法	肯定当量法	债券投资
债券价值	债券投资收益率	股票投资
证券投资组合	直线法折旧函数 SLN	净现值函数 NPV
内部收益率函数 IRR	乘积之和函数 SUMPRODUCT	"规划求解"功能
有价证券价格函数 PRICE	利率函数 RATE	债券收益率函数 YIELD

6

成长期企业财务预算案例

一、案例目标

通过案例分析，培养学生根据成长期企业的具体情况综合利用 Excel 软件编制其财务预算的能力。

二、案例资料

鼎立香精香料有限公司成立于 2011 年 1 月，从事食品添加剂的生产、批发兼零售等经营业务，其三大产品——牛肉香精、鸡肉香精、猪肉香精主要用于生产火腿肠等肉制品、方便面和膨化食品等。该公司设立销售部、综合管理部、财务部、三个生产车间及辅助车间等。

鼎立公司的各项会计政策、会计估计如表 6-1 所示。

公司为增值税一般纳税人，应缴纳的各项税费情况如表 6-2 所示。

表 6-1　公司会计政策、会计估计一览表

存货	
发出存货计价方法	先进先出法
固定资产	
折旧方法	平均年限法
预计净残值	5%
利润分配	
法定盈余公积提取比例	10%
任意盈余公积提取比例	5%
分红时间	次年 3 月 31 日
分红比例	25%

表 6-2　公司税费一览表

所得税率	25%
增值税率	17%
城市维护建设税率	5%
教育费附加费率	3%

公司固定资产及其折旧情况如表 6-3 所示。

表6-3　固定资产及其折旧一览表　　　　　　　单位：元

使用部门及固定资产类别		固定资产原值	折 旧 计 算					
			折旧年限/年	年折旧率	月折旧率	已折旧额	月折旧额	年折旧额
生产车间	房屋	750 000.00	20	4.75%	0.40%	106 875.00	2 968.75	35 625.00
	机械设备	1 000 000.00	15	6.33%	0.53%	190 000.00	5 277.78	63 333.33
	小计	1 750 000.00				296 875.00	8 246.53	98 958.33
辅助车间	房屋	260 000.00	20	4.75%	0.40%	37 050.00	1 029.17	12 350.00
	机械设备	280 000.00	15	6.33%	0.53%	53 200.00	1 477.78	17 733.33
	小计	540 000.00				90 250.00	2 506.94	30 083.33
管理部门	房屋	350 000.00	20	4.75%	0.40%	49 875.00	1 385.42	16 625.00
	办公设备	150 000.00	8	11.88%	0.99%	53 437.50	1 484.38	17 812.50
	运输设备	210 000.00	8	11.88%	0.99%	74 812.50	2 078.13	24 937.50
	小计	710 000.00				178 125.00	4 947.92	59 375.00
总计		3 000 000				565 250.00	15 701.39	188 416.67

公司三个基本生产车间的工人工资按照生产工时计算，其余岗位设置及员工预计工资情况如表 6-4 所示。

表6-4　岗位设置及员工预计工资一览表　　　　　　　单位：元

职　位	2014 年			2015 年			2016 年		
	月薪	人数/位	年度小计	月薪	人数/位	年度小计	月薪	人数/位	年度小计
总经理	4500	1	54 000	5000	1	60 000	5800	1	69 600
小计		1	54 000		1	0		1	69 600
销售部									
部门经理	3500	1	42 000	3800	1	45 600	4300	1	51 600
销售人员	3000	2	72 000	3400	3	122 400	4000	4	192 000
小计		3	114 000	7200	4	168 000	8300	5	243 600
综合管理部						0			
部门经理	3500	1	42 000	3800	1	45 600	4300	1	51 600
员工	2500	1	30 000	2700	2	64 800	3000	3	108 000
小计		2	72 000	6500	3	110 400	7300	4	159 600
财务部									
财务主管	3500	1	42 000	3800	1	45 600	4300	1	51 600
会计	2500	1	30 000	2800	2	67 200	3000	3	108 000
出纳	2200	1	26 400	2400	1	28 800	2700	1	32 400
小计		3	98 400	9000	4	141 600	10 000	5	192 000
生产车间									
一车间（牛肉）									
车间主任	3000	1	36 000	3300	1	39 600	3800	1	45 600
小计		1	36 000	3300	1	39 600	3800	1	45 600
二车间（鸡肉）									
车间主任	3000	1	36 000	3500	1	42 000	4000	1	48 000

续表

职　位	2014 年			2015 年			2016 年		
	月薪	人数/位	年度小计	月薪	人数/位	年度小计	月薪	人数/位	年度小计
小计		1	36 000	3500	1	42 000	4000	1	48 000
三车间（猪肉）									
车间主任	3000	1	36 000	3300	1	39 600	3700	1	44 400
小计		1	36 000	3300	1	39 600	3700	1	44 400
合计		3	108 000		3	121 200		3	138 000
辅助车间									
员工	2400	2	57 600	2600	2	62 400	3000	3	108 000
小计		2	57 600	2600	2	62 400	3000	3	108 000
总计		14	504 000	35 400	17	603 600	40 100	21	910 800

公司 2013 年 12 月 31 日的资产负债表如表 6-5 所示。

表 6-5　资产负债表　　　　　　　　　　单位：元

资　产		负债及所有者权益	
流动资产：		流动负债：	
货币资金	352 804.07	短期借款	
应收账款	112 320.00	应付账款	39 874.07
应收票据		应付票据	
存货	160 000.00	应付职工薪酬	
其中：原材料	17 040.20	应交税费	
周转材料	51 016.52	应付股利	80 000.00
库存商品	91 943.28	流动负债合计	119 874.07
流动资产合计	625 124.07	非流动负债：	
非流动资产：		长期借款	
长期股权投资		非流动负债合计	
固定资产：		负债合计	119 874.07
固定资产原值	3 000 000.00	所有者权益：	
减：累计折旧	565 250.00	实收资本	2 700 000.00
固定资产净值	2 434 750.00	盈余公积	48 000.00
无形资产		未分配利润	192 000.00
非流动资产合计	2 434 750.00	所有者权益合计	2 940 000.00
资产总计	3 059 874.07	负债和所有者权益总计	3 059 874.07

要求：根据鼎立公司具体情况，利用 Ecxel 软件为该公司编制 2014～2016 年三年的财务预算。其中，2014 年预算分月编制，2015 年、2016 年预算分季度编制。

假定该公司每期应交各种税费均于期末缴清（即应交税费期末余额为 0），员工工资于每月末计提并发放（即应付职工薪酬期末余额为 0）。

三、Ecxel 软件要点

财务预算是在销售预算、生产预算、直接材料预算、直接人工预算、制造费用预算、产品成本预算、期间费用预算等日常业务预算和特种决策预算的基础上编制的。利用

Ecxel 软件编制企业财务预算涉及同一个工作簿中不同工作表间或者不同工作簿的不同工作表间的数据引用，因此，引入 Ecxel 软件的动态链接功能。

其中，在同一个工作簿中不同工作表间建立动态链接的格式为"工作表名！单元格地址"，该格式中的"！"是系统自动加上的。例如，当前的工作表为 Sheet2，在单元格 B3 的公式中需要用到 Sheet1 中单元格 C3 的数据，则可以通过输入公式"=Sheet1!C3"来建立两个工作表间数据的动态链接。具体操作步骤为单击工作表 Sheet2 的单元格 B3，输入"="，再打开工作表 Sheet1，单击其单元格 C3，然后按 Enter 键确定。

在不同工作簿中的不同工作表间建立动态链接的格式为"[工作簿名]工作表名！单元格地址"。例如，当前的工作簿为 Book2，工作表为 Sheet2，在单元格 B3 的公式中需要用到工作簿为 Book1 中 Sheet1 中单元格 C3 的数据，则可以通过输入公式"=[Book1]Sheet1！C3"来建立两个工作表间数据的动态链接，具体操作步骤同上。

四、案例分析

1. 编制财务预算的总体思路

财务预算是在日常业务预算和特种决策预算的基础上编制的。一般情况下，根据"以销定产"的指导思想，企业应首先根据销售预测情况编制销售预算，然后编制生产预算并分解为直接材料预算、直接人工预算和制造费用预算，以形成产品成本预算。在此基础上结合期间费用预算，再编制现金预算，最后编制预计利润表和预计资产负债表。

2. 编制财务预算的具体步骤

（1）编制销售预算

销售预算是规划预算期销售活动的业务预算。销售预算依据企业的销售预测等资料进行编制。在"以销定产"经营思想的指导下，销售预算是财务预算的起点，主要包括两部分内容：各月及全年的销售收入和预计现金收支表，后者为编制现金预算提供依据。

根据鼎立公司产品的市场预测，其三大产品——牛肉香精、鸡肉香精、猪肉香精在未来三年的市场价格比较稳定，预计分别为 25 000 元/吨、24 000 元/吨和 23 000 元/吨，销售量受季节影响，每年第二、第三季度为淡季。2014 年分月的销量预测如表 6-6 所示，应收账款周转期为 30 天，预计销售收入收现比例 60%，余款下月收到。

表 6-6　2014 年分月产品销量预测表　　　　　　　　　单位：吨

产品＼月份	1 月	2 月	3 月	4 月	5 月	6 月	7 月	8 月	9 月	10 月	11 月	12 月	本年合计
牛肉香精	3.0	3.0	3.3	3.0	3.0	3.0	2.7	2.8	3.0	3.1	3.2	3.3	36.4
鸡肉香精	4.0	4.0	4.4	4.0	4.0	4.0	4.0	3.7	4.0	4.2	4.3	4.4	49.0
猪肉香精	3.0	3.0	3.2	3.0	3.0	3.0	2.8	2.6	3.0	3.0	3.2	3.2	36.0

分析上述有关资料，可编制鼎立公司 2014 年分月的销售预算如图 6-1 所示。

有关项目的计算公式如下：

$$各月预计销售收入＝预计产品销售量×销售单价$$

2014年销售预算 （金额单位：元）

项目	1月	2月	3月	第1季度合计	4月	5月	6月	第2季度合计	7月	8月	9月	第3季度合计	10月	11月	12月	第4季度合计	本年合计
预计销售量																	
牛肉香精（吨）	3.0	3.0	3.3	9.3	3.0	3.0	3.0	9.0	3.0	2.8	3.0	8.5	3.1	3.2	3.3	9.6	36.4
鸿肉香精（吨）	4.0	4.0	4.4	12.4	4.0	4.0	4.0	12.0	4.0	3.7	4.0	11.7	4.2	4.3	4.4	12.9	49.0
猪肉香精（吨）	3.0	3.0	3.2	9.2	3.0	3.0	3.0	9.0	2.8	2.6	3.0	8.4	3.2	3.2	3.2	9.4	36.0
销售单价（元/吨）																	
牛肉香精	25,000.0	25,000.0	25,000.0		25,000.0	25,000.0	25,000.0		25,000.0	25,000.0	25,000.0		25,000.0	25,000.0	25,000.0		
鸿肉香精	24,000.0	24,000.0	24,000.0		24,000.0	24,000.0	24,000.0		24,000.0	24,000.0	24,000.0		24,000.0	24,000.0	24,000.0		
猪肉香精	23,000.0	23,000.0	23,000.0		23,000.0	23,000.0	23,000.0		23,000.0	23,000.0	23,000.0		23,000.0	23,000.0	23,000.0		
销售收入（元）																	
牛肉香精	75,000.0	75,000.0	82,500.0	232,500.0	75,000.0	75,000.0	75,000.0	225,000.0	67,500.0	70,000.0	75,000.0	212,500.0	77,500.0	80,000.0	82,500.0	240,000.0	910,000.0
鸿肉香精	96,000.0	96,000.0	105,600.0	297,600.0	96,000.0	96,000.0	96,000.0	288,000.0	96,000.0	88,800.0	96,000.0	280,800.0	100,800.0	103,200.0	105,600.0	309,600.0	1,176,000.0
猪肉香精	69,000.0	69,000.0	73,600.0	211,600.0	69,000.0	69,000.0	69,000.0	207,000.0	64,400.0	59,800.0	69,000.0	193,200.0	69,000.0	73,600.0	73,600.0	216,200.0	828,000.0
销售收入合计	240,000.0	240,000.0	261,700.0	741,700.0	240,000.0	240,000.0	240,000.0	720,000.0	227,900.0	218,600.0	240,000.0	686,500.0	247,300.0	256,800.0	261,700.0	765,800.0	2,914,000.0
增值税销项税额	40,800.0	40,800.0	44,489.0	126,089.0	40,800.0	40,800.0	40,800.0	122,400.0	38,743.0	37,162.0	40,800.0	116,705.0	42,041.0	43,656	44,489.0	130,186.0	495,380.0
期初应收账款	112,320.0																112,320.0
一月销售收入	168,480.0	112,320.0															280,800.0
二月销售收入		168,480.0	112,320.0														280,800.0
三月销售收入			183,713.4		122,475.6												306,189.0
第一季度销售收入				857,633.4													857,633.4
四月销售收入					168,480.0	112,320.0											280,800.0
五月销售收入						168,480.0	112,320.0										280,800.0
六月销售收入							168,480.0		112,320.0								280,800.0
第二季度销售收入								852,555.6									852,555.6
七月销售收入									159,985.8	106,657.2							266,643.0
八月销售收入										153,457.2	102,304.8						255,762.0
九月销售收入											168,480.0		112,320.0				280,800.0
第三季度销售收入												803,205.0					803,205.0
十月销售收入													173,604.6	115,736.4			289,341.0
十一月销售收入														180,273.6	120,182.4		300,456.0
十二月销售收入															183,713.4		183,713.4
第四季度销售收入																885,830.4	885,830.4
现金收入合计	280,800.0	280,800.0	296,033.4	857,633.4	290,955.6	280,800.0	280,800.0	852,555.6	272,305.8	260,114.4	270,784.8	803,205.0	285,924.6	296,010.0	303,895.8	885,830.4	3,399,224.4
期末应收账款																	122,475.6

图6-1　2014年各产品分月的销售预算

各月预计现金收入＝本月销售收入×（1＋增值税税率17%）×预计收现比例60%
　　　　　　　＋上月销售收入×（1＋增值税税率17%）×（1－预计收现比例60%）
期末应收账款＝本月销售收入×（1＋增值税税率17%）×（1－预计收现比例60%）

预计该公司2015年、2016年牛肉香精、鸡肉香精、猪肉香精年销售量呈增长趋势，应收账款周转期为90天，预计销售收入收现比例60%。同理，可编制该公司2015年和2016年各产品分季度的销售预算分别如图6-2和图6-3所示。

	A B	C	D	E	F	G
1		**2015年销售预算**			（金额单位：元）	
2	项目	1季度	2季度	3季度	4季度	全年合计
3	预计销售量					
4	牛肉香精（吨）	10.42	10.08	9.52	10.75	40.77
5	鸡肉香精（吨）	14.01	13.56	13.22	14.58	55.37
6	猪肉香精（吨）	10.30	10.08	9.41	10.53	40.32
7	销售单价（元/吨）					0.00
8	牛肉香精	25000.00	25000.00	25000.00	25000.00	25000.00
9	鸡肉香精	24000.00	24000.00	24000.00	24000.00	24000.00
10	猪肉香精	23000.00	23000.00	23000.00	23000.00	23000.00
11	销售收入（元）					0.00
12	牛肉香精	260400.00	252000.00	238000.00	268800.00	1019200.00
13	鸡肉香精	336288.00	325440.00	317304.00	349848.00	1328880.00
14	猪肉香精	236992.00	231840.00	216384.00	242144.00	927360.00
15	销售收入合计（元）	833680.00	809280.00	771688.00	860792.00	3275440.00
16	应交增值税——销项税额	141725.60	137577.60	131186.96	146334.64	556824.80
17	期初应收账款	122475.60				122475.60
18	第一季度销售收入	585243.36	390162.24			975405.60
19	第二季度销售收入		568114.56	378743.04		946857.60
20	第三季度销售收入			541724.98	361149.98	902874.96
21	第四季度销售收入				604275.98	604275.98
22	现金收入合计	707718.96	958276.80	920468.02	965425.97	3551889.74
23	期末应收账款					402850.66

（A18-21列标注：预计现金收入计算表）

图6-2　2015年各产品分季度的销售预算

	A B	C	D	E	F	G
1		**2016年销售预算**			（金额单位：元）	
2	项目	1季度	2季度	3季度	4季度	全年合计
3	预计销售量					
4	牛肉香精（吨）	11.50	13.50	14.00	18.00	57.00
5	鸡肉香精（吨）	15.00	16.50	17.50	19.00	68.00
6	猪肉香精（吨）	11.00	12.50	13.00	17.00	53.50
7	销售单价（元/吨）					
8	牛肉香精	27,500.00	27,500.00	27,500.00	27,500.00	27,500.00
9	鸡肉香精	26,400.00	26,400.00	26,400.00	26,400.00	26,400.00
10	猪肉香精	25,300.00	25,300.00	25,300.00	25,300.00	25,300.00
11	销售收入（元）					
12	牛肉香精	316,250.00	371,250.00	385,000.00	495,000.00	1,567,500.00
13	鸡肉香精	396,000.00	435,600.00	462,000.00	501,600.00	1,795,200.00
14	猪肉香精	278,300.00	316,250.00	328,900.00	430,100.00	1,353,550.00
15	销售收入合计（元）	990,550.00	1,123,100.00	1,175,900.00	1,426,700.00	4,716,250.00
16	应交增值税——销项税额	168,393.50	190,927.00	199,903.00	242,539.00	801,762.50
17	期初应收账款	402,850.66				402,850.66
18	第一季度销售收入	695,366.10	463,577.40			1,158,943.50
19	第二季度销售收入		788,416.20	525,610.80		1,314,027.00
20	第三季度销售收入			825,481.80	550,321.20	1,375,803.00
21	第四季度销售收入				1,001,543.40	1,001,543.40
22	现金收入合计	1,098,216.76	1,251,993.60	1,351,092.60	1,551,864.60	5,253,167.56
23	期末应收账款					667,695.60

（A18-21列标注：预计现金收入计算表）

图6-3　2016年各产品分季度的销售预算

（2）编制生产预算

生产预算是规划预算期生产活动的业务预算。生产预算以销售预算为依据，结合企业期初、期末的预计产品存货水平等资料进行编制。由于企业的生产和销售不能保证时刻一致，因此，一般情况下企业需要储存一定的存货以维持均衡生产。

在销售预算的基础上，可编制该公司2014年分月的生产预算如图6-4所示。

2014年牛肉香精生产预算 （单位：吨）

项目	1月	2月	3月	1季度	4月	5月	6月	2季度	7月	8月	9月	3季度	10月	11月	12月	4季度	本年合计
预计销售需要量	3.00	3.00	3.30	9.30	3.00	3.00	3.00	9.00	2.70	2.80	3.00	8.50	3.10	3.20	3.30	9.60	36.40
加：预计期末存货量	2.00	2.00	1.70	1.70	1.70	1.70	1.70	1.70	2.00	2.20	2.20	2.20	2.10	1.90	1.60	1.60	1.60
预计需要量合计	5.00	5.00	5.00	11.00	4.70	4.70	4.70	10.70	4.70	5.00	5.20	10.70	5.20	5.10	4.90	11.20	38.00
减：期初存货量	2.00	2.00	2.00	2.00	1.70	1.70	1.70	1.70	1.70	2.20	2.20	1.70	2.20	2.10	1.90	2.20	2.00
预计生产量	3.00	3.00	3.00	9.00	3.00	3.00	3.00	9.00	3.00	3.00	3.00	9.00	3.00	3.00	3.00	9.00	36.00

2014年鸡肉香精生产预算 （单位：吨）

项目	1月	2月	3月	1季度	4月	5月	6月	2季度	7月	8月	9月	3季度	10月	11月	12月	4季度	本年合计
预计销售需要量	4.00	4.00	4.40	12.40	4.00	4.00	4.00	12.00	4.00	3.70	4.00	11.70	4.20	4.30	4.40	12.90	49.00
加：预计期末存货量	2.00	2.00	1.60	1.60	1.60	1.60	1.60	1.60	1.60	1.90	1.90	1.90	1.70	1.40	1.00	1.00	1.00
预计需要量合计	6.00	6.00	6.00	14.00	5.60	5.60	5.60	13.60	5.60	5.60	5.90	13.60	5.90	5.70	5.40	13.90	50.00
减：期初存货量	2.00	2.00	2.00	2.00	1.60	1.60	1.60	1.60	1.60	1.90	1.90	1.60	1.90	1.70	1.40	1.90	2.00
预计生产量	4.00	4.00	4.00	12.00	4.00	4.00	4.00	12.00	4.00	4.00	4.00	12.00	4.00	4.00	4.00	12.00	48.00

2014年猪肉香精生产预算 （单位：吨）

项目	1月	2月	3月	1季度	4月	5月	6月	2季度	7月	8月	9月	3季度	10月	11月	12月	4季度	本年合计
预计销售需要量	3.00	3.00	3.20	9.20	3.00	3.00	3.00	9.00	2.80	2.60	3.00	8.40	3.00	3.20	3.20	9.40	36.00
加：预计期末存货量	2.00	2.00	1.80	1.80	1.80	1.80	1.80	1.80	2.00	2.40	2.40	2.40	2.40	2.20	2.00	2.00	2.00
预计需要量合计	5.00	5.00	5.00	11.00	4.80	4.80	4.80	10.80	4.80	5.00	5.40	10.80	5.40	5.40	5.20	11.40	38.00
减：期初存货量	2.00	2.00	2.00	2.00	1.80	1.80	1.80	1.80	1.80	2.40	2.40	1.80	2.40	2.20	2.00	2.40	2.00
预计生产量	3.00	3.00	3.00	9.00	3.00	3.00	3.00	9.00	3.00	3.00	3.00	9.00	3.00	3.00	3.00	9.00	36.00

图6-4　2014年分月的生产预算

有关项目的计算公式如下：

$$预计生产量＝预计销售量＋预计期末存货量－期初存货量$$
$$期初存货量＝预计上期期末存货量$$

同理，可以编制 2015 年、2016 年分季度的生产预算如图 6-5 和图 6-6 所示。

	A	B	C	D	E	F
1		**2015年牛肉香精生产预算**			(单位：吨)	
2	项目	1季度	2季度	3季度	4季度	全年合计
3	预计销售需要量	10.416	10.080	9.520	10.752	40.768
4	加：预计期末存货量	0.984	1.404	2.384	1.384	1.384
5	预计需要量合计	11.400	11.484	11.904	12.136	42.152
6	减：期初存货量	1.600	0.984	1.404	2.384	1.600
7	预计生产量	9.800	10.500	10.500	9.752	40.552
10						
11		**2015年鸡肉香精生产预算**			(单位：吨)	
12	项目	1季度	2季度	3季度	4季度	全年合计
13	预计销售需要量	14.012	13.560	13.221	14.577	55.370
14	加：预计期末存货量	0.788	1.028	1.607	0.830	0.830
15	预计需要量合计	14.800	14.588	14.828	15.407	56.200
16	减：期初存货量	1.000	0.788	1.028	1.607	1.000
17	预计生产量	13.800	13.800	13.800	13.800	55.200
21		**2015年猪肉香精生产预算**			(单位：吨)	
22	项目	1季度	2季度	3季度	4季度	全年合计
23	预计销售需要量	10.304	10.080	9.408	10.528	40.320
24	加：预计期末存货量	1.496	1.716	2.608	1.820	1.820
25	预计需要量合计	11.800	11.796	12.016	12.348	42.140
26	减：期初存货量	2.000	1.496	1.716	2.608	2.000
27	预计生产量	9.800	10.300	10.300	9.740	40.140

图 6-5　2015 年分季度的生产预算

	A	B	C	D	E	F
1		**2016年牛肉香精生产预算**			(单位：吨)	
2	项目	1季度	2季度	3季度	4季度	全年合计
3	预计销售需要量	11.500	13.500	14.000	18.000	57.000
4	加：预计期末存货量	2.110	2.610	3.110	1.110	1.110
5	预计需要量合计	13.610	16.110	17.110	19.110	58.110
6	减：期初存货量	1.384	2.110	2.610	3.110	1.384
7	预计生产量	12.226	14.000	14.500	16.000	56.726
11		**2016年鸡肉香精生产预算**			(单位：吨)	
12	项目	1季度	2季度	3季度	4季度	全年合计
13	预计销售需要量	15.000	16.500	17.500	19.000	68.000
14	加：预计期末存货量	1.320	1.320	1.820	0.820	0.820
15	预计需要量合计	16.320	17.820	19.320	19.820	68.820
16	减：期初存货量	0.830	1.320	1.320	1.820	0.830
17	预计生产量	15.490	16.500	18.000	18.000	67.990
21		**2016年猪肉香精生产预算**			(单位：吨)	
22	项目	1季度	2季度	3季度	4季度	全年合计
23	预计销售需要量	11.000	12.500	13.000	17.000	53.500
24	加：预计期末存货量	1.240	1.740	2.740	0.740	0.740
25	预计需要量合计	12.240	14.240	15.740	17.740	54.240
26	减：期初存货量	1.820	1.240	1.740	2.740	1.820
27	预计生产量	10.420	13.000	14.000	15.000	52.420

图 6-6　2016 年分季度的生产预算

（3）编制直接材料预算

直接材料预算是规划预算期直接材料采购、消耗等活动的业务预算。直接材料预算以生产预算为依据，结合企业的材料消耗定额、材料预计单价及期初、期末的预计材料存货水平等资料进行编制。直接材料包括两部分内容：各个季度及全年的直接材料采购、消耗数量预算和预计现金支出表，后者为编制现金预算提供依据。

该公司每期材料采购货款的 60%于本期支付，余款下月付清。

有关项目的计算公式如下：

各种材料的预计采购量＝生产产品材料耗用量＋预计期末材料存量－预计期初材料存量

预计期初材料存量＝上期末预计材料存量

材料耗用成本＝期初材料成本＋材料单价×（预计材料耗用量－期初材料存量）

材料采购成本＝预计材料采购量×材料单价

各月预计现金支出＝本月采购成本×（1＋增值税税率 17%）×预计付现比例 60%

＋上月采购成本×（1＋增值税税率 17%）×（1－预计付现比例 60%）

期末应付账款＝本月采购成本×（1＋增值税税率 17%）×（1－预计付现比例 60%）

在该公司 2014 年牛肉香精生产预算的基础上，根据其原材料清单、原材料预计单价等资料可编制该公司产品——牛肉香精 2014 年分月的直接材料预算如图 6-7 所示。

同理，在该公司牛肉香精 2015 年、2016 年生产预算的基础上，根据其原材料清单、原材料预计单价等资料可编制牛肉香精 2015 年、2016 年分季度的直接材料预算分别如图 6-8 和图 6-9 所示。应付账款周转期为 90 天。

同理，在该公司鸡肉香精 2014～2016 年生产预算的基础上，根据其原材料清单、原材料预计单价等资料可编制鸡肉香精 2014 年分月和 2015 年、2016 年分季度的直接材料预算分别如图 6-10～图 6-12 所示。

在该公司猪肉香精 2014～2016 年生产预算的基础上，根据其原材料清单、原材料预计单价等资料可编制猪肉香精 2014 年分月和 2015 年、2016 年分季度的直接材料预算分别如图 6-13～图 6-15 所示。

（4）编制直接人工预算

直接人工预算是规划预算期直接人工成本开支的业务预算。直接人工预算以生产预算为依据，结合企业的工时定额及小时工资率等资料进行编制。

在该公司牛肉香精、鸡肉香精、猪肉香精三种产品 2014～2016 年生产预算的基础上，根据单位产品工时、每小时人工成本等资料可编制 2014 年分月和 2015 年、2016 年分季度的直接人工预算分别如图 6-16～图 6-18 所示。人工成本一般均由现金开支，故不必单独编制现金支出预算。

有关项目的计算公式如下：

人工总工时＝预计生产量×单位产品工时

人工总成本＝人工总工时×每小时人工成本

（5）编制制造费用预算

制造费用预算是规划预算期除了直接材料、直接人工以外的其他一切生产费用的业务预算。制造费用预算包括两部分内容：各项变动制造费用、固定制造费用预计金额和预计现金支出表，后者为编制现金预算提供依据。

在该公司 2014～2016 年生产预算的基础上，根据固定资产折旧计算表、直接材料和直接人工预算以外的有关变动制造费用、固定制造费用等资料可编制 2014 年分月和 2015年、2016 年分季度的制造费用预算分别如图 6-19～图 6-21 所示，为计算并编制产品成本预算打下基础。同时，为了便于后续编制现金预算，制造费用预算也包括了预计现金支出。

2014年牛肉香精直接材料预算

项目	1月	2月	3月	1季度	4月	5月	6月	2季度	7月	8月	9月	3季度	10月	11月	12月	4季度	全年合计
预计生产量	3.00	3.00	3.00	9.00	3.00	3.00	3.00	9.00	3.00	3.00	3.00	9.00	3.00	3.00	3.00	9.00	36.00
材料耗用量																	
牛肉	0.69	0.69	0.69	2.07	0.69	0.69	0.69	2.07	0.69	0.69	0.69	2.07	0.69	0.69	0.69	2.07	8.28
精盐	1.20	1.20	1.20	3.60	1.20	1.20	1.20	3.60	1.20	1.20	1.20	3.60	1.20	1.20	1.20	3.60	14.40
味精	0.45	0.45	0.45	1.35	0.45	0.45	0.45	1.35	0.45	0.45	0.45	1.35	0.45	0.45	0.45	1.35	5.40
香基	0.05	0.05	0.05	0.14	0.05	0.05	0.05	0.14	0.05	0.05	0.05	0.14	0.05	0.05	0.05	0.14	0.54
干燥剂	0.21	0.21	0.21	0.63	0.21	0.21	0.21	0.63	0.21	0.21	0.21	0.63	0.21	0.21	0.21	0.63	2.52
酵母提取物	0.05	0.05	0.05	0.14	0.05	0.05	0.05	0.14	0.05	0.05	0.05	0.14	0.05	0.05	0.05	0.14	0.54
淀粉	1.11	1.11	1.11	3.33	1.11	1.11	1.11	3.33	1.11	1.11	1.11	3.33	1.11	1.11	1.11	3.33	13.32
纸箱	0.30	0.30	0.30	0.90	0.30	0.30	0.30	0.90	0.30	0.30	0.30	0.90	0.30	0.30	0.30	0.90	3.60
包装袋	0.30	0.30	0.30	0.90	0.30	0.30	0.30	0.90	0.30	0.30	0.30	0.90	0.30	0.30	0.30	0.90	3.60
加：期末存量																	
牛肉	0.14	0.14	0.14	0.14	0.14	0.14	0.14	0.14	0.14	0.14	0.14	0.14	0.14	0.14	0.14	0.14	0.14
精盐	0.24	0.24	0.24	0.24	0.24	0.24	0.24	0.24	0.24	0.24	0.24	0.24	0.24	0.24	0.24	0.24	0.24
味精	0.09	0.09	0.09	0.09	0.09	0.09	0.09	0.09	0.09	0.09	0.09	0.09	0.09	0.09	0.09	0.09	0.09
香基	0.01	0.01	0.01	0.01	0.01	0.01	0.01	0.01	0.01	0.01	0.01	0.01	0.01	0.01	0.01	0.01	0.01
干燥剂	0.04	0.04	0.04	0.04	0.04	0.04	0.04	0.04	0.04	0.04	0.04	0.04	0.04	0.04	0.04	0.04	0.04
酵母提取物	0.01	0.01	0.01	0.01	0.01	0.01	0.01	0.01	0.01	0.01	0.01	0.01	0.01	0.01	0.01	0.01	0.01
淀粉	0.22	0.22	0.22	0.22	0.22	0.22	0.22	0.22	0.22	0.22	0.22	0.22	0.22	0.22	0.22	0.22	0.22
纸箱	0.06	0.06	0.06	0.06	0.06	0.06	0.06	0.06	0.06	0.06	0.06	0.06	0.06	0.06	0.06	0.06	0.06
包装袋	0.06	0.06	0.06	0.06	0.06	0.06	0.06	0.06	0.06	0.06	0.06	0.06	0.06	0.06	0.06	0.06	0.06
合计/吨																	
牛肉	0.83	0.83	0.83		0.83	0.83	0.83		0.83	0.83	0.83		0.83	0.83	0.83		
精盐	1.44	1.44	1.44		1.44	1.44	1.44		1.44	1.44	1.44		1.44	1.44	1.44		
味精	0.54	0.54	0.54		0.54	0.54	0.54		0.54	0.54	0.54		0.54	0.54	0.54		
香基	0.05	0.05	0.05		0.05	0.05	0.05		0.05	0.05	0.05		0.05	0.05	0.05		
干燥剂	0.25	0.25	0.25		0.25	0.25	0.25		0.25	0.25	0.25		0.25	0.25	0.25		
酵母提取物	0.05	0.05	0.05		0.05	0.05	0.05		0.05	0.05	0.05		0.05	0.05	0.05		
淀粉	1.33	1.33	1.33		1.33	1.33	1.33		1.33	1.33	1.33		1.33	1.33	1.33		
纸箱	0.36	0.36	0.36		0.36	0.36	0.36		0.36	0.36	0.36		0.36	0.36	0.36		
包装袋	0.36	0.36	0.36		0.36	0.36	0.36		0.36	0.36	0.36		0.36	0.36	0.36		
减：期初存量																	
牛肉	0.14	0.14	0.14	0.14	0.14	0.14	0.14	0.14	0.14	0.14	0.14	0.14	0.14	0.14	0.14	0.14	0.14
精盐	0.24	0.24	0.24	0.24	0.24	0.24	0.24	0.24	0.24	0.24	0.24	0.24	0.24	0.24	0.24	0.24	0.24
味精	0.09	0.09	0.09	0.09	0.09	0.09	0.09	0.09	0.09	0.09	0.09	0.09	0.09	0.09	0.09	0.09	0.09
香基	0.01	0.01	0.01	0.01	0.01	0.01	0.01	0.01	0.01	0.01	0.01	0.01	0.01	0.01	0.01	0.01	0.01
干燥剂	0.04	0.04	0.04	0.04	0.04	0.04	0.04	0.04	0.04	0.04	0.04	0.04	0.04	0.04	0.04	0.04	0.04
酵母提取物	0.01	0.01	0.01	0.01	0.01	0.01	0.01	0.01	0.01	0.01	0.01	0.01	0.01	0.01	0.01	0.01	0.01
淀粉	0.22	0.22	0.22	0.22	0.22	0.22	0.22	0.22	0.22	0.22	0.22	0.22	0.22	0.22	0.22	0.22	0.22
纸箱	0.06	0.06	0.06	0.06	0.06	0.06	0.06	0.06	0.06	0.06	0.06	0.06	0.06	0.06	0.06	0.06	0.06
包装袋	0.06	0.06	0.06	0.06	0.06	0.06	0.06	0.06	0.06	0.06	0.06	0.06	0.06	0.06	0.06	0.06	0.06
预计采购量																	
牛肉	0.69	0.69	0.69	2.07	0.69	0.69	0.69	2.07	0.69	0.69	0.69	2.07	0.69	0.69	0.69	2.07	8.28
精盐	1.20	1.20	1.20	3.60	1.20	1.20	1.20	3.60	1.20	1.20	1.20	3.60	1.20	1.20	1.20	3.60	14.40
味精	0.45	0.45	0.45	1.35	0.45	0.45	0.45	1.35	0.45	0.45	0.45	1.35	0.45	0.45	0.45	1.35	5.40
香基	0.21	0.21	0.21	0.63	0.21	0.21	0.21	0.63	0.21	0.21	0.21	0.63	0.21	0.21	0.21	0.63	2.52
干燥剂	0.05	0.05	0.05	0.14	0.05	0.05	0.05	0.14	0.05	0.05	0.05	0.14	0.05	0.05	0.05	0.14	0.54
酵母提取物	1.11	1.11	1.11	3.33	1.11	1.11	1.11	3.33	1.11	1.11	1.11	3.33	1.11	1.11	1.11	3.33	13.32
淀粉	0.30	0.30	0.30	0.90	0.30	0.30	0.30	0.90	0.30	0.30	0.30	0.90	0.30	0.30	0.30	0.90	3.60
纸箱	0.30	0.30	0.30	0.90	0.30	0.30	0.30	0.90	0.30	0.30	0.30	0.90	0.30	0.30	0.30	0.90	3.60

图6-7　2014年牛肉香精分月的直接材料预算

行号	项目	C	D	E	F	G	H	I	J	K	L	M	N	O	P	Q	R	S
54	**单价（元/吨）**																	
55	牛肉	19000.00	19000.00	19000.00	19000.00	19000.00	19000.00	19000.00	19000.00	19000.00	19000.00	19000.00	19000.00	19000.00	19000.00	19000.00	19000.00	19000.00
56	精盐	850.00	850.00	850.00	850.00	850.00	850.00	850.00	850.00	850.00	850.00	850.00	850.00	850.00	850.00	850.00	850.00	850.00
57	味精	8500.00	8500.00	8500.00	8500.00	8500.00	8500.00	8500.00	8500.00	8500.00	8500.00	8500.00	8500.00	8500.00	8500.00	8500.00	8500.00	8500.00
58	香辛	36000.00	36000.00	36000.00	36000.00	36000.00	36000.00	36000.00	36000.00	36000.00	36000.00	36000.00	36000.00	36000.00	36000.00	36000.00	36000.00	36000.00
59	干燥剂	6800.00	6800.00	6800.00	6800.00	6800.00	6800.00	6800.00	6800.00	6800.00	6800.00	6800.00	6800.00	6800.00	6800.00	6800.00	6800.00	6800.00
60	酵母提取物	21600.00	21600.00	21600.00	21600.00	21600.00	21600.00	21600.00	21600.00	21600.00	21600.00	21600.00	21600.00	21600.00	21600.00	21600.00	21600.00	21600.00
61	淀粉	2200.00	2200.00	2200.00	2200.00	2200.00	2200.00	2200.00	2200.00	2200.00	2200.00	2200.00	2200.00	2200.00	2200.00	2200.00	2200.00	2200.00
62	抗结	3000.00	3000.00	3000.00	3000.00	3000.00	3000.00	3000.00	3000.00	3000.00	3000.00	3000.00	3000.00	3000.00	3000.00	3000.00	3000.00	3000.00
63	包装膜	1300.00	1300.00	1300.00	1300.00	1300.00	1300.00	1300.00	1300.00	1300.00	1300.00	1300.00	1300.00	1300.00	1300.00	1300.00	1300.00	1300.00
64	**耗用成本（元）**																	
65	牛肉	13110.00	13110.00	13110.00	39330.00	13110.00	13110.00	13110.00	39330.00	13110.00	13110.00	13110.00	39330.00	13110.00	13110.00	13110.00	39330.00	157320.00
66	精盐	1020.00	1020.00	1020.00	3060.00	1020.00	1020.00	1020.00	3060.00	1020.00	1020.00	1020.00	3060.00	1020.00	1020.00	1020.00	3060.00	12240.00
67	味精	3825.00	3825.00	3825.00	11475.00	3825.00	3825.00	3825.00	11475.00	3825.00	3825.00	3825.00	11475.00	3825.00	3825.00	3825.00	11475.00	45900.00
68	香辛	1620.00	1620.00	1620.00	4860.00	1620.00	1620.00	1620.00	4860.00	1620.00	1620.00	1620.00	4860.00	1620.00	1620.00	1620.00	4860.00	19440.00
69	干燥剂	1428.00	1428.00	1428.00	4284.00	1428.00	1428.00	1428.00	4284.00	1428.00	1428.00	1428.00	4284.00	1428.00	1428.00	1428.00	4284.00	17136.00
70	酵母提取物	972.00	972.00	972.00	2916.00	972.00	972.00	972.00	2916.00	972.00	972.00	972.00	2916.00	972.00	972.00	972.00	2916.00	11664.00
71	淀粉	2442.00	2442.00	2442.00	7326.00	2442.00	2442.00	2442.00	7326.00	2442.00	2442.00	2442.00	7326.00	2442.00	2442.00	2442.00	7326.00	29304.00
72	抗结	900.00	900.00	900.00	2700.00	900.00	900.00	900.00	2700.00	900.00	900.00	900.00	2700.00	900.00	900.00	900.00	2700.00	10800.00
73	包装膜	390.00	390.00	390.00	1170.00	390.00	390.00	390.00	1170.00	390.00	390.00	390.00	1170.00	390.00	390.00	390.00	1170.00	4680.00
74	耗用总成本（元）	25707.00	25707.00	25707.00	77121.00	25707.00	25707.00	25707.00	77121.00	25707.00	25707.00	25707.00	77121.00	25707.00	25707.00	25707.00	77121.00	308484.00
75	**采购成本（元）**																	
76	牛肉	13110.00	13110.00	13110.00	39330.00	13110.00	13110.00	13110.00	39330.00	13110.00	13110.00	13110.00	39330.00	13110.00	13110.00	13110.00	39330.00	157320.00
77	精盐	1020.00	1020.00	1020.00	3060.00	1020.00	1020.00	1020.00	3060.00	1020.00	1020.00	1020.00	3060.00	1020.00	1020.00	1020.00	3060.00	12240.00
78	味精	3825.00	3825.00	3825.00	11475.00	3825.00	3825.00	3825.00	11475.00	3825.00	3825.00	3825.00	11475.00	3825.00	3825.00	3825.00	11475.00	45900.00
79	香辛	1620.00	1620.00	1620.00	4860.00	1620.00	1620.00	1620.00	4860.00	1620.00	1620.00	1620.00	4860.00	1620.00	1620.00	1620.00	4860.00	19440.00
80	干燥剂	1428.00	1428.00	1428.00	4284.00	1428.00	1428.00	1428.00	4284.00	1428.00	1428.00	1428.00	4284.00	1428.00	1428.00	1428.00	4284.00	17136.00
81	酵母提取物	972.00	972.00	972.00	2916.00	972.00	972.00	972.00	2916.00	972.00	972.00	972.00	2916.00	972.00	972.00	972.00	2916.00	11664.00
82	淀粉	2442.00	2442.00	2442.00	7326.00	2442.00	2442.00	2442.00	7326.00	2442.00	2442.00	2442.00	7326.00	2442.00	2442.00	2442.00	7326.00	29304.00
83	抗结	900.00	900.00	900.00	2700.00	900.00	900.00	900.00	2700.00	900.00	900.00	900.00	2700.00	900.00	900.00	900.00	2700.00	10800.00
84	包装膜	390.00	390.00	390.00	1170.00	390.00	390.00	390.00	1170.00	390.00	390.00	390.00	1170.00	390.00	390.00	390.00	1170.00	4680.00
85	采购成本（元）	25707.00	25707.00	25707.00	77121.00	25707.00	25707.00	25707.00	77121.00	25707.00	25707.00	25707.00	77121.00	25707.00	25707.00	25707.00	77121.00	308484.00
86	应付价款—进项税	4370.19	4370.19	4370.19	13110.57	4370.19	4370.19	4370.19	13110.57	4370.19	4370.19	4370.19	13110.57	4370.19	4370.19	4370.19	13110.57	52442.28
87	上月应付（初付价款）	12030.88																12030.88
88	1月应付科	18046.31	12030.88															30077.19
89	2月应付科		18046.31	12030.88														30077.19
90	3月应付科			18046.31		12030.88												30077.19
91	1季度应付科				90231.57													90231.57
92	4月应付科					18046.31	12030.88											30077.19
93	5月应付科						18046.31	12030.88										30077.19
94	6月应付科							18046.31		12030.88								30077.19
95	2季度应付科								90231.57									90231.57
96	7月应付科									18046.31	12030.88							30077.19
97	8月应付科										18046.31	12030.88						30077.19
98	9月应付科											18046.31		12030.88				30077.19
99	3季度应付科												90231.57					90231.57
100	10月应付科													18046.31	12030.88			30077.19
101	11月应付科														18046.31	12030.88		30077.19
102	12月应付科															18046.31		18046.31
103	4季度应付科																90231.57	90231.57
104	全年合计应付科	30077.19	30077.19	30077.19	90231.57	30077.19	30077.19	30077.19	90231.57	30077.19	30077.19	30077.19	90231.57	30077.19	30077.19	30077.19	90231.57	360926.28
105	期末应付账款																	12030.88

（预计现金支出计算表（元）。注：假设上月采购的货物款与本年年初一致，应付供应商的付款期30天）

图6-7　2014年牛肉香精分月的直接材料预算（续）

	A	B	C	D	E	F	G
1			2015年牛肉香精直接材料预算				
2		项目	1季度	2季度	3季度	4季度	全年合计
3		预计生产量	9.80	10.50	10.50	9.75	40.55
4		材料耗用量					
5		牛肉	2.21	2.37	2.37	2.20	9.14
6		精盐	3.84	4.12	4.12	3.82	15.90
7		味精	1.44	1.54	1.54	1.43	5.96
8		香基	0.14	0.15	0.15	0.14	0.60
9		干燥剂	0.67	0.72	0.72	0.67	2.78
10		酵母提取物	0.14	0.15	0.15	0.14	0.60
11		淀粉	3.55	3.81	3.81	3.54	14.70
12		纸箱	0.96	1.03	1.03	0.96	3.97
13		包装袋	0.96	1.03	1.03	0.96	3.97
14		加：期末存量					
15		牛肉	0.16	0.16	0.15	0.15	0.15
16		精盐	0.27	0.27	0.25	0.25	0.25
17		味精	0.10	0.10	0.10	0.10	0.10
18		香基	0.01	0.01	0.01	0.01	0.01
19		干燥剂	0.05	0.05	0.04	0.04	0.04
20		酵母提取物	0.01	0.01	0.01	0.01	0.01
21		淀粉	0.25	0.25	0.24	0.24	0.24
22		纸箱	0.07	0.07	0.06	0.06	0.06
23		包装袋	0.07	0.07	0.06	0.06	0.06
24		合计/吨					
25		牛肉	2.37	2.52	2.51	2.34	
26		精盐	4.12	4.39	4.37	4.08	
27		味精	1.54	1.65	1.64	1.53	
28		香基	0.15	0.16	0.16	0.15	
29		干燥剂	0.72	0.77	0.76	0.71	
30		酵母提取物	0.15	0.16	0.16	0.15	
31		淀粉	3.81	4.06	4.04	3.77	
32		纸箱	1.03	1.10	1.09	1.02	
32		包装袋	1.03	1.10	1.09	1.02	
33		包装袋	1.03	1.10	1.09	1.02	
34		减：期初存量					
35		牛肉	0.14	0.16	0.16	0.15	0.14
36		精盐	0.24	0.27	0.27	0.25	0.24
37		味精	0.09	0.10	0.10	0.10	0.09
38		香基	0.01	0.01	0.01	0.01	0.01
39		干燥剂	0.04	0.05	0.05	0.04	0.04
40		酵母提取物	0.01	0.01	0.01	0.01	0.01
41		淀粉	0.22	0.25	0.25	0.24	0.22
42		纸箱	0.06	0.07	0.07	0.06	0.06
43		包装袋	0.06	0.07	0.07	0.06	0.06
44		预计采购量					
45		牛肉	2.23	2.37	2.36	2.20	9.15
46		精盐	3.88	4.12	4.10	3.82	15.91
47		味精	1.45	1.54	1.54	1.43	5.97
48		香基	0.15	0.15	0.15	0.14	0.60
49		干燥剂	0.68	0.72	0.72	0.67	2.78
50		酵母提取物	0.15	0.15	0.15	0.14	0.60
51		淀粉	3.59	3.81	3.79	3.54	14.72
52		纸箱	0.97	1.03	1.02	0.96	3.98
53		包装袋	0.97	1.03	1.02	0.96	3.98
54		单价（元/吨）					
55		牛肉	19,950.00	19,950.00	19,950.00	19,950.00	19,950.00
56		精盐	892.50	892.50	892.50	892.50	892.50
57		味精	8,925.00	8,925.00	8,925.00	8,925.00	8,925.00
58		香基	37,800.00	37,800.00	37,800.00	37,800.00	37,800.00
59		干燥剂	7,140.00	7,140.00	7,140.00	7,140.00	7,140.00
60		酵母提取物	22,680.00	22,680.00	22,680.00	22,680.00	22,680.00
61		淀粉	2,310.00	2,310.00	2,310.00	2,310.00	2,310.00
62		纸箱	3,150.00	3,150.00	3,150.00	3,150.00	3,150.00
63		包装袋	1,365.00	1,365.00	1,365.00	1,365.00	1,365.00
64		耗用成本（元）					
65		牛肉	43936.85	47,215.67	47,215.67	43,852.11	182,220.29
66		精盐	3418.43	3,673.53	3,673.53	3,411.83	14,177.32
67		味精	12819.11	13,775.74	13,775.74	12,794.38	53,164.96
68		香基	5429.27	5,834.43	5,834.43	5,418.80	22,516.92
69		干燥剂	4785.80	5,142.94	5,142.94	4,776.57	19,848.25
70		酵母提取物	3257.56	3,500.66	3,500.66	3,251.28	13,510.15
71		淀粉	8184.12	8,794.86	8,794.86	8,168.33	33,942.18
72		纸箱	3016.26	3,241.35	3,241.35	3,010.44	12,509.40
73		包装袋	1307.05	1,404.59	1,404.59	1,304.53	5,420.74
74		耗用总成本	86,154.44	92,583.76	92,583.76	85,988.27	357,310.23
75		采购金额(元)					
76		牛肉	44,462.57	47,215.67	46,991.43	43,852.11	182,521.77
77		精盐	3,459.33	3,673.53	3,656.08	3,411.83	14,200.78
78		味精	12,972.49	13,775.74	13,710.31	12,794.38	53,252.92
79		香基	5,494.23	5,834.43	5,806.72	5,418.80	22,554.18
80		干燥剂	4,843.06	5,142.94	5,118.52	4,776.57	19,881.09
81		酵母提取物	3,296.54	3,500.66	3,484.03	3,251.28	13,532.51
82		淀粉	8,282.04	8,794.86	8,753.09	8,168.33	33,998.33
83		纸箱	3,052.35	3,241.35	3,225.96	3,010.44	12,530.10
84		包装袋	1,322.69	1,404.59	1,397.91	1,304.53	5,429.71
85		采购成本(元)	87,185.29	92,583.76	92,144.06	85,988.27	357,901.38
86		应交增值税——进项税额	14,821.50	15,739.24	15,664.49	14,618.01	60,843.23
87		期初应付账款	12,030.88				12,030.88
88	预计现金支出计算表	第一季度购料	61,204.07	40,802.72			102,006.79
89		第二季度购料		64,993.80	43,329.20		108,323.00
90		第三季度购料			64,685.13	43,123.42	107,808.55
91		第四季度购料				60,363.77	60,363.77
92		现金支出合计	73,234.95	105,796.52	108,014.33	103,487.19	390,532.98
93		期末应付账款					40,242.51

图 6-8 2015年牛肉香精分季度的直接材料预算

项目	1季度	2季度	3季度	4季度	全年合计
2016年牛肉香精直接材料预算					
预计生产量	12.23	14.00	14.50	16.00	56.73
材料耗用量					
牛肉	2.43	2.78	2.88	3.17	11.25
精盐	4.79	5.49	5.68	6.27	22.24
味精	1.80	2.06	2.13	2.35	8.34
香基	0.16	0.18	0.19	0.21	0.73
干燥剂	0.84	0.96	0.99	1.10	3.89
酵母提取物	0.16	0.18	0.19	0.21	0.73
淀粉	4.43	5.08	5.26	5.80	20.57
纸箱	1.20	1.37	1.42	1.57	5.56
包装袋	1.20	1.37	1.42	1.57	5.56
加：期末存量					
牛肉	0.19	0.19	0.21	0.21	0.21
精盐	0.37	0.38	0.42	0.42	0.42
味精	0.14	0.14	0.16	0.16	0.16
香基	0.01	0.01	0.01	0.01	0.01
干燥剂	0.06	0.07	0.07	0.07	0.07
酵母提取物	0.01	0.01	0.01	0.01	0.01
淀粉	0.34	0.35	0.39	0.39	0.39
纸箱	0.09	0.09	0.10	0.10	0.10
包装袋	0.09	0.09	0.10	0.10	0.10
合计/吨					
牛肉	2.61	2.97	3.09	3.39	
精盐	5.16	5.87	6.10	6.69	
味精	1.93	2.20	2.29	2.51	
香基	0.17	0.19	0.20	0.22	
干燥剂	0.90	1.03	1.07	1.17	
酵母提取物	0.17	0.19	0.20	0.22	
淀粉	4.77	5.43	5.64	6.19	
纸箱	1.29	1.47	1.53	1.67	
包装袋	1.29	1.47	1.53	1.67	
减：期初存量					
牛肉	0.15	0.19	0.19	0.21	0.15
精盐	0.25	0.37	0.38	0.42	0.25
味精	0.10	0.14	0.14	0.16	0.10
香基	0.01	0.01	0.01	0.01	0.01
干燥剂	0.04	0.06	0.07	0.07	0.04
酵母提取物	0.01	0.01	0.01	0.01	0.01
淀粉	0.24	0.34	0.35	0.39	0.24
纸箱	0.06	0.09	0.09	0.10	0.06
包装袋	0.06	0.09	0.09	0.10	0.06
预计采购量					
牛肉	2.46	2.78	2.90	3.17	11.32
精盐	4.90	5.50	5.72	6.27	22.40
味精	1.84	2.06	2.15	2.35	8.40
香基	0.16	0.18	0.19	0.21	0.74
干燥剂	0.86	0.96	1.00	1.10	3.92
酵母提取物	0.16	0.18	0.19	0.21	0.74
淀粉	4.54	5.09	5.29	5.80	20.72
纸箱	1.23	1.38	1.43	1.57	5.60
包装袋	1.23	1.38	1.43	1.57	5.60
单价（元/吨）					
牛肉	19,950.00	19,950.00	19,950.00	19,950.00	19,950.00
精盐	892.50	892.50	892.50	892.50	892.50
味精	8,925.00	8,925.00	8,925.00	8,925.00	8,925.00
香基	37,800.00	37,800.00	37,800.00	37,800.00	37,800.00
干燥剂	7,140.00	7,140.00	7,140.00	7,140.00	7,140.00
酵母提取物	22,680.00	22,680.00	22,680.00	22,680.00	22,680.00
淀粉	2,310.00	2,310.00	2,310.00	2,310.00	2,310.00
纸箱	3,150.00	3,150.00	3,150.00	3,150.00	3,150.00
包装袋	1,365.00	1,365.00	1,365.00	1,365.00	1,365.00
耗用成本（元）					
牛肉	48379.78	55,399.71	57,378.27	63,313.96	224,471.73
精盐	4277.39	4,898.04	5,072.97	5,597.76	19,846.16
味精	16040.21	18,367.65	19,023.64	20,991.60	74,423.09
香基	5978.28	6,845.73	7,090.22	7,823.69	27,737.92
干燥剂	5988.34	6,857.26	7,102.16	7,836.86	27,784.62
酵母提取物	3586.97	4,107.44	4,254.13	4,694.22	16,642.75
淀粉	10240.57	11,726.48	12,145.29	13,401.70	47,514.04
纸箱	3774.17	4,321.80	4,476.15	4,939.20	17,511.32
包装袋	1635.47	1,872.78	1,939.67	2,140.32	7,588.24
耗用总成本	99,901.17	114,396.89	118,482.50	130,739.31	463,519.87
采购金额(元)					
牛肉	49,149.62	55,531.62	57,773.99	63,313.96	225,769.18
精盐	4,376.47	4,909.70	5,107.96	5,597.76	19,991.89
味精	16,411.76	18,411.38	19,154.84	20,991.60	74,969.58
香基	6,073.41	6,862.03	7,139.12	7,823.69	27,898.25
干燥剂	6,127.06	6,873.58	7,151.14	7,836.86	27,988.64
酵母提取物	3,644.04	4,117.22	4,283.47	4,694.22	16,738.95
淀粉	10,477.78	11,754.40	12,229.05	13,401.70	47,862.93
纸箱	3,861.59	4,332.09	4,507.02	4,939.20	17,639.90
包装袋	1,673.36	1,877.24	1,953.04	2,140.32	7,643.96
采购成本(元)	101,795.08	114,669.27	119,299.62	130,739.31	466,503.27
应交增值税——进项税额	17,305.16	19,493.78	20,280.93	22,225.68	79,305.56
期初应付账款	40,242.51				40,242.51
预计现金支出计算表 — 第一季度购料	71,460.15	47,640.10			119,100.24
预计现金支出计算表 — 第二季度购料		80,497.83	53,665.22		134,163.04
预计现金支出计算表 — 第三季度购料			83,748.33	55,832.22	139,580.55
预计现金支出计算表 — 第四季度购料				91,778.99	91,778.99
现金支出合计	111,702.66	128,137.92	137,413.55	147,611.21	524,865.34
期末应付账款					61,186.00

图6-9　2016年牛肉香精分季度的直接材料预算

2014鸡肉香精直接材料预算表

项目	1月	2月	3月	第1季度合计	4月	5月	6月	第2季度合计	7月	8月	9月	第3季度合计	10月	11月	12月	第4季度合计	年度合计
预计生产量/吨	4.00	4.00	4.00	12.00	4.00	4.00	4.00	12.00	4.00	4.00	4.00	12.00	4.00	4.00	4.00	12.00	48.00
产品材料耗用量/吨																	
鸡肉	0.92	0.92	0.92	2.76	0.92	0.92	0.92	2.76	0.92	0.92	0.92	2.76	0.92	0.92	0.92	2.76	11.04
精盐	2.00	2.00	2.00	6.00	2.00	2.00	2.00	6.00	2.00	2.00	2.00	6.00	2.00	2.00	2.00	6.00	24.00
味精	0.80	0.80	0.80	2.40	0.80	0.80	0.80	2.40	0.80	0.80	0.80	2.40	0.80	0.80	0.80	2.40	9.60
香基	0.08	0.08	0.08	0.24	0.08	0.08	0.08	0.24	0.08	0.08	0.08	0.24	0.08	0.08	0.08	0.24	0.96
干燥剂	0.40	0.40	0.40	1.20	0.40	0.40	0.40	1.20	0.40	0.40	0.40	1.20	0.40	0.40	0.40	1.20	4.80
酵母提取物	0.04	0.04	0.04	0.12	0.04	0.04	0.04	0.12	0.04	0.04	0.04	0.12	0.04	0.04	0.04	0.12	0.48
淀粉	1.60	1.60	1.60	4.80	1.60	1.60	1.60	4.80	1.60	1.60	1.60	4.80	1.60	1.60	1.60	4.80	19.20
纸箱	0.40	0.40	0.40	1.20	0.40	0.40	0.40	1.20	0.40	0.40	0.40	1.20	0.40	0.40	0.40	1.20	4.80
包装袋	0.40	0.40	0.40	1.20	0.40	0.40	0.40	1.20	0.40	0.40	0.40	1.20	0.40	0.40	0.40	1.20	4.80
加：预计期末材料存量/吨																	
鸡肉	0.18	0.18	0.18	0.18	0.18	0.18	0.18	0.18	0.18	0.18	0.18	0.18	0.18	0.18	0.18	0.18	0.18
精盐	0.40	0.40	0.40	0.40	0.40	0.40	0.40	0.40	0.40	0.40	0.40	0.40	0.40	0.40	0.40	0.40	0.40
味精	0.16	0.16	0.16	0.16	0.16	0.16	0.16	0.16	0.16	0.16	0.16	0.16	0.16	0.16	0.16	0.16	0.16
香基	0.02	0.02	0.02	0.02	0.02	0.02	0.02	0.02	0.02	0.02	0.02	0.02	0.02	0.02	0.02	0.02	0.02
干燥剂	0.08	0.08	0.08	0.08	0.08	0.08	0.08	0.08	0.08	0.08	0.08	0.08	0.08	0.08	0.08	0.08	0.08
酵母提取物	0.01	0.01	0.01	0.01	0.01	0.01	0.01	0.01	0.01	0.01	0.01	0.01	0.01	0.01	0.01	0.01	0.01
淀粉	0.32	0.32	0.32	0.32	0.32	0.32	0.32	0.32	0.32	0.32	0.32	0.32	0.32	0.32	0.32	0.32	0.32
纸箱	0.08	0.08	0.08	0.08	0.08	0.08	0.08	0.08	0.08	0.08	0.08	0.08	0.08	0.08	0.08	0.08	0.08
包装袋	0.08	0.08	0.08	0.08	0.08	0.08	0.08	0.08	0.08	0.08	0.08	0.08	0.08	0.08	0.08	0.08	0.08
合计																	
鸡肉	1.10	1.10	1.10		1.10	1.10	1.10		1.10	1.10	1.10		1.10	1.10	1.10		
精盐	2.40	2.40	2.40		2.40	2.40	2.40		2.40	2.40	2.40		2.40	2.40	2.40		
味精	0.96	0.96	0.96		0.96	0.96	0.96		0.96	0.96	0.96		0.96	0.96	0.96		
香基	0.10	0.10	0.10		0.10	0.10	0.10		0.10	0.10	0.10		0.10	0.10	0.10		
干燥剂	0.48	0.48	0.48		0.48	0.48	0.48		0.48	0.48	0.48		0.48	0.48	0.48		
酵母提取物	0.05	0.05	0.05		0.05	0.05	0.05		0.05	0.05	0.05		0.05	0.05	0.05		
淀粉	1.92	1.92	1.92		1.92	1.92	1.92		1.92	1.92	1.92		1.92	1.92	1.92		
纸箱	0.48	0.48	0.48		0.48	0.48	0.48		0.48	0.48	0.48		0.48	0.48	0.48		
包装袋	0.48	0.48	0.48		0.48	0.48	0.48		0.48	0.48	0.48		0.48	0.48	0.48		
减：预计期初材料存量/吨																	
鸡肉	0.18	0.18	0.18	0.18	0.18	0.18	0.18	0.18	0.18	0.18	0.18	0.18	0.18	0.18	0.18	0.18	0.18
精盐	0.40	0.40	0.40	0.40	0.40	0.40	0.40	0.40	0.40	0.40	0.40	0.40	0.40	0.40	0.40	0.40	0.40
味精	0.16	0.16	0.16	0.16	0.16	0.16	0.16	0.16	0.16	0.16	0.16	0.16	0.16	0.16	0.16	0.16	0.16
香基	0.02	0.02	0.02	0.02	0.02	0.02	0.02	0.02	0.02	0.02	0.02	0.02	0.02	0.02	0.02	0.02	0.02
干燥剂	0.08	0.08	0.08	0.08	0.08	0.08	0.08	0.08	0.08	0.08	0.08	0.08	0.08	0.08	0.08	0.08	0.08
酵母提取物	0.01	0.01	0.01	0.01	0.01	0.01	0.01	0.01	0.01	0.01	0.01	0.01	0.01	0.01	0.01	0.01	0.01
淀粉	0.32	0.32	0.32	0.32	0.32	0.32	0.32	0.32	0.32	0.32	0.32	0.32	0.32	0.32	0.32	0.32	0.32
纸箱	0.08	0.08	0.08	0.08	0.08	0.08	0.08	0.08	0.08	0.08	0.08	0.08	0.08	0.08	0.08	0.08	0.08
包装袋	0.08	0.08	0.08	0.08	0.08	0.08	0.08	0.08	0.08	0.08	0.08	0.08	0.08	0.08	0.08	0.08	0.08
预计材料采购量/吨																	
鸡肉	0.92	0.92	0.92	2.76	0.92	0.92	0.92	2.76	0.92	0.92	0.92	2.76	0.92	0.92	0.92	2.76	11.04
精盐	2.00	2.00	2.00	6.00	2.00	2.00	2.00	6.00	2.00	2.00	2.00	6.00	2.00	2.00	2.00	6.00	24.00
味精	0.80	0.80	0.80	2.40	0.80	0.80	0.80	2.40	0.80	0.80	0.80	2.40	0.80	0.80	0.80	2.40	9.60
香基	0.08	0.08	0.08	0.24	0.08	0.08	0.08	0.24	0.08	0.08	0.08	0.24	0.08	0.08	0.08	0.24	0.96
干燥剂	0.40	0.40	0.40	1.20	0.40	0.40	0.40	1.20	0.40	0.40	0.40	1.20	0.40	0.40	0.40	1.20	4.80
酵母提取物	0.04	0.04	0.04	0.12	0.04	0.04	0.04	0.12	0.04	0.04	0.04	0.12	0.04	0.04	0.04	0.12	0.48
淀粉	1.60	1.60	1.60	4.80	1.60	1.60	1.60	4.80	1.60	1.60	1.60	4.80	1.60	1.60	1.60	4.80	19.20
纸箱	0.40	0.40	0.40	1.20	0.40	0.40	0.40	1.20	0.40	0.40	0.40	1.20	0.40	0.40	0.40	1.20	4.80
包装袋	0.40	0.40	0.40	1.20	0.40	0.40	0.40	1.20	0.40	0.40	0.40	1.20	0.40	0.40	0.40	1.20	4.80

图6-10　2014年鸡肉香精分季度的直接材料预算

项目	第1月	第2月	第3月	第1季度	第4月	第5月	第6月	第2季度	第7月	第8月	第9月	第3季度	第10月	第11月	第12月	第4季度	合计
单价（元/吨）																	
鸡肉	16000.00	16000.00	16000.00	16000.00	16000.00	16000.00	16000.00	16000.00	16000.00	16000.00	16000.00	16000.00	16000.00	16000.00	16000.00	16000.00	16000.00
精盐	850.00	850.00	850.00	850.00	850.00	850.00	850.00	850.00	850.00	850.00	850.00	850.00	850.00	850.00	850.00	850.00	850.00
味精	8500.00	8500.00	8500.00	8500.00	8500.00	8500.00	8500.00	8500.00	8500.00	8500.00	8500.00	8500.00	8500.00	8500.00	8500.00	8500.00	8500.00
香基	36000.00	36000.00	36000.00	36000.00	36000.00	36000.00	36000.00	36000.00	36000.00	36000.00	36000.00	36000.00	36000.00	36000.00	36000.00	36000.00	36000.00
干燥剂	6800.00	6800.00	6800.00	6800.00	6800.00	6800.00	6800.00	6800.00	6800.00	6800.00	6800.00	6800.00	6800.00	6800.00	6800.00	6800.00	6800.00
酵母提取物	21600.00	21600.00	21600.00	21600.00	21600.00	21600.00	21600.00	21600.00	21600.00	21600.00	21600.00	21600.00	21600.00	21600.00	21600.00	21600.00	21600.00
淀粉	2200.00	2200.00	2200.00	2200.00	2200.00	2200.00	2200.00	2200.00	2200.00	2200.00	2200.00	2200.00	2200.00	2200.00	2200.00	2200.00	2200.00
纸箱	3000.00	3000.00	3000.00	3000.00	3000.00	3000.00	3000.00	3000.00	3000.00	3000.00	3000.00	3000.00	3000.00	3000.00	3000.00	3000.00	3000.00
包装袋	1300.00	1300.00	1300.00	1300.00	1300.00	1300.00	1300.00	1300.00	1300.00	1300.00	1300.00	1300.00	1300.00	1300.00	1300.00	1300.00	1300.00
预计采购金额/元																	
鸡肉	14720.00	14720.00	14720.00	44160.00	14720.00	14720.00	14720.00	44160.00	14720.00	14720.00	14720.00	44160.00	14720.00	14720.00	14720.00	44160.00	176640.00
精盐	1700.00	1700.00	1700.00	5100.00	1700.00	1700.00	1700.00	5100.00	1700.00	1700.00	1700.00	5100.00	1700.00	1700.00	1700.00	5100.00	20400.00
味精	6800.00	6800.00	6800.00	20400.00	6800.00	6800.00	6800.00	20400.00	6800.00	6800.00	6800.00	20400.00	6800.00	6800.00	6800.00	20400.00	81600.00
香基	2880.00	2880.00	2880.00	8640.00	2880.00	2880.00	2880.00	8640.00	2880.00	2880.00	2880.00	8640.00	2880.00	2880.00	2880.00	8640.00	34560.00
干燥剂	2720.00	2720.00	2720.00	8160.00	2720.00	2720.00	2720.00	8160.00	2720.00	2720.00	2720.00	8160.00	2720.00	2720.00	2720.00	8160.00	32640.00
酵母提取物	864.00	864.00	864.00	2592.00	864.00	864.00	864.00	2592.00	864.00	864.00	864.00	2592.00	864.00	864.00	864.00	2592.00	10368.00
淀粉	3520.00	3520.00	3520.00	10560.00	3520.00	3520.00	3520.00	10560.00	3520.00	3520.00	3520.00	10560.00	3520.00	3520.00	3520.00	10560.00	42240.00
纸箱	1200.00	1200.00	1200.00	3600.00	1200.00	1200.00	1200.00	3600.00	1200.00	1200.00	1200.00	3600.00	1200.00	1200.00	1200.00	3600.00	14400.00
包装袋	520.00	520.00	520.00	1560.00	520.00	520.00	520.00	1560.00	520.00	520.00	520.00	1560.00	520.00	520.00	520.00	1560.00	6240.00
预计采购金额合计/元	34924.00	34924.00	34924.00	104772.00	34924.00	34924.00	34924.00	104772.00	34924.00	34924.00	34924.00	104772.00	34924.00	34924.00	34924.00	104772.00	419088.00
预计耗用材料成本/元																	
鸡肉	14720.00	14720.00	14720.00	44160.00	14720.00	14720.00	14720.00	44160.00	14720.00	14720.00	14720.00	44160.00	14720.00	14720.00	14720.00	44160.00	176640.00
精盐	1700.00	1700.00	1700.00	5100.00	1700.00	1700.00	1700.00	5100.00	1700.00	1700.00	1700.00	5100.00	1700.00	1700.00	1700.00	5100.00	20400.00
味精	6800.00	6800.00	6800.00	20400.00	6800.00	6800.00	6800.00	20400.00	6800.00	6800.00	6800.00	20400.00	6800.00	6800.00	6800.00	20400.00	81600.00
香基	2880.00	2880.00	2880.00	8640.00	2880.00	2880.00	2880.00	8640.00	2880.00	2880.00	2880.00	8640.00	2880.00	2880.00	2880.00	8640.00	34560.00
干燥剂	2720.00	2720.00	2720.00	8160.00	2720.00	2720.00	2720.00	8160.00	2720.00	2720.00	2720.00	8160.00	2720.00	2720.00	2720.00	8160.00	32640.00
酵母提取物	864.00	864.00	864.00	2592.00	864.00	864.00	864.00	2592.00	864.00	864.00	864.00	2592.00	864.00	864.00	864.00	2592.00	10368.00
淀粉	3520.00	3520.00	3520.00	10560.00	3520.00	3520.00	3520.00	10560.00	3520.00	3520.00	3520.00	10560.00	3520.00	3520.00	3520.00	10560.00	42240.00
纸箱	1200.00	1200.00	1200.00	3600.00	1200.00	1200.00	1200.00	3600.00	1200.00	1200.00	1200.00	3600.00	1200.00	1200.00	1200.00	3600.00	14400.00
包装袋	520.00	520.00	520.00	1560.00	520.00	520.00	520.00	1560.00	520.00	520.00	520.00	1560.00	520.00	520.00	520.00	1560.00	6240.00
各种材料采购成本总额/元	34924.00	34924.00	34924.00	104772.00	34924.00	34924.00	34924.00	104772.00	34924.00	34924.00	34924.00	104772.00	34924.00	34924.00	34924.00	104772.00	419088.00
应交增值税——进项税额	5937.08	5937.08	5937.08	17811.24	5937.08	5937.08	5937.08	17811.24	5937.08	5937.08	5937.08	17811.24	5937.08	5937.08	5937.08	17811.24	71244.96
预计现金支出（元）																	
第1月应付账款	16344.43																
第2月应付账款	24516.65	16344.43															
第3月应付账款		24516.65	16344.43														
第1季度应付账款			24516.65	122583.24													
第4月应付账款					16344.43												
第5月应付账款					24516.65	16344.43											
第6月应付账款						24516.65	16344.43										
第2季度应付账款							24516.65	122583.24									
第7月应付账款									16344.43								
第8月应付账款									24516.65	16344.43							
第9月应付账款										24516.65	16344.43						
第3季度应付账款											24516.65	122583.24					
第10月应付账款													16344.43				
第11月应付账款													24516.65	16344.43			
第12月应付账款														24516.65	16344.43		
第4季度应付账款															24516.65	122583.24	
现金支出合计	40861.08	40861.08	40861.08	122583.24	40861.08	40861.08	40861.08	122583.24	40861.08	40861.08	40861.08	122583.24	40861.08	40861.08	40861.08	122583.24	490332.96
期末应付账款																	16344.43

图6-10 2014年鸡肉香精分季度的直接材料预算（续）

	A	B	C	D	E	F	G
1			2015年鸡肉香精直接材料预算				
2		项目	1季度	2季度	3季度	4季度	全年合计
3		预计生产量	13.80	13.80	13.80	13.80	55.20
4		材料耗用量					
5		鸡肉	3.11	3.11	3.11	3.11	12.44
6		精盐	6.76	6.76	6.76	6.76	27.05
7		味精	2.70	2.70	2.70	2.70	10.82
8		香基	0.27	0.27	0.27	0.27	1.08
9		干燥剂	1.35	1.35	1.35	1.35	5.41
10		酵母提取物	0.14	0.14	0.14	0.14	0.54
11		淀粉	5.41	5.41	5.41	5.41	21.64
12		纸箱	1.35	1.35	1.35	1.35	5.41
13		包装袋	1.35	1.35	1.35	1.35	5.41
14		加：期末存量					
15		鸡肉	0.21	0.21	0.21	0.21	0.21
16		精盐	0.45	0.45	0.45	0.45	0.45
17		味精	0.18	0.18	0.18	0.18	0.18
18		香基	0.02	0.02	0.02	0.02	0.02
19		干燥剂	0.09	0.09	0.09	0.09	0.09
20		酵母提取物	0.01	0.01	0.01	0.01	0.01
21		淀粉	0.36	0.36	0.36	0.36	0.36
22		纸箱	0.09	0.09	0.09	0.09	0.09
23		包装袋	0.09	0.09	0.09	0.09	0.09
24		合计/吨					
25		鸡肉	3.32	3.32	3.32	3.32	
26		精盐	7.21	7.21	7.21	7.21	
27		味精	2.89	2.89	2.89	2.89	
28		香基	0.29	0.29	0.29	0.29	
29		干燥剂	1.44	1.44	1.44	1.44	
30		酵母提取物	0.14	0.14	0.14	0.14	
31		淀粉	5.77	5.77	5.77	5.77	
32		纸箱	1.44	1.44	1.44	1.44	
33		包装袋	1.44	1.44	1.44	1.44	
34		减：期初存量					
35		鸡肉	0.18	0.21	0.21	0.21	0.18
36		精盐	0.40	0.45	0.45	0.45	0.40
37		味精	0.16	0.18	0.18	0.18	0.16
38		香基	0.02	0.02	0.02	0.02	0.02
39		干燥剂	0.08	0.09	0.09	0.09	0.08
40		酵母提取物	0.01	0.01	0.01	0.01	0.01
41		淀粉	0.32	0.36	0.36	0.36	0.32
42		纸箱	0.08	0.09	0.09	0.09	0.08
43		包装袋	0.08	0.09	0.09	0.09	0.08
44		预计采购量					
45		鸡肉	3.13	3.11	3.11	3.11	12.47
46		精盐	6.81	6.76	6.76	6.76	27.10
47		味精	2.73	2.70	2.70	2.70	10.84
48		香基	0.27	0.27	0.27	0.27	1.08
49		干燥剂	1.36	1.35	1.35	1.35	5.42
50		酵母提取物	0.14	0.14	0.14	0.14	0.54
51		淀粉	5.45	5.41	5.41	5.41	21.68
52		纸箱	1.36	1.35	1.35	1.35	5.42
53		包装袋	1.36	1.35	1.35	1.35	5.42
54		单价（元/吨）					
55		鸡肉	16800.00	16800.00	16800.00	16800.00	16800.00
56		精盐	892.50	892.50	892.50	892.50	892.50
57		味精	8925.00	8925.00	8925.00	8925.00	8925.00
58		香基	37800.00	37800.00	37800.00	37800.00	37800.00
59		干燥剂	7140.00	7140.00	7140.00	7140.00	7140.00
60		酵母提取物	22680.00	22680.00	22680.00	22680.00	22680.00
61		淀粉	2310.00	2310.00	2310.00	2310.00	2310.00
62		纸箱	3150.00	3150.00	3150.00	3150.00	3150.00
63		包装袋	1365.00	1365.00	1365.00	1365.00	1365.00
64		耗用成本（元）					
65		鸡肉	52109.54	52256.74	52256.74	52256.74	208879.74
66		精盐	6018.09	6035.09	6035.09	6035.09	24123.34
67		味精	24072.34	24140.34	24140.34	24140.34	96493.36
68		香基	10195.34	10224.14	10224.14	10224.14	40867.78
69		干燥剂	9628.94	9656.14	9656.14	9656.14	38597.34
70		酵母提取物	3058.60	3067.24	3067.24	3067.24	12260.33
71		淀粉	12460.98	12496.18	12496.18	12496.18	49949.50
72		纸箱	4248.06	4260.06	4260.06	4260.06	17028.24
73		包装袋	1840.83	1846.03	1846.03	1846.03	7378.90
74		耗用总成本	123632.71	123981.95	123981.95	123981.95	495578.54
75		采购金额（元）					
76		鸡肉	52649.32	52256.74	52256.74	52256.74	209419.53
77		精盐	6080.42	6035.09	6035.09	6035.09	24185.68
78		味精	24321.70	24140.34	24140.34	24140.34	96742.72
79		香基	10300.95	10224.14	10224.14	10224.14	40973.39
80		干燥剂	9728.68	9656.14	9656.14	9656.14	38697.09
81		酵母提取物	3090.29	3067.24	3067.24	3067.24	12292.02
82		淀粉	12590.05	12496.18	12496.18	12496.18	50078.58
83		纸箱	4292.06	4260.06	4260.06	4260.06	17072.24
84		包装袋	1859.89	1846.03	1846.03	1846.03	7397.97
85		采购成本（元）	124913.37	123981.95	123981.95	123981.95	496859.21
86		应交增值税——进项税额	21235.27	21076.93	21076.93	21076.93	84466.07
87		期初应付账款	16344.43				16344.43
88	预计现	第一季度购料	87689.19				146148.64
89	金支出	第二季度购料		58459.46			
90	计算表	第二季度购料		87035.33	58023.55		145058.88
91		第三季度购料			87035.33	58023.55	145058.88
92		第四季度购料				87035.33	87035.33
93		现金支出合计	104033.62	145494.78	145058.88	145058.88	539646.15
		期末应付账款				58023.55	

图 6-11 2015 年鸡肉香精分季度的直接材料预算

项目	1季度	2季度	3季度	4季度	全年合计
2016年鸡肉香精直接材料预算					
预计生产量	15.49	16.50	18.00	18.00	67.99
材料耗用量					
鸡肉	3.07	3.27	3.57	3.57	13.49
精盐	7.59	8.09	8.82	8.82	33.32
味精	3.04	3.23	3.53	3.53	13.33
香基	0.27	0.28	0.31	0.31	1.17
干燥剂	1.52	1.62	1.76	1.76	6.66
酵母提取物	0.13	0.14	0.16	0.16	0.59
淀粉	6.07	6.47	7.06	7.06	26.65
纸箱	1.52	1.62	1.76	1.76	6.66
包装袋	1.52	1.62	1.76	1.76	6.66
加：期末存量					
鸡肉	0.22	0.24	0.24	0.24	0.24
精盐	0.54	0.59	0.59	0.59	0.59
味精	0.22	0.24	0.24	0.24	0.24
香基	0.02	0.02	0.02	0.02	0.02
干燥剂	0.11	0.12	0.12	0.12	0.12
酵母提取物	0.01	0.01	0.01	0.01	0.01
淀粉	0.43	0.47	0.47	0.47	0.47
纸箱	0.11	0.12	0.12	0.12	0.12
包装袋	0.11	0.12	0.12	0.12	0.12
合计/吨					
鸡肉	3.29	3.51	3.81	3.81	
精盐	8.13	8.67	9.41	9.41	
味精	3.25	3.47	3.76	3.76	
香基	0.29	0.31	0.33	0.33	
干燥剂	1.63	1.73	1.88	1.88	
酵母提取物	0.14	0.15	0.17	0.17	
淀粉	6.50	6.94	7.53	7.53	
纸箱	1.63	1.73	1.88	1.88	
包装袋	1.63	1.73	1.88	1.88	
减：期初存量					
鸡肉	0.21	0.22	0.24	0.24	0.21
精盐	0.45	0.54	0.59	0.59	0.45
味精	0.18	0.22	0.24	0.24	0.18
香基	0.02	0.02	0.02	0.02	0.02
干燥剂	0.09	0.11	0.12	0.12	0.09
酵母提取物	0.01	0.01	0.01	0.01	0.01
淀粉	0.36	0.43	0.47	0.47	0.36
纸箱	0.09	0.11	0.12	0.12	0.09
包装袋	0.09	0.11	0.12	0.12	0.09
预计采购量					
鸡肉	3.08	3.29	3.57	3.57	13.52
精盐	7.68	8.13	8.82	8.82	33.45
味精	3.07	3.25	3.53	3.53	13.38
香基	0.27	0.29	0.31	0.31	1.18
干燥剂	1.54	1.63	1.76	1.76	6.69
酵母提取物	0.13	0.14	0.16	0.16	0.59
淀粉	6.14	6.51	7.06	7.06	26.76
纸箱	1.54	1.63	1.76	1.76	6.69
包装袋	1.54	1.63	1.76	1.76	6.69
单价(元/吨)					
鸡肉	16800.00	16800.00	16800.00	16800.00	16800.00
精盐	892.50	892.50	892.50	892.50	892.50
味精	8925.00	8925.00	8925.00	8925.00	8925.00
香基	37800.00	37800.00	37800.00	37800.00	37800.00
干燥剂	7140.00	7140.00	7140.00	7140.00	7140.00
酵母提取物	22680.00	22680.00	22680.00	22680.00	22680.00
淀粉	2310.00	2310.00	2310.00	2310.00	2310.00
纸箱	3150.00	3150.00	3150.00	3150.00	3150.00
包装袋	1365.00	1365.00	1365.00	1365.00	1365.00
耗用成本(元)					
鸡肉	51617.54	54983.17	59981.64	59981.64	226564.00
精盐	6774.16	7215.86	7871.85	7871.85	29733.73
味精	27096.66	28863.45	31487.40	31487.40	118934.91
香基	10099.08	10757.58	11735.54	11735.54	44327.74
干燥剂	10838.66	11545.38	12594.96	12594.96	47573.96
酵母提取物	3029.73	3227.27	3520.66	3520.66	13298.32
淀粉	14026.50	14941.08	16299.36	16299.36	61566.30
纸箱	4781.76	5093.55	5556.60	5556.60	20988.51
包装袋	2072.10	2207.21	2407.86	2407.86	9095.02
耗用总成本	130336.20	138834.55	151455.88	151455.88	572082.50
采购金额(元)					
鸡肉	51799.30	55316.41	59981.64	59981.64	227079.00
精盐	6852.88	7259.60	7871.85	7871.85	29856.18
味精	27411.53	29038.38	31487.40	31487.40	119424.71
香基	10134.65	10822.78	11735.54	11735.54	44428.50
干燥剂	10964.61	11615.35	12594.96	12594.96	47769.88
酵母提取物	3040.39	3246.83	3520.66	3520.66	13328.55
淀粉	14189.50	15031.63	16299.36	16299.36	61819.85
纸箱	4837.33	5124.42	5556.60	5556.60	21074.95
包装袋	2096.18	2220.58	2407.86	2407.86	9132.48
采购成本(元)	131326.37	139675.97	151455.88	151455.88	573914.09
应交增值税——进项税额	22325.48	23744.92	25747.50	25747.50	97565.40
预计现金支出计算表 期初应付账款	58023.55				58023.55
第一季度购料	92191.11	61460.74			153651.85
第二季度购料		98052.53	65368.36		163420.89
第三季度购料			106322.02	70881.35	177203.37
第四季度购料				106322.02	106322.02
现金支出合计	150214.66	159513.27	171690.38	177203.37	658621.69
期末应付账款					70881.35

图 6-12　2016 年鸡肉香精分季度的直接材料预算

2014猪肉香精直接材料预算

项目	1月	2月	3月	第1季度合计	4月	5月	6月	第2季度合计	7月	8月	9月	第3季度合计	10月	11月	12月	第4季度合计	本年合计
预计生产量/吨	3.00	3.00	3.00	9.00	3.00	3.00	3.00	9.00	3.00	3.00	3.00	9.00	3.00	3.00	3.00	9.00	36.00
单位材料耗用量/吨																	
猪肉	0.72	0.72	0.72	2.16	0.72	0.72	0.72	2.16	0.72	0.72	0.72	2.16	0.72	0.72	0.72	2.16	8.64
精盐	1.20	1.20	1.20	3.60	1.20	1.20	1.20	3.60	1.20	1.20	1.20	3.60	1.20	1.20	1.20	3.60	14.40
味精	0.36	0.36	0.36	1.08	0.36	0.36	0.36	1.08	0.36	0.36	0.36	1.08	0.36	0.36	0.36	1.08	4.32
香基	0.03	0.03	0.03	0.09	0.03	0.03	0.03	0.09	0.03	0.03	0.03	0.09	0.03	0.03	0.03	0.09	0.36
干燥剂	0.18	0.18	0.18	0.54	0.18	0.18	0.18	0.54	0.18	0.18	0.18	0.54	0.18	0.18	0.18	0.54	2.16
酵母提取物	0.06	0.06	0.06	0.18	0.06	0.06	0.06	0.18	0.06	0.06	0.06	0.18	0.06	0.06	0.06	0.18	0.72
泛酸	1.20	1.20	1.20	3.60	1.20	1.20	1.20	3.60	1.20	1.20	1.20	3.60	1.20	1.20	1.20	3.60	14.40
抗精	0.30	0.30	0.30	0.90	0.30	0.30	0.30	0.90	0.30	0.30	0.30	0.90	0.30	0.30	0.30	0.90	3.60
包装袋	0.30	0.30	0.30	0.90	0.30	0.30	0.30	0.90	0.30	0.30	0.30	0.90	0.30	0.30	0.30	0.90	3.60
预计期末材料库存																	
猪肉	0.14	0.14	0.14	0.14	0.14	0.14	0.14	0.14	0.14	0.14	0.14	0.14	0.14	0.14	0.14	0.14	0.14
精盐	0.24	0.24	0.24	0.24	0.24	0.24	0.24	0.24	0.24	0.24	0.24	0.24	0.24	0.24	0.24	0.24	0.24
味精	0.07	0.07	0.07	0.07	0.07	0.07	0.07	0.07	0.07	0.07	0.07	0.07	0.07	0.07	0.07	0.07	0.07
香基	0.04	0.04	0.04	0.04	0.04	0.04	0.04	0.04	0.04	0.04	0.04	0.04	0.04	0.04	0.04	0.04	0.04
干燥剂	0.01	0.01	0.01	0.01	0.01	0.01	0.01	0.01	0.01	0.01	0.01	0.01	0.01	0.01	0.01	0.01	0.01
酵母提取物	0.24	0.24	0.24	0.24	0.24	0.24	0.24	0.24	0.24	0.24	0.24	0.24	0.24	0.24	0.24	0.24	0.24
泛酸	0.06	0.06	0.06	0.06	0.06	0.06	0.06	0.06	0.06	0.06	0.06	0.06	0.06	0.06	0.06	0.06	0.06
抗精	0.06	0.06	0.06	0.06	0.06	0.06	0.06	0.06	0.06	0.06	0.06	0.06	0.06	0.06	0.06	0.06	0.06
合计/吨																	
猪肉	0.86	0.86	0.86	0.86	0.86	0.86	0.86	0.86	0.86	0.86	0.86	0.86	0.86	0.86	0.86		
精盐	1.44	1.44	1.44	1.44	1.44	1.44	1.44	1.44	1.44	1.44	1.44	1.44	1.44	1.44	1.44		
味精	0.43	0.43	0.43	0.43	0.43	0.43	0.43	0.43	0.43	0.43	0.43	0.43	0.43	0.43	0.43		
香基	0.04	0.04	0.04	0.04	0.04	0.04	0.04	0.04	0.04	0.04	0.04	0.04	0.04	0.04	0.04		
干燥剂	0.22	0.22	0.22	0.22	0.22	0.22	0.22	0.22	0.22	0.22	0.22	0.22	0.22	0.22	0.22		
酵母提取物	0.07	0.07	0.07	0.07	0.07	0.07	0.07	0.07	0.07	0.07	0.07	0.07	0.07	0.07	0.07		
泛酸	1.44	1.44	1.44	1.44	1.44	1.44	1.44	1.44	1.44	1.44	1.44	1.44	1.44	1.44	1.44		
抗精	0.36	0.36	0.36	0.36	0.36	0.36	0.36	0.36	0.36	0.36	0.36	0.36	0.36	0.36	0.36		
减：期初材料库存																	
猪肉	0.14	0.14	0.14	0.14	0.14	0.14	0.14	0.14	0.14	0.14	0.14	0.14	0.14	0.14	0.14	0.14	0.14
精盐	0.24	0.24	0.24	0.24	0.24	0.24	0.24	0.24	0.24	0.24	0.24	0.24	0.24	0.24	0.24	0.24	0.24
味精	0.07	0.07	0.07	0.07	0.07	0.07	0.07	0.07	0.07	0.07	0.07	0.07	0.07	0.07	0.07	0.07	0.07
香基	0.01	0.01	0.01	0.01	0.01	0.01	0.01	0.01	0.01	0.01	0.01	0.01	0.01	0.01	0.01	0.01	0.01
干燥剂	0.04	0.04	0.04	0.04	0.04	0.04	0.04	0.04	0.04	0.04	0.04	0.04	0.04	0.04	0.04	0.04	0.04
酵母提取物	0.01	0.01	0.01	0.01	0.01	0.01	0.01	0.01	0.01	0.01	0.01	0.01	0.01	0.01	0.01	0.01	0.01
泛酸	0.24	0.24	0.24	0.24	0.24	0.24	0.24	0.24	0.24	0.24	0.24	0.24	0.24	0.24	0.24	0.24	0.24
抗精	0.06	0.06	0.06	0.06	0.06	0.06	0.06	0.06	0.06	0.06	0.06	0.06	0.06	0.06	0.06	0.06	0.06
材料采购量																	
猪肉	0.72	0.72	0.72	2.16	0.72	0.72	0.72	2.16	0.72	0.72	0.72	2.16	0.72	0.72	0.72	2.16	8.64
精盐	1.20	1.20	1.20	3.60	1.20	1.20	1.20	3.60	1.20	1.20	1.20	3.60	1.20	1.20	1.20	3.60	14.40
味精	0.36	0.36	0.36	1.08	0.36	0.36	0.36	1.08	0.36	0.36	0.36	1.08	0.36	0.36	0.36	1.08	4.32
香基	0.03	0.03	0.03	0.09	0.03	0.03	0.03	0.09	0.03	0.03	0.03	0.09	0.03	0.03	0.03	0.09	0.36
干燥剂	0.18	0.18	0.18	0.54	0.18	0.18	0.18	0.54	0.18	0.18	0.18	0.54	0.18	0.18	0.18	0.54	2.16
酵母提取物	0.06	0.06	0.06	0.18	0.06	0.06	0.06	0.18	0.06	0.06	0.06	0.18	0.06	0.06	0.06	0.18	0.72
泛酸	1.20	1.20	1.20	3.60	1.20	1.20	1.20	3.60	1.20	1.20	1.20	3.60	1.20	1.20	1.20	3.60	14.40
抗精	0.30	0.30	0.30	0.90	0.30	0.30	0.30	0.90	0.30	0.30	0.30	0.90	0.30	0.30	0.30	0.90	3.60
包装袋	0.30	0.30	0.30	0.90	0.30	0.30	0.30	0.90	0.30	0.30	0.30	0.90	0.30	0.30	0.30	0.90	3.60
单价（元/吨）																	
猪肉	18000.00																18000.00

图6-13 2014年猪肉香精分月的直接材料预算

行	A	B	C	D	E	F	G	H	I	J	K	L	M	N	O	P	Q	R	S
56		精盐	850.00	850.00	850.00	850.00	850.00	850.00	850.00	850.00	850.00	850.00	850.00	850.00	850.00	850.00	850.00	850.00	850.00
57		味精	8500.00	8500.00	8500.00	8500.00	8500.00	8500.00	8500.00	8500.00	8500.00	8500.00	8500.00	8500.00	8500.00	8500.00	8500.00	8500.00	8500.00
58		香基	36000.00	36000.00	36000.00	36000.00	36000.00	36000.00	36000.00	36000.00	36000.00	36000.00	36000.00	36000.00	36000.00	36000.00	36000.00	36000.00	36000.00
59		干燥剂	6800.00	6800.00	6800.00	6800.00	6800.00	6800.00	6800.00	6800.00	6800.00	6800.00	6800.00	6800.00	6800.00	6800.00	6800.00	6800.00	6800.00
60		酵母提取物	21600.00	21600.00	21600.00	21600.00	21600.00	21600.00	21600.00	21600.00	21600.00	21600.00	21600.00	21600.00	21600.00	21600.00	21600.00	21600.00	21600.00
61		淀粉	2200.00	2200.00	2200.00	2200.00	2200.00	2200.00	2200.00	2200.00	2200.00	2200.00	2200.00	2200.00	2200.00	2200.00	2200.00	2200.00	2200.00
62		抗结剂	3000.00	3000.00	3000.00	3000.00	3000.00	3000.00	3000.00	3000.00	3000.00	3000.00	3000.00	3000.00	3000.00	3000.00	3000.00	3000.00	3000.00
63		包装袋	1300.00	1300.00	1300.00	1300.00	1300.00	1300.00	1300.00	1300.00	1300.00	1300.00	1300.00	1300.00	1300.00	1300.00	1300.00	1300.00	1300.00
64		耗用材料成本合计																	
65		猪肉	12960.00	12960.00	12960.00	38880.00	12960.00	12960.00	12960.00	38880.00	12960.00	12960.00	12960.00	38880.00	12960.00	12960.00	12960.00	38880.00	155520.00
66		精盐	1020.00	1020.00	1020.00	3060.00	1020.00	1020.00	1020.00	3060.00	1020.00	1020.00	1020.00	3060.00	1020.00	1020.00	1020.00	3060.00	12240.00
67		味精	3060.00	3060.00	3060.00	9180.00	3060.00	3060.00	3060.00	9180.00	3060.00	3060.00	3060.00	9180.00	3060.00	3060.00	3060.00	9180.00	36720.00
68		香基	1080.00	1080.00	1080.00	3240.00	1080.00	1080.00	1080.00	3240.00	1080.00	1080.00	1080.00	3240.00	1080.00	1080.00	1080.00	3240.00	12960.00
69		干燥剂	1224.00	1224.00	1224.00	3672.00	1224.00	1224.00	1224.00	3672.00	1224.00	1224.00	1224.00	3672.00	1224.00	1224.00	1224.00	3672.00	14688.00
70		酵母提取物	1296.00	1296.00	1296.00	3888.00	1296.00	1296.00	1296.00	3888.00	1296.00	1296.00	1296.00	3888.00	1296.00	1296.00	1296.00	3888.00	15552.00
71		淀粉	2640.00	2640.00	2640.00	7920.00	2640.00	2640.00	2640.00	7920.00	2640.00	2640.00	2640.00	7920.00	2640.00	2640.00	2640.00	7920.00	31680.00
72		抗结剂	900.00	900.00	900.00	2700.00	900.00	900.00	900.00	2700.00	900.00	900.00	900.00	2700.00	900.00	900.00	900.00	2700.00	10800.00
73		包装袋	390.00	390.00	390.00	1170.00	390.00	390.00	390.00	1170.00	390.00	390.00	390.00	1170.00	390.00	390.00	390.00	1170.00	4680.00
74		耗用总成本	24570.00	24570.00	24570.00	73710.00	24570.00	24570.00	24570.00	73710.00	24570.00	24570.00	24570.00	73710.00	24570.00	24570.00	24570.00	73710.00	294840.00
75		预计采购金额（元）																	0.00
76		猪肉	12960.00	12960.00	12960.00	38880.00	12960.00	12960.00	12960.00	38880.00	12960.00	12960.00	12960.00	38880.00	12960.00	12960.00	12960.00	38880.00	155520.00
77		精盐	1020.00	1020.00	1020.00	3060.00	1020.00	1020.00	1020.00	3060.00	1020.00	1020.00	1020.00	3060.00	1020.00	1020.00	1020.00	3060.00	12240.00
78		味精	3060.00	3060.00	3060.00	9180.00	3060.00	3060.00	3060.00	9180.00	3060.00	3060.00	3060.00	9180.00	3060.00	3060.00	3060.00	9180.00	36720.00
79		香基	1080.00	1080.00	1080.00	3240.00	1080.00	1080.00	1080.00	3240.00	1080.00	1080.00	1080.00	3240.00	1080.00	1080.00	1080.00	3240.00	12960.00
80		干燥剂	1224.00	1224.00	1224.00	3672.00	1224.00	1224.00	1224.00	3672.00	1224.00	1224.00	1224.00	3672.00	1224.00	1224.00	1224.00	3672.00	14688.00
81		酵母提取物	1296.00	1296.00	1296.00	3888.00	1296.00	1296.00	1296.00	3888.00	1296.00	1296.00	1296.00	3888.00	1296.00	1296.00	1296.00	3888.00	15552.00
82		淀粉	2640.00	2640.00	2640.00	7920.00	2640.00	2640.00	2640.00	7920.00	2640.00	2640.00	2640.00	7920.00	2640.00	2640.00	2640.00	7920.00	31680.00
83		抗结剂	900.00	900.00	900.00	2700.00	900.00	900.00	900.00	2700.00	900.00	900.00	900.00	2700.00	900.00	900.00	900.00	2700.00	10800.00
84		包装袋	390.00	390.00	390.00	1170.00	390.00	390.00	390.00	1170.00	390.00	390.00	390.00	1170.00	390.00	390.00	390.00	1170.00	4680.00
85		抵计采购成本总额	24570.00	24570.00	24570.00	73710.00	24570.00	24570.00	24570.00	73710.00	24570.00	24570.00	24570.00	73710.00	24570.00	24570.00	24570.00	73710.00	294840.00
86		增值税进项税额	4176.90	4176.90	4176.90	12530.70	4176.90	4176.90	4176.90	12530.70	4176.90	4176.90	4176.90	12530.70	4176.90	4176.90	4176.90	12530.70	50122.80
87		期初应付账款	11498.76																
88		第1月应付账款	17248.14	11498.76															
89		第2月应付账款		17248.14	11498.76														
90		第3月应付账款			17248.14		11498.76												
91	预	第1季度应付账款				86240.70													
92	计	第4月应付账款					17248.14	11498.76											
93	现	第5月应付账款						17248.14	11498.76										
94	金	第6月应付账款							17248.14		11498.76								
95	支	第2季度应付账款								86240.70									
96	出	第7月应付账款									17248.14	11498.76							
97	计	第8月应付账款										17248.14	11498.76						
98	算	第9月应付账款											17248.14		11498.76				
99	表	第3季度应付账款												86240.70					
100	（	第10月应付账款													17248.14	11498.76			
101	元	第11月应付账款														17248.14	11498.76		
102	）	第12月应付账款															17248.14		
103		第4季度应付账款																86240.70	
104		现金支出合计	28746.90	28746.90	28746.90	86240.70	28746.90	28746.90	28746.90	86240.70	28746.90	28746.90	28746.90	86240.70	28746.90	28746.90	28746.90	86240.70	344962.80
105		期末应付账款																	11498.76

图6-13 2014年猪肉香精分月的直接材料预算（续）

		2015年猪肉香精直接材料预算				
	项目	1季度	2季度	3季度	4季度	全年合计
	预计生产量	9.80	10.30	10.30	9.74	40.14
	材料耗用量					
	猪肉	2.30	2.42	2.42	2.29	9.44
	精盐	3.84	4.04	4.04	3.82	15.73
	味精	1.15	1.21	1.21	1.15	4.72
	香基	0.10	0.10	0.10	0.10	0.39
	干燥剂	0.58	0.61	0.61	0.57	2.36
	酵母提取物	0.19	0.20	0.20	0.19	0.79
	淀粉	3.84	4.04	4.04	3.82	15.73
	纸箱	0.96	1.01	1.01	0.95	3.93
	包装袋	0.96	1.01	1.01	0.95	3.93
	加：期末存量					
	猪肉	0.16	0.16	0.15	0.15	0.15
	精盐	0.27	0.27	0.25	0.25	0.25
	味精	0.08	0.08	0.08	0.08	0.08
	香基	0.01	0.01	0.01	0.01	0.01
	干燥剂	0.04	0.04	0.04	0.04	0.04
	酵母提取物	0.01	0.01	0.01	0.01	0.01
	淀粉	0.27	0.27	0.25	0.25	0.25
	纸箱	0.07	0.07	0.06	0.06	0.06
	包装袋	0.07	0.07	0.06	0.06	0.06
	合计/吨					
	猪肉	2.47	2.58	2.58	2.44	
	精盐	4.11	4.31	4.29	4.07	
	味精	1.23	1.29	1.29	1.22	
	香基	0.10	0.11	0.11	0.10	
	干燥剂	0.62	0.65	0.64	0.61	
	酵母提取物	0.21	0.22	0.21	0.20	
	淀粉	4.11	4.31	4.29	4.07	
	纸箱	1.03	1.08	1.07	1.02	
	包装袋	1.03	1.08	1.07	1.02	
	减：期初存量					
	猪肉	0.14	0.16	0.16	0.15	0.14
	精盐	0.24	0.27	0.27	0.25	0.24
	味精	0.07	0.08	0.08	0.08	0.07
	香基	0.01	0.01	0.01	0.01	0.01
	干燥剂	0.04	0.04	0.04	0.04	0.04
	酵母提取物	0.01	0.01	0.01	0.01	0.01
	淀粉	0.24	0.27	0.27	0.25	0.24
	纸箱	0.06	0.07	0.07	0.06	0.06
	包装袋	0.06	0.07	0.07	0.06	0.06
	预计采购量					
	猪肉	2.32	2.42	2.41	2.29	9.45
	精盐	3.87	4.04	4.02	3.82	15.75
	味精	1.16	1.21	1.21	1.15	4.72
	香基	0.10	0.10	0.10	0.10	0.39
	干燥剂	0.58	0.61	0.60	0.57	2.36
	酵母提取物	0.19	0.20	0.20	0.19	0.79
	淀粉	3.87	4.04	4.02	3.82	15.75
	纸箱	0.97	1.01	1.01	0.95	3.94
	包装袋	0.97	1.01	1.01	0.95	3.94
	单价（元/吨）					
	猪肉	18,900.00	18,900.00	18,900.00	18,900.00	18,900.00
	精盐	892.50	892.50	892.50	892.50	892.50
	味精	8,925.00	8,925.00	8,925.00	8,925.00	8,925.00
	香基	37,800.00	37,800.00	37,800.00	37,800.00	37,800.00
	干燥剂	7,140.00	7,140.00	7,140.00	7,140.00	7,140.00
	酵母提取物	22,680.00	22,680.00	22,680.00	22,680.00	22,680.00
	淀粉	2,310.00	2,310.00	2,310.00	2,310.00	2,310.00
	纸箱	3,150.00	3,150.00	3,150.00	3,150.00	3,150.00
	包装袋	1,365.00	1,365.00	1,365.00	1,365.00	1,365.00
	耗用成本（元）					
	猪肉	43,434.14	45,786.38	45,786.38	43,297.03	178,303.94
	精盐	3,418.43	3,603.56	3,603.56	3,407.64	14,033.18
	味精	10,255.28	10,810.67	10,810.67	10,222.91	42,099.54
	香基	3,619.51	3,815.53	3,815.53	3,608.09	14,858.66
	干燥剂	4,102.11	4,324.27	4,324.27	4,089.16	16,839.82
	酵母提取物	4,343.41	4,578.64	4,578.64	4,329.70	17,830.39
	淀粉	8,847.70	9,326.86	9,326.86	8,819.76	36,321.17
	纸箱	3,016.26	3,179.61	3,179.61	3,006.74	12,382.22
	包装袋	1,307.05	1,377.83	1,377.83	1,302.92	5,365.63
	耗用总成本	82,343.90	86,803.35	86,803.35	82,083.95	338,034.55
	采购金额（元）					
	猪肉	43,894.57	45,786.38	45,620.43	43,297.03	178,598.41
	精盐	3,454.67	3,603.56	3,590.50	3,407.64	14,056.36
	味精	10,364.00	10,810.67	10,771.49	10,222.91	42,169.07
	香基	3,657.88	3,815.53	3,801.70	3,608.09	14,883.20
	干燥剂	4,145.60	4,324.27	4,308.60	4,089.16	16,867.63
	酵母提取物	4,389.46	4,578.64	4,562.04	4,329.70	17,859.84
	淀粉	8,941.49	9,326.86	9,293.05	8,819.76	36,381.16
	纸箱	3,048.23	3,179.61	3,168.09	3,006.74	12,402.67
	包装袋	1,320.90	1,377.83	1,372.84	1,302.92	5,374.49
	采购成本（元）	83,216.79	86,803.35	86,488.73	82,083.95	338,592.81
	应交增值税——进项税额	14,146.85	14,756.57	14,703.08	13,954.27	57,560.78
	期初应付账款	11,498.76				11,498.76
预计现	第一季度购料	58,418.19	38,945.46			97,363.64
金支出	第二季度购料		60,935.95	40,623.97		101,559.92
计算表	第三季度购料			60,715.09	40,476.72	101,191.81
	第四季度购料				57,622.93	57,622.93
	现金支出合计	69,916.95	99,881.41	101,339.05	98,099.65	369,237.07
	期末应付账款					38,415.29

图 6-14　2015 年猪肉香精分季度的直接材料预算

	2016年猪肉香精直接材料预算				
项目	1季度	2季度	3季度	4季度	全年合计
预计生产量	10.42	13.00	14.00	15.00	52.42
材料耗用量					
猪肉	2.16	2.69	2.90	3.10	10.85
精盐	4.08	5.10	5.49	5.88	20.55
味精	1.23	1.53	1.65	1.76	6.16
香基	0.09	0.11	0.12	0.13	0.45
干燥剂	0.61	0.76	0.82	0.88	3.08
酵母提取物	0.18	0.22	0.24	0.26	0.90
淀粉	4.08	5.10	5.49	5.88	20.55
纸箱	1.02	1.27	1.37	1.47	5.14
包装袋	1.02	1.27	1.37	1.47	5.14
加：期末存量					
猪肉	0.18	0.19	0.21	0.21	0.21
精盐	0.34	0.37	0.39	0.39	0.39
味精	0.10	0.11	0.12	0.12	0.12
香基	0.01	0.01	0.01	0.01	0.01
干燥剂	0.05	0.05	0.06	0.06	0.06
酵母提取物	0.01	0.02	0.02	0.02	0.02
淀粉	0.34	0.37	0.39	0.39	0.39
纸箱	0.08	0.09	0.10	0.10	0.10
包装袋	0.08	0.09	0.10	0.10	0.10
合计/吨					
猪肉	2.34	2.88	3.10	3.31	
精盐	4.42	5.46	5.88	6.27	
味精	1.33	1.64	1.76	1.88	
香基	0.10	0.12	0.13	0.14	
干燥剂	0.66	0.82	0.88	0.94	
酵母提取物	0.19	0.24	0.26	0.28	
淀粉	4.42	5.46	5.88	6.27	
纸箱	1.11	1.37	1.47	1.57	
包装袋	1.11	1.37	1.47	1.57	
减：期初存量					
猪肉	0.15	0.18	0.19	0.21	0.15
精盐	0.25	0.34	0.37	0.39	0.25
味精	0.08	0.10	0.11	0.12	0.08
香基	0.01	0.01	0.01	0.01	0.01
干燥剂	0.04	0.05	0.05	0.06	0.04
酵母提取物	0.01	0.01	0.02	0.02	0.01
淀粉	0.25	0.34	0.37	0.39	0.25
纸箱	0.06	0.08	0.09	0.10	0.06
包装袋	0.06	0.08	0.09	0.10	0.06
预计采购量					
猪肉	2.18	2.70	2.91	3.10	10.90
精盐	4.17	5.12	5.51	5.88	20.69
味精	1.25	1.54	1.65	1.76	6.21
香基	0.09	0.11	0.12	0.13	0.45
干燥剂	0.63	0.77	0.83	0.88	3.10
酵母提取物	0.18	0.23	0.24	0.26	0.91
淀粉	4.17	5.12	5.51	5.88	20.69
纸箱	1.04	1.28	1.38	1.47	5.17
包装袋	1.04	1.28	1.38	1.47	5.17
单价（元/吨）					
猪肉	18,900.00	18,900.00	18,900.00	18,900.00	18,900.00
精盐	892.50	892.50	892.50	892.50	892.50
味精	8,925.00	8,925.00	8,925.00	8,925.00	8,925.00
香基	37,800.00	37,800.00	37,800.00	37,800.00	37,800.00
干燥剂	7,140.00	7,140.00	7,140.00	7,140.00	7,140.00
酵母提取物	22,680.00	22,680.00	22,680.00	22,680.00	22,680.00
淀粉	2,310.00	2,310.00	2,310.00	2,310.00	2,310.00
纸箱	3,150.00	3,150.00	3,150.00	3,150.00	3,150.00
包装袋	1,365.00	1,365.00	1,365.00	1,365.00	1,365.00
耗用成本（元）					
猪肉	40,761.44	50,854.00	54,765.85	58,677.70	205,058.99
精盐	3,645.54	4,548.18	4,898.04	5,247.90	18,339.66
味精	10,936.62	13,644.54	14,694.12	15,743.70	55,018.98
香基	3,396.79	4,237.83	4,563.82	4,889.81	17,088.25
干燥剂	4,374.65	5,457.82	5,877.65	6,297.48	22,007.59
酵母提取物	4,076.14	5,085.40	5,476.58	5,867.77	20,505.90
淀粉	9,435.52	11,771.76	12,677.28	13,582.80	47,467.36
纸箱	3,216.65	4,013.10	4,321.80	4,630.50	16,182.05
包装袋	1,393.88	1,739.01	1,872.58	2,006.55	7,012.22
耗用总成本	81,237.24	101,351.64	109,147.92	116,944.20	408,681.01
采购金额(元)					
猪肉	41,265.24	51,114.79	55,026.64	58,677.70	206,084.37
精盐	3,721.58	4,571.50	4,921.36	5,247.90	18,462.35
味精	11,164.73	13,714.51	14,764.09	15,743.70	55,387.04
香基	3,438.77	4,259.57	4,585.55	4,889.81	17,173.70
干燥剂	4,465.89	5,485.80	5,905.64	6,297.48	22,154.81
酵母提取物	4,126.52	5,111.48	5,502.66	5,867.77	20,608.44
淀粉	9,632.32	11,832.13	12,737.65	13,582.80	47,784.89
纸箱	3,283.74	4,033.68	4,342.38	4,630.50	16,290.30
包装袋	1,422.96	1,747.93	1,881.70	2,006.55	7,059.13
采购成本(元)	82,521.75	101,871.40	109,667.68	116,944.20	411,005.03
应交增值税一一进项税额	14,028.70	17,318.14	18,643.50	19,880.51	69,870.85
预计现金支出计算表　期初应付账款	38,415.29				38,415.29
第一季度购料	57,930.27	38,620.18			96,550.45
第二季度购料		71,513.72	47,675.81		119,189.53
第三季度购料			76,986.71	51,324.47	128,311.18
第四季度购料				82,094.83	82,094.83
现金支出合计	96,345.56	110,133.90	124,662.52	133,419.30	464,561.28
期末应付账款					54,729.89

图 6-15　2016 年猪肉香精分季度的直接材料预算

2014年直接人工成本预算

项目	1月	2月	3月	第1季度合计	4月	5月	6月	第2季度合计	7月	8月	9月	第3季度合计	10月	11月	12月	第4季度合计	本年合计
预计生产量/吨																	
牛肉香精	3	3	3	9	3	3	3	9	3	3	3	9	3	3	3	9	36
鸡肉香精	4	4	4	12	4	4	4	12	4	4	4	12	4	4	4	12	48
猪肉香精	3	3	3	9	3	3	3	9	3	3	3	9	3	3	3	9	36
单位产品工时/（h/吨）																	
牛肉香精	400	400	400	400	400	400	400	400	400	400	400	400	400	400	400	400	400
鸡肉香精	380	380	380	380	380	380	380	380	380	380	380	380	380	380	380	380	380
猪肉香精	375	375	375	375	375	375	375	375	375	375	375	375	375	375	375	375	375
人工总工时/（h/单位）																	
牛肉香精	1,200	1,200	1,200	3,600	1,200	1,200	1,200	3,600	1,200	1,200	1,200	3,600	1,200	1,200	1,200	3,600	14,400
鸡肉香精	1,520	1,520	1,520	4,560	1,520	1,520	1,520	4,560	1,520	1,520	1,520	4,560	1,520	1,520	1,520	4,560	18,240
猪肉香精	1,125	1,125	1,125	3,375	1,125	1,125	1,125	3,375	1,125	1,125	1,125	3,375	1,125	1,125	1,125	3,375	13,500
单位小时人工成本（元/h）																	
牛肉香精	10	10	10	10	10	10	10	10	10	10	10	10	10	10	10	10	10
鸡肉香精	10	10	10	10	10	10	10	10	10	10	10	10	10	10	10	10	10
猪肉香精	10	10	10	10	10	10	10	10	10	10	10	10	10	10	10	10	10
人工总成本/元																	
牛肉香精	12,000	12,000	12,000	36,000	12,000	12,000	12,000	36,000	12,000	12,000	12,000	36,000	12,000	12,000	12,000	36,000	144,000
鸡肉香精	15,200	15,200	15,200	45,600	15,200	15,200	15,200	45,600	15,200	15,200	15,200	45,600	15,200	15,200	15,200	45,600	182,400
猪肉香精	11,250	11,250	11,250	33,750	11,250	11,250	11,250	33,750	11,250	11,250	11,250	33,750	11,250	11,250	11,250	33,750	135,000
合计	38,450	38,450	38,450	115,350	38,450	38,450	38,450	115,350	38,450	38,450	38,450	115,350	38,450	38,450	38,450	115,350	461,400
现金支出合计	38,450	38,450	38,450	115,350	38,450	38,450	38,450	115,350	38,450	38,450	38,450	115,350	38,450	38,450	38,450	115,350	461,400

图 6-16　2014 年三种产品分月的直接人工成本预算

	A	B	C	D	E	F
1			2015年直接人工成本预算			
2	项目	1季度	2季度	3季度	4季度	全年合计
3	预计生产量/吨					
4	牛肉香精	9.8	10.5	10.5	9.752	40.552
5	鸡肉香精	13.8	13.8	13.8	13.8	55.2
6	猪肉香精	9.8	10.3	10.3	9.74	40.14
7	单位产品工时/（h/单位）					
8	牛肉香精	385	385	385	385	385
9	鸡肉香精	375	375	375	375	375
10	猪肉香精	370	370	370	370	370
11	人工总工时/（h/单位）					
12	牛肉香精	3773	4042.5	4042.5	3754.52	15612.52
13	鸡肉香精	5175	5175	5175	5175	20700
14	猪肉香精	3626	3811	3811	3603.8	14851.8
15	每小时人工成本/（元/h）					
16	牛肉香精	11	11	11	11	11
17	鸡肉香精	11	11	11	11	11
18	猪肉香精	11	11	11	11	11
19	人工总成本/元					
20	牛肉香精	41503	44467.5	44467.5	41299.72	171737.72
21	鸡肉香精	56925	56925	56925	56925	227700
22	猪肉香精	39886	41921	41921	39641.8	163369.8
23	合计	138314	143313.5	143313.5	137866.52	562807.52
24	现金支出合计	138314	143313.5	143313.5	137866.52	562807.52

图 6-17　2015 年三种产品分季度的直接人工成本预算

	A	B	C	D	E	F
1			2016年直接人工成本预算			
2	项目	1季度	2季度	3季度	4季度	全年合计
3	预计生产量/吨					
4	牛肉香精	12.226	14	14.5	16	56.726
5	鸡肉香精	15.49	16.5	18	18	67.99
6	猪肉香精	10.42	13	14	15	52.42
7	单位产品工时/（h/单位）					
8	牛肉香精	380	380	380	380	380
9	鸡肉香精	365	365	365	365	365
10	猪肉香精	360	360	360	360	360
11	人工总工时/（h/单位）					
12	牛肉香精	4645.88	5320	5510	6080	21555.88
13	鸡肉香精	5653.85	6022.5	6570	6570	24816.35
14	猪肉香精	3751.2	4680	5040	5400	18871.2
15	每小时人工成本/（元/h）					
16	牛肉香精	12.32	12.32	12.32	12.32	12.32
17	鸡肉香精	12.32	12.32	12.32	12.32	12.32
18	猪肉香精	12.32	12.32	12.32	12.32	12.32
19	人工总成本/元					
20	牛肉香精	57237.2416	65542.4	67883.2	74905.6	265568.4416
21	鸡肉香精	69655.432	74197.2	80942.4	80942.4	305737.432
22	猪肉香精	46214.784	57657.6	62092.8	66528	232493.184
23	合计	173107.4576	197397.2	210918.4	222376	803799.0576
24	现金支出合计	173107.4576	197397.2	210918.4	222376	803799.0576

图 6-18　2016 年三种产品分季度的直接人工成本预算

有关项目的计算公式如下：

折旧费＝生产车间固定资产折旧＋辅助车间固定资产折旧

间接材料变动制造费用分配率＝变动制造费用小计/三种产品人工总工时

固定制造费用分配率＝固定制造费用小计/三种产品人工总工时

为满足发展需要，公司预计 2015 年 12 月购置机械设备 800 000 元，重新计算固定资产折旧如表 6-7 所示。

表 6-7 固定资产折旧计算表 单位：元

使用部门及固定资产类别		原值	折旧					
			年限/年	年折旧率/%	月折旧率/%	已折旧额	月折旧额	年折旧额
生产车间	房屋	750 000	20	4.75	0.40	106 875.00	2 968.75	35 625.00
	机械设备	1 000 000	15	6.33	0.53	190 000.00	5 277.78	63 333.33
	机械设备	800 000	15	6.33	0.53	—	4 222.22	50 666.67
	小计	2 550 000				296 875.00	12 468.75	149 625.00
辅助车间	房屋	260 000	20	4.75	0.40	37 050.00	1 029.17	12 350.00
	机械设备	280 000	15	6.33	0.53	53 200.00	1 477.78	17 733.33
	小计	540 000				90 250.00	2 506.94	30 083.33
管理部门	房屋	350 000	20	4.75	0.40	49 875.00	1 385.42	16 625.00
	办公设备	150 000	8	11.88	0.99	53 437.50	1 484.38	17 812.50
	运输设备	210 000	8	11.88	0.99	74 812.50	2 078.13	24 937.50
	小计	710 000				178 125.00	4 947.92	59 375.00
总计		3 800 000				565 250.00	19 923.61	239 083.33

（6）编制产品成本预算

产品成本预算是生产预算、直接材料预算、直接人工预算、制造费用预算的汇总。其中，直接材料、直接人工、制造费用数据分别来自直接材料、直接人工、制造费用预算；单位成本根据总成本和生产预算的预计产品产量计算；销货成本根据单位成本和销售预算的预计产品销量计算；期末存货成本根据单位成本和生产预算的预计期末存货量计算。

在该公司牛肉香精、鸡肉香精、猪肉香精三种产品 2014～2016 年销售预算、生产预算、直接材料预算、直接人工预算、制造费用预算的基础上，可编制 2014 年分月和 2015 年、2016 年分季度的产品成本预算分别如图 6-22～图 6-24 所示。

假设 2014 年期初存货单位成本与本年预计单位成本一致，且三种产品在期末全部完工入库，无在产品。

有关项目的计算公式如下：

总成本＝直接材料成本＋直接人工成本＋变动制造费用＋固定制造费用

单位成本＝总成本/预计产品产量

销货成本＝上期期末存货成本＋单位成本×（预计产品销量－上期期末存货量）

期末存货成本＝单位成本×预计期末存货量

（7）编制期间费用预算

期间费用预算可以过去实际开支为基础，按预算期可预见变化调整，目标是提高费用使用效率。

预计 2015 年 12 月 1 日公司为发展需要，需借入长期借款 400 000 用于购买设备，共计 800 000 元，利率 8%，利息按月支付，体现在现金预算表中，为避免重复计算，故而在期间费用预算表计算现金支出费用项目中对该笔利息予以扣除。

根据对以往年度资料的分析，调整编制该公司 2014 年分月和 2015 年、2016 年分季度的期间费用（包括管理人员、销售人员工资）预算分别如图 6-25～图 6-27 所示。

项目	1月	2月	3月	第1季度合计	4月	5月	6月	第2季度合计	7月	8月	9月	第3季度合计	10月	11月	12月	第4季度合计	本年合计
2014年制造费用预算											**单位（元）**						
变动制造费用																	
间接材料	900	900	900	2,700	900	900	900	2,700	900	900	900	2,700	900	900	900	2,700	10,800
间接人工	4,800	4,800	4,800	14,400	4,800	4,800	4,800	14,400	4,800	4,800	4,800	14,400	4,800	4,800	4,800	14,400	57,600
修理费	800	800	800	2,400	800	800	800	2,400	800	800	800	2,400	800	800	800	2,400	9,600
水电费	800	800	800	2,400	800	800	800	2,400	800	800	800	2,400	800	800	800	2,400	9,600
其他	710	710	710	2,130	710	710	710	2,130	710	710	710	2,130	710	710	710	2,130	8,520
小计	8,010	8,010	8,010	24,030	8,010	8,010	8,010	24,030	8,010	8,010	8,010	24,030	8,010	8,010	8,010	24,030	96,120
固定制造费用				0				0				0				0	0
维修费	800	800	800	2,400	800	800	800	2,400	800	800	800	2,400	800	800	800	2,400	9,600
折旧费	10,753	10,753	10,753	32,260	10,753	10,753	10,753	32,260	10,753	10,753	10,753	32,260	10,753	10,753	10,753	32,260	129,042
管理人员工资	9,000	9,000	9,000	27,000	9,000	9,000	9,000	27,000	9,000	9,000	9,000	27,000	9,000	9,000	9,000	27,000	108,000
保险费	620	620	620	1,860	620	620	620	1,860	620	620	620	1,860	620	620	620	1,860	7,440
其他	550	550	550	1,650	550	550	550	1,650	550	550	550	1,650	550	550	550	1,650	6,600
小计	21,723	21,723	21,723	65,170	21,723	21,723	21,723	65,170	21,723	21,723	21,723	65,170	21,723	21,723	21,723	65,170	260,682
合计	29,733	29,733	29,733	89,200	29,733	29,733	29,733	89,200	29,733	29,733	29,733	89,200	29,733	29,733	29,733	89,200	356,802
减：现金支出的费用	10,753	10,753	10,753	32,260	10,753	10,753	10,753	32,260	10,753	10,753	10,753	32,260	10,753	10,753	10,753	32,260	129,042
固定费用	18,980	18,980	18,980	56,940	18,980	18,980	18,980	56,940	18,980	18,980	18,980	56,940	18,980	18,980	18,980	56,940	227,760
变动费用分配率	2.08	2.08	2.08	2.08	2.08	2.08	2.08	2.08	2.08	2.08	2.08	2.08	2.08	2.08	2.08	2.08	2.08
固定费用分配率	5.65	5.65	5.65	5.65	5.65	5.65	5.65	5.65	5.65	5.65	5.65	5.65	5.65	5.65	5.65	5.65	5.65

图 6-19　2014 年分月的制造费用预算

	A	B	C	D	E	F
1		**2015年制造费用预算**			单位（元）	
2	项目	1季度	2季度	3季度	4季度	全年合计
3	变动制造费用					
4	间接材料	3,200.00	3,200.00	3,200.00	3,500.00	13,100.00
5	间接人工	15,600.00	15,600.00	15,600.00	15,600.00	62,400.00
6	修理费	2,800.00	2,800.00	2,800.00	3,000.00	11,400.00
7	水电费	3,000.00	3,000.00	3,000.00	3,200.00	12,200.00
8	其他	2,200.00	2,200.00	2,200.00	2,200.00	8,800.00
9	小计	26,800.00	26,800.00	26,800.00	27,500.00	107,900.00
10	固定制造费用					
11	维修费	2,800.00	2,800.00	2,800.00	3,000.00	11,400.00
12	折旧费	32,260.42	32,260.42	32,260.42	32,260.42	129,041.67
13	管理人员工资	30,300.00	30,300.00	30,300.00	30,300.00	121,200.00
14	保险费	2,000.00	2,000.00	2,000.00	2,000.00	8,000.00
15	其他	1,800.00	1,800.00	1,800.00	1,800.00	7,200.00
16	小计	69,160.42	69,160.42	69,160.42	69,360.42	276,841.67
17	合计	95,960.42	95,960.42	95,960.42	96,860.42	384,741.67
18	减：折旧	32,260.42	32,260.42	32,260.42	32,260.42	129,041.67
19	现金支出的费用	63,700.00	63,700.00	63,700.00	64,600.00	255,700.00
20						
21	变动制造费用分配率	2.13	2.06	2.06	2.19	2.11
22	固定制造费用分配率	5.50	5.31	5.31	5.53	5.41

图 6-20　2015 年分季度的制造费用预算

	A	B	C	D	E	F
1		**2016年制造费用预算**			单位（元）	
2	项目	1季度	2季度	3季度	4季度	全年合计
3	变动制造费用					
4	间接材料	4,000.00	4,200.00	4,500.00	4,500.00	17,200.00
5	间接人工	27,000.00	27,000.00	27,000.00	27,000.00	108,000.00
6	修理费	3,200.00	3,500.00	3,800.00	3,800.00	14,300.00
7	水电费	3,400.00	3,600.00	3,900.00	3,900.00	14,800.00
8	其他	2,600.00	2,800.00	3,000.00	3,000.00	11,400.00
9	小计	40,200.00	41,100.00	42,200.00	42,200.00	165,700.00
10	固定制造费用					
11	维修费	3,200.00	3,500.00	3,800.00	3,800.00	14,300.00
12	折旧费	44,927.08	44,927.08	44,927.08	44,927.08	179,708.33
13	管理人员工资	34,500.00	34,500.00	34,500.00	34,500.00	138,000.00
14	保险费	2,500.00	2,600.00	2,800.00	2,800.00	10,700.00
15	其他	2,200.00	2,300.00	2,500.00	2,500.00	9,500.00
16	小计	87,327.08	87,827.08	88,527.08	88,527.08	352,208.33
17	合计	127,527.08	128,927.08	130,727.08	130,727.08	517,908.33
18	减：折旧	44,927.08	44,927.08	44,927.08	44,927.08	179,708.33
19	现金支出的费用	82,600.00	84,000.00	85,800.00	85,800.00	338,200.00
20						
21	变动制造费用分配率	2.86	2.57	2.46	2.34	2.54
22	固定制造费用分配率	6.22	5.48	5.17	4.90	5.40

图 6-21　2016 年分季度的制造费用预算

2014年牛肉香菇生产成本预算　单位（元）

项目	1月	2月	3月	第1季度合计	4月	5月	6月	第2季度合计	7月	8月	9月	第3季度合计	10月	11月	12月	第4季度合计	本年合计
直接材料	25,707.00	25,707.00	25,707.00	77,121.00	25,707.00	25,707.00	25,707.00	77,121.00	25,707.00	25,707.00	25,707.00	77,121.00	25,707.00	25,707.00	25,707.00	77,121.00	308,484.00
直接人工成本	12,000.00	12,000.00	12,000.00	36,000.00	12,000.00	12,000.00	12,000.00	36,000.00	12,000.00	12,000.00	12,000.00	36,000.00	12,000.00	12,000.00	12,000.00	36,000.00	144,000.00
变动制造费用	2,499.87	2,499.87	2,499.87	7,499.61	2,499.87	2,499.87	2,499.87	7,499.61	2,499.87	2,499.87	2,499.87	7,499.61	2,499.87	2,499.87	2,499.87	7,499.61	29,998.44
固定制造费用	6,779.76	6,779.76	6,779.76	20,339.27	6,779.76	6,779.76	6,779.76	20,339.27	6,779.76	6,779.76	6,779.76	20,339.27	6,779.76	6,779.76	6,779.76	20,339.27	81,357.09
总成本合计	46,986.63	46,986.63	46,986.63	140,959.88	46,986.63	46,986.63	46,986.63	140,959.88	46,986.63	46,986.63	46,986.63	140,959.88	46,986.63	46,986.63	46,986.63	140,959.88	563,839.53
单位成本	15,662.21	15,662.21	15,662.21	15,662.21	15,662.21	15,662.21	15,662.21	15,662.21	15,662.21	15,662.21	15,662.21	15,662.21	15,662.21	15,662.21	15,662.21	15,662.21	15,662.21
销货成本	46,986.63	46,986.63	51,685.29	145,658.54	46,986.63	46,986.63	46,986.63	140,959.88	42,287.96	43,854.19	46,986.63	133,128.78	48,552.85	50,119.07	51,685.29	150,357.21	570,104.41
期末存货	31,324.42	31,324.42	26,625.76	26,625.76	26,625.76	26,625.76	26,625.76	31,324.42	31,324.42	34,456.86	34,456.86	34,456.86	32,890.64	29,758.20	25,059.53	25,059.53	25,059.53

2014年鸡肉香菇生产成本预算　单位（元）

项目	1月	2月	3月	第1季度合计	4月	5月	6月	第2季度合计	7月	8月	9月	第3季度合计	10月	11月	12月	第4季度合计	本年合计
直接材料	34,924.00	34,924.00	34,924.00	104,772.00	34,924.00	34,924.00	34,924.00	104,772.00	34,924.00	34,924.00	34,924.00	104,772.00	34,924.00	34,924.00	34,924.00	104,772.00	419,088.00
直接人工成本	15,200.00	15,200.00	15,200.00	45,600.00	15,200.00	15,200.00	15,200.00	45,600.00	15,200.00	15,200.00	15,200.00	45,600.00	15,200.00	15,200.00	15,200.00	45,600.00	182,400.00
变动制造费用	3,166.50	3,166.50	3,166.50	9,499.51	3,166.50	3,166.50	3,166.50	9,499.51	3,166.50	3,166.50	3,166.50	9,499.51	3,166.50	3,166.50	3,166.50	9,499.51	37,998.02
固定制造费用	8,587.69	8,587.69	8,587.69	25,763.08	8,587.69	8,587.69	8,587.69	25,763.08	8,587.69	8,587.69	8,587.69	25,763.08	8,587.69	8,587.69	8,587.69	25,763.08	103,052.31
总成本合计	61,878.19	61,878.19	61,878.19	185,634.58	61,878.19	61,878.19	61,878.19	185,634.58	61,878.19	61,878.19	61,878.19	185,634.58	61,878.19	61,878.19	61,878.19	185,634.58	742,538.33
单位成本	15,469.55	15,469.55	15,469.55	15,469.55	15,469.55	15,469.55	15,469.55	15,469.55	15,469.55	15,469.55	15,469.55	15,469.55	15,469.55	15,469.55	15,469.55	15,469.55	15,469.55
销货成本	61,878.19	61,878.19	68,066.01	191,822.40	61,878.19	61,878.19	61,878.19	185,634.58	57,237.33	57,237.33	61,878.19	180,993.72	64,972.10	66,519.06	68,066.01	199,557.18	758,007.88
期末存货	30,939.10	30,939.10	24,751.28	24,751.28	24,751.28	24,751.28	24,751.28	29,392.14	29,392.14	29,392.14	29,392.14	29,392.14	28,298.23	21,657.37	15,469.55	15,469.55	15,469.55

2014年猪肉香菇生产成本预算　单位（元）

项目	1月	2月	3月	第1季度合计	4月	5月	6月	第2季度合计	7月	8月	9月	第3季度合计	10月	11月	12月	第4季度合计	本年合计
直接材料	24,570.00	24,570.00	24,570.00	73,710.00	24,570.00	24,570.00	24,570.00	73,710.00	24,570.00	24,570.00	24,570.00	73,710.00	24,570.00	24,570.00	24,570.00	73,710.00	294,840.00
直接人工成本	11,250.00	11,250.00	11,250.00	33,750.00	11,250.00	11,250.00	11,250.00	33,750.00	11,250.00	11,250.00	11,250.00	33,750.00	11,250.00	11,250.00	11,250.00	33,750.00	135,000.00
变动制造费用	2,343.63	2,343.63	2,343.63	7,030.88	2,343.63	2,343.63	2,343.63	7,030.88	2,343.63	2,343.63	2,343.63	7,030.88	2,343.63	2,343.63	2,343.63	7,030.88	28,123.54
固定制造费用	6,356.02	6,356.02	6,356.02	19,068.07	6,356.02	6,356.02	6,356.02	19,068.07	6,356.02	6,356.02	6,356.02	19,068.07	6,356.02	6,356.02	6,356.02	19,068.07	76,272.27
总成本合计	44,519.65	44,519.65	44,519.65	133,558.95	44,519.65	44,519.65	44,519.65	133,558.95	44,519.65	44,519.65	44,519.65	133,558.95	44,519.65	44,519.65	44,519.65	133,558.95	534,235.81
单位成本	14,839.88	14,839.88	14,839.88	14,839.88	14,839.88	14,839.88	14,839.88	14,839.88	14,839.88	14,839.88	14,839.88	14,839.88	14,839.88	14,839.88	14,839.88	14,839.88	14,839.88
销货成本	44,519.65	44,519.65	47,487.63	136,526.93	44,519.65	44,519.65	44,519.65	133,558.95	41,551.67	38,583.70	44,519.65	124,655.02	45,519.65	47,487.63	47,487.63	139,494.90	534,235.81
期末存货	29,679.77	29,679.77	26,711.79	26,711.79	26,711.79	26,711.79	26,711.79	29,679.77	29,679.77	35,615.72	35,615.72	35,615.72	32,647.74	29,679.77	29,679.77	29,679.77	29,679.77

图6-22　2014年三种产品分月的生产成本预算

	A	B	C	D	E	F
1	2015年牛肉香精生产成本预算			单位（元）		
2	项目	1季度	2季度	3季度	4季度	全年合计
3	直接材料	86154.44	92583.76	92583.76	85988.27	357310.23
4	直接人工成本	41503.00	44467.50	44467.50	41299.72	171737.72
5	变动制造费用	8041.71	8315.54	8315.54	8237.98	32910.77
6	固定制造费用	20752.53	21459.18	21459.18	20777.82	84448.71
7	总成本合计	156451.67	166825.98	166825.98	156303.79	646407.43
8	单位成本	15964.46	15888.19	15888.19	16027.87	15940.21
9	销货成本	165802.18	160227.99	151265.50	171998.66	649284.39
10	期末存货	15709.02	22307.02	37877.44	22182.57	22182.57
11	2015年鸡肉香精生产成本预算			单位（元）		
12	项目	1季度	2季度	3季度	4季度	全年合计
13	直接材料	123632.71	123981.95	123981.95	123981.95	495578.54
14	直接人工成本	56925.00	56925.00	56925.00	56925.00	227700.00
15	变动制造费用	11029.90	10645.12	10645.12	11354.73	43674.88
16	固定制造费用	28463.91	27470.94	27470.94	28638.87	112044.66
17	总成本合计	220051.52	219023.01	219023.01	220900.55	878998.09
18	单位成本	15945.76	15871.23	15871.23	16007.29	15923.88
19	销货成本	222955.80	215272.64	209833.57	233119.58	881181.59
20	期末存货	12565.26	16315.63	25505.07	13286.05	13286.05
21	2015年猪肉香精生产成本预算			单位（元）		
22	项目	1季度	2季度	3季度	4季度	全年合计
23	直接材料	82343.90	86803.35	86803.35	82083.95	338034.55
24	直接人工成本	39886.00	41921.00	41921.00	39641.80	163369.80
25	变动制造费用	7728.39	7839.34	7839.34	7907.28	31314.35
26	固定制造费用	19943.99	20230.29	20230.29	19943.72	80348.29
27	总成本合计	149902.28	156793.98	156793.98	149576.75	613066.99
28	单位成本	15296.15	15222.72	15222.72	15356.96	15273.22
29	销货成本	156699.00	153554.84	143215.32	161327.94	614797.10
30	期末存货	22883.04	26122.18	39700.84	27949.66	27949.66

图 6-23　2015 年三种产品分季度的生产成本预算

	A	B	C	D	E	F
1	2016年牛肉香精生产成本预算			单位（元）		
2	项目	1季度	2季度	3季度	4季度	全年合计
3	直接材料	99901.17	114396.89	118482.50	130739.31	463519.87
4	直接人工成本	57237.24	65542.40	67883.20	74905.60	265568.44
5	变动制造费用	13291.96	13646.56	13581.89	14214.74	54735.15
6	固定制造费用	28874.33	29161.50	28492.07	29819.65	116347.54
7	总成本合计	199304.70	222747.35	228439.66	249679.29	900171.00
8	单位成本	16301.71	15910.52	15754.46	15604.96	15868.76
9	销货成本	187090.67	215617.49	220969.76	281354.16	905032.07
10	期末存货	34396.61	41526.47	48996.37	17321.50	17321.50
11	2016年鸡肉香精生产成本预算			单位（元）		
12	项目	1季度	2季度	3季度	4季度	全年合计
13	直接材料	130336.20	138834.55	151455.88	151455.88	572082.50
14	直接人工成本	69655.43	74197.20	80942.40	80942.40	305737.43
15	变动制造费用	16175.78	15448.57	16194.74	15360.33	63179.43
16	固定制造费用	35138.90	33012.24	33973.30	32222.88	134347.32
17	总成本合计	251306.31	261492.56	282566.32	279981.49	1075346.68
18	单位成本	16223.78	15848.03	15698.13	15554.53	15816.25
19	销货成本	240989.62	261988.55	274915.13	295797.37	1073690.66
20	期末存货	21415.39	20919.41	28570.59	12754.71	12754.71
21	2016年猪肉香精生产成本预算			单位（元）		
22	项目	1季度	2季度	3季度	4季度	全年合计
23	直接材料	81237.24	101351.64	109147.92	116944.20	408681.01
24	直接人工成本	46214.78	57657.60	62092.80	66528.00	232493.18
25	变动制造费用	10732.26	12004.87	12423.36	12624.93	47785.42
26	固定制造费用	23313.86	25653.35	26061.71	26484.56	101513.47
27	总成本合计	161498.14	196667.46	209725.80	222581.69	790473.09
28	单位成本	15498.86	15128.27	14980.41	14838.78	15079.61
29	销货成本	170248.11	189562.86	195002.65	252647.33	807460.95
30	期末存货	19218.59	26323.18	41046.34	10980.70	10980.70

图 6-24　2016 年三种产品分季度的生产成本预算

2014年期间费用预算

单位（元）

项目	1月	2月	3月	1季度	4月	5月	6月	2季度	7月	8月	9月	3季度	10月	11月	12月	4季度	本年合计
销售费用																	
运杂费	1,000.00	1,000.00	1,000.00	3,000.00	1,000.00	1,000.00	1,000.00	3,000.00	1,000.00	1,000.00	1,000.00	3,000.00	1,000.00	1,000.00	1,000.00	3,000.00	12,000.00
广告费	1,500.00	1,500.00	1,500.00	4,500.00	1,500.00	1,500.00	1,500.00	4,500.00	1,500.00	1,500.00	1,500.00	4,500.00	1,500.00	1,500.00	1,500.00	4,500.00	18,000.00
工资	9,500.00	9,500.00	9,500.00	28,500.00	9,500.00	9,500.00	9,500.00	28,500.00	9,500.00	9,500.00	9,500.00	28,500.00	9,500.00	9,500.00	9,500.00	28,500.00	114,000.00
小计	12,000.00	12,000.00	12,000.00	36,000.00	12,000.00	12,000.00	12,000.00	36,000.00	12,000.00	12,000.00	12,000.00	36,000.00	12,000.00	12,000.00	12,000.00	36,000.00	144,000.00
管理费用																	
办公费	1,000.00	1,000.00	1,000.00	3,000.00	1,000.00	1,000.00	1,000.00	3,000.00	1,000.00	1,000.00	1,000.00	3,000.00	1,000.00	1,000.00	1,000.00	3,000.00	12,000.00
差旅费	1,000.00	1,000.00	1,000.00	3,000.00	1,000.00	1,000.00	1,000.00	3,000.00	1,000.00	1,000.00	1,000.00	3,000.00	1,000.00	1,000.00	1,000.00	3,000.00	12,000.00
水电费	700.00	700.00	700.00	2,100.00	700.00	700.00	700.00	2,100.00	700.00	700.00	700.00	2,100.00	900.00	900.00	900.00	2,700.00	9,000.00
招待费	1,200.00	1,200.00	1,200.00	3,600.00	1,200.00	1,200.00	1,200.00	3,600.00	1,200.00	1,200.00	1,200.00	3,600.00	1,200.00	1,400.00	1,500.00	4,100.00	14,900.00
折旧费	4,947.92	4,947.92	4,947.92	14,843.75	4,947.92	4,947.92	4,947.92	14,843.75	4,947.92	4,947.92	4,947.92	14,843.75	4,947.92	4,947.92	4,947.92	14,843.75	59,375.00
修理费	1,000.00	1,000.00	1,000.00	3,000.00	1,000.00	1,000.00	1,000.00	3,000.00	1,000.00	1,000.00	1,000.00	3,000.00	1,000.00	1,000.00	1,000.00	3,000.00	12,000.00
其他	800.00	800.00	800.00	2,400.00	800.00	800.00	800.00	2,400.00	800.00	800.00	800.00	2,400.00	800.00	800.00	800.00	2,400.00	9,600.00
工资	18,700.00	18,700.00	18,700.00	56,100.00	18,700.00	18,700.00	18,700.00	56,100.00	18,700.00	18,700.00	18,700.00	56,100.00	18,700.00	18,700.00	18,700.00	56,100.00	224,400.00
小计	29,347.92	29,347.92	29,347.92	88,043.75	29,347.92	29,347.92	29,347.92	88,043.75	29,347.92	29,347.92	29,347.92	88,043.75	29,547.92	29,747.92	29,847.92	89,143.75	353,275.00
财务费用																	
利息费用	100.00	100.00	100.00	300.00	100.00	100.00	100.00	300.00	100.00	100.00	100.00	300.00	100.00	120.00	150.00	370.00	1,270.00
手续费																	
小计	100.00	100.00	100.00	300.00	100.00	100.00	100.00	300.00	100.00	100.00	100.00	300.00	100.00	120.00	150.00	370.00	1,270.00
合计	41,447.92	41,447.92	41,447.92	124,343.75	41,447.92	41,447.92	41,447.92	124,343.75	41,447.92	41,447.92	41,447.92	124,343.75	41,647.92	41,867.92	41,897.92	125,413.75	498,545.00
减：折旧	4,947.92	4,947.92	4,947.92	14,843.75	4,947.92	4,947.92	4,947.92	14,843.75	4,947.92	4,947.92	4,947.92	14,843.75	4,947.92	4,947.92	4,947.92	14,843.75	59,375.00
现金本期费用	36,500.00	36,500.00	36,600.00	109,600.00	36,500.00	36,500.00	36,500.00	109,500.00	36,500.00	36,500.00	36,500.00	109,500.00	36,700.00	36,920.00	36,950.00	110,570.00	439,170.00

图 6-25　2014 年分月的期间费用预算

	A	B	C	D	E	F
1		**2015年期间费用预算**		单位（元）		
2	项目	1季度	2季度	3季度	4季度	全年合计
3	销售费用					
4	运杂费	3,500.00	3,500.00	3,500.00	3,500.00	14,000.00
5	广告费	4,500.00	4,500.00	4,500.00	4,500.00	18,000.00
6	工资	42,000.00	42,000.00	42,000.00	42,000.00	168,000.00
7	*小计*	50,000.00	50,000.00	50,000.00	50,000.00	200,000.00
8	管理费用					－
9	办公费	3,200.00	3,200.00	3,200.00	3,200.00	12,800.00
10	差旅费	3,000.00	3,000.00	3,000.00	3,000.00	12,000.00
11	水电费	2,500.00	2,500.00	2,500.00	2,500.00	10,000.00
12	业务招待费	4,000.00	4,000.00	4,000.00	4,000.00	16,000.00
13	折旧费	14,843.75	14,843.75	14,843.75	14,843.75	59,375.00
14	固定资产修理费	2,500.00	2,500.00	2,500.00	2,500.00	10,000.00
15	其他	3,500.00	3,500.00	3,500.00	3,500.00	14,000.00
16	工资	63,000.00	63,000.00	63,000.00	63,000.00	252,000.00
17	小计	96,543.75	96,543.75	96,543.75	96,543.75	386,175.00
18	财务费用					
19	利息费用				2,666.67	2,666.67
20	邮电费及手续费	450.00	450.00	450.00	450.00	1,800.00
21	*小计*	450.00	450.00	450.00	3,116.67	4,466.67
22	合计	146,993.75	146,993.75	146,993.75	149,660.42	590,641.67
23	减：折旧	14,843.75	14,843.75	14,843.75	14,843.75	59,375.00
24	利息费用				2,666.67	2,666.67
25	现金支出费用	132,150.00	132,150.00	132,150.00	132,150.00	528,600.00

图 6-26　2015 年分季度的期间费用预算

	A	B	C	D	E	F
1		**2016年期间费用预算**		单位（元）		
2	项目	1季度	2季度	3季度	4季度	全年合计
3	销售费用					
4	运杂费	4,000.00	4,200.00	4,500.00	4,500.00	17,200.00
5	广告费	5,200.00	5,400.00	5,800.00	5,800.00	22,200.00
6	工资	60,900.00	60,900.00	60,900.00	60,900.00	243,600.00
7	*小计*	70,100.00	70,500.00	71,200.00	71,200.00	283,000.00
8	管理费用					－
9	办公费	3,700.00	3,900.00	4,200.00	4,200.00	16,000.00
10	差旅费	3,500.00	3,800.00	4,200.00	4,200.00	15,700.00
11	水电费	3,000.00	3,200.00	3,500.00	3,500.00	13,200.00
12	业务招待费	4,500.00	4,800.00	5,400.00	5,400.00	20,100.00
13	折旧费	14,843.75	14,843.75	14,843.75	14,843.75	59,375.00
14	固定资产修理费	3,000.00	3,200.00	3,500.00	3,500.00	13,200.00
15	其他	3,600.00	3,800.00	4,000.00	4,000.00	15,400.00
16	工资	105,300.00	105,300.00	105,300.00	105,300.00	421,200.00
17	小计	141,443.75	142,843.75	144,943.75	144,943.75	574,175.00
18	财务费用					
19	利息费用	8,000.00	8,000.00	8,000.00	8,000.00	32,000.00
20	邮电费及手续费	600.00	620.00	650.00	650.00	2,520.00
21	*小计*	8,600.00	8,620.00	8,650.00	8,650.00	34,520.00
22	合计	220,143.75	221,963.75	224,793.75	224,793.75	891,695.00
23	减：折旧	14,843.75	14,843.75	14,843.75	14,843.75	59,375.00
24	利息费用	8,000.00	8,000.00	8,000.00	8,000.00	32,000.00
25	现金支出费用	197,300.00	199,120.00	201,950.00	201,950.00	800,320.00

图 6-27　2016 年分季度的期间费用预算

（8）编制现金预算

现金预算是规划预算期企业现金流转活动的预算。根据该公司销售预算、直接材料预算、直接人工预算、制造费用预算、期间费用预算等编制该公司 2014 年分月和 2015 年、2016 年分季度的现金预算分别如图 6-28～图 6-30 所示。

有关项目的计算公式如下：

$$可供使用现金＝期初现金余额＋销货现金收入$$
$$现金多余或不足＝可供使用现金－支出合计$$
$$期末现金余额＝现金多余或不足＋向银行借款－还银行借款－借款利息$$

2014年现金预算

项目	1月	2月	3月	第1季度合计	4月	5月	6月	第2季度合计	7月	8月	9月	第3季度合计	10月	11月	12月	第4季度合计	本年合计
期初现金余额	352,804	400,802	448,800	352,804	426,085	484,239	532,237	426,085	580,235	623,028	656,119	580,235	694,102	745,100	803,451	694,102	352,804
加：销货现金收入	280,800	280,800	296,033	857,633	290,956	280,800	280,800	852,556	272,306	260,114	270,785	803,205	285,925	298,010	303,896	885,830	3,399,224
可供使用现金	633,604	681,602	744,834	1,210,437	717,041	765,039	813,037	1,278,641	852,541	883,142	926,904	1,383,440	980,027	1,041,110	1,107,347	1,579,933	3,752,028
减：各项支出：																	
直接材料	99,685	99,685	99,685	299,056	99,685	99,685	99,685	299,056	99,685	99,685	99,685	299,056	99,685	99,685	99,685	299,056	1,196,222
直接人工	38,450	38,450	38,450	115,350	38,450	38,450	38,450	115,350	38,450	38,450	38,450	115,350	38,450	38,450	38,450	115,350	461,400
制造费用	18,980	18,980	18,980	56,940	18,980	18,980	18,980	56,940	18,980	18,980	18,980	56,940	18,980	18,980	18,980	56,940	227,780
期间费用及工资	36,500	36,500	36,600	109,600	36,500	36,500	36,500	109,500	36,500	36,500	36,500	109,500	36,700	36,920	36,950	110,570	439,170
营业税金及附加	2,105	2,105	2,400	6,611	2,105	2,105	2,105	6,316	1,941	1,814	2,105	5,860	2,205	2,334	2,400	6,939	25,726
应交增值税	26,316	26,316	30,005	82,636	26,316	26,316	26,316	78,947	24,259	22,678	26,316	73,252	27,557	29,172	30,005	86,733	321,570
所得税	10,766	10,766	12,628	34,159	10,766	10,766	10,766	32,297	9,698	8,916	10,766	29,380	11,351	12,118	12,541	36,010	131,845
购买设备			80,000	80,000													80,000
分配股利																	
支出合计	232,802	232,802	318,749	784,352	232,802	232,802	232,802	698,406	229,513	227,023	232,802	689,338	234,927	237,659	239,011	711,597	2,883,693
现金多余或不足	400,802	448,800	426,085	426,085	484,239	532,237	580,235	580,235	623,028	656,119	694,102	694,102	745,100	803,451	888,336	888,336	868,336
向银行借款																	
还银行借款																	
借款利息																	
合计																	
期末现金余额	400,802	448,800	426,085	426,085	484,239	532,237	580,235	580,235	623,028	656,119	694,102	694,102	745,100	803,451	888,336	888,336	868,336

图6-28 2014年分月的现金预算

	A	B	C	D	E	F
1				2015年现金预算		
2	项目	1季度	2季度	3季度	4季度	全年合计
3	期初现金余额	868,335.55	862,384.38	906,968.14	1,019,235.93	868,335.55
4	加：销货现金收入	707,718.96	958,276.80	920,468.02	965,425.97	3,551,889.74
5	可供使用现金	1,576,054.51	1,820,661.18	1,827,436.15	1,984,661.90	4,420,225.29
6	减：各项支出：					
7	直接材料	247,185.51	351,172.71	354,412.26	346,645.72	1,299,416.20
8	直接人工	138,314.00	143,313.50	143,313.50	137,866.52	562,807.52
9	制造费用	63,700.00	63,700.00	63,700.00	64,600.00	255,700.00
10	期间费用	132,150.00	132,150.00	132,150.00	132,150.00	528,600.00
11	营业税金及附加	7,321.76	6,880.39	6,379.40	7,734.83	28,316.38
12	应交增值税	91,521.97	86,004.86	79,742.46	96,685.43	353,954.72
13	所得税	33,476.88	31,587.60	28,502.60	34,237.64	127,804.72
14	购买设备				800,000.00	800,000.00
15	分配股利		98,883.99			98,883.99
16	支出合计	713,670.12	913,693.05	808,200.22	1,619,920.15	4,055,483.53
17	现金多余或不足	862,384.38	906,968.14	1,019,235.93	364,741.75	364,741.75
18	向银行借款				400,000.00	400,000.00
19	还银行借款					
20	借款利息				2,666.67	2,666.67
21	合计					
22	期末现金余额	862,384.38	906,968.14	1,019,235.93	762,075.09	762,075.09

图 6-29 2015 年分季度的现金预算

	A	B	C	D	E	F
1				2016年现金预算		
2	项目	1季度	2季度	3季度	4季度	全年合计
3	期初现金余额	762,075.09	876,925.95	950,079.50	1,152,337.64	762,075.09
4	加：销货现金收入	1,098,216.76	1,251,993.60	1,351,092.60	1,551,864.60	5,253,167.56
5	可供使用现金	1,860,291.84	2,128,919.55	2,301,172.10	2,704,202.24	6,015,242.64
6	减：各项支出：					
7	直接材料	358,262.88	397,785.10	433,766.45	458,233.89	1,648,048.32
8	直接人工	173,107.46	197,397.20	210,918.40	222,376.00	803,799.06
9	制造费用	82,600.00	84,000.00	85,800.00	85,800.00	338,200.00
10	期间费用	197,300.00	199,120.00	201,950.00	201,950.00	800,320.00
11	营业税金及附加	9,178.73	10,429.61	10,818.48	13,974.82	44,401.66
12	应交增值税	114,734.16	130,370.17	135,231.06	174,685.30	555,020.69
13	所得税	40,182.67	55,884.44	62,350.06	89,533.14	247,950.30
14	购买设备					
15	长期股权投资				600,000.00	600,000.00
16	分配股利		95,853.54			95,853.54
17	支出合计	975,365.89	1,170,840.06	1,140,834.45	1,846,553.16	5,133,593.56
18	现金多余或不足	884,925.95	958,079.50	1,160,337.64	857,649.08	881,649.08
19	向银行借款					
20	还银行借款					
21	借款利息	8,000.00	8,000.00	8,000.00	8,000.00	32,000.00
22	合计					
23	期末现金余额	876,925.95	950,079.50	1,152,337.64	849,649.08	849,649.08

图 6-30 2016 年分季度的现金预算

（9）编制预计利润表

预计利润表是以货币为单位、全面综合反映预算期经营成果的财务预算。其编制依据主要是销售预算、产品成本预算、期间费用预算、现金预算等，该表与实际利润表格式相同。根据该公司上述预算等编制 2014 年分月和 2015 年、2016 年分季度的预计利润表分别如图 6-31～图 6-33 所示。

（10）编制预计资产负债表

预计资产负债表是以货币为单位、全面综合反映预算期财务状况的财务预算。该表项目是在前文所述预算的基础上分析填列，格式与实际资产负债表相同。

根据该公司上述预算编制 2014～2016 年的预计资产负债表如图 6-34 所示。

2014年预计利润表

单位：元

项目	1月	2月	3月	第1季度合计	4月	5月	6月	第2季度合计	7月	8月	9月	第3季度合计	10月	11月	12月	第4季度合计	本年合计
一、主营业务收入	240000	240000	261700	741700	240000	240000	240000	720000	227900	218600	240000	686500	247300	256800	261700	765800	2914000
减：主营业务成本	153384	153384	167239	474008	153384	153384	153384	460153	145718	139675	153384	438778	158045	164126	167239	489409	1862348
营业税金及附加	2105	2105	2400	6611	2105	2105	2105	6316	1941	1814	2105	5860	2205	2334	2400	6939	25726
二、主营业务利润	84510	84510	92061	261081	84510	84510	84510	253531	80241	77111	84510	241862	87051	90340	92061	269452	1025926
减：销售费用	12000	12000	12000	36000	12000	12000	12000	36000	12000	12000	12000	36000	12000	12000	12000	36000	144000
财务费用	100	100	100	300	100	100	100	300	100	100	100	300	100	150	120	370	1270
管理费用	29348	29348	29448	88144	29348	29348	29348	88044	29348	29348	29348	88044	29548	29748	29748	89044	353275
三、营业利润	43062	43062	50513	136637	43062	43062	43062	129187	38794	35863	43062	117519	45403	48473	50163	144038	527381
加：营业外收入	0	0	0	0	0	0	0	0	0	0	0	0	0	0	0	0	0
减：营业外支出	0	0	0	0	0	0	0	0	0	0	0	0	0	0	0	0	0
四、利润总额	43062	43062	50513	136637	43062	43062	43062	129187	38794	35863	43062	117519	45403	48473	50163	144038	527381
减：所得税费用	10766	10766	12628	34159	10766	10766	10766	32297	9698	8916	10766	29380	11351	12118	12541	36010	131845
五、净利润	32297	32297	37885	102478	32297	32297	32297	96890	29095	26747	32297	88139	34052	36354	37622	108029	395536

图 6-31　2014 年分月的预计利润表

	A	B	C	D	E	F
1		**2015年预计利润表**			单位：元	
2	项目	1季度	2季度	3季度	4季度	全年合计
3	一、营业收入	833,680.00	809,280.00	771,688.00	860,792.00	3,275,440.00
4	减：营业成本	545,456.98	529,055.48	504,304.44	566,446.18	2,145,263.08
5	营业税金及附加	7,321.76	6,880.39	6,379.40	7,734.83	28,316.38
6	二、营业利润	280,901.26	273,344.13	261,004.16	286,610.99	1,101,860.54
7	减：销售费用	50,000.00	50,000.00	50,000.00	50,000.00	200,000.00
8	管理费用	96,543.75	96,543.75	96,543.75	96,543.75	386,175.00
9	财务费用	450.00	450.00	450.00	3,116.67	4,466.67
10	三、营业利润	133,907.51	126,350.38	114,010.41	136,950.57	511,218.87
11	加：营业外收入					
12	减：营业外支出					
13	四、利润总额	133,907.51	126,350.38	114,010.41	136,950.57	511,218.87
14	减：所得税费用	33,476.88	31,587.60	28,502.60	34,237.64	127,804.72
15	五、净利润	100,430.63	94,762.79	85,507.81	102,712.93	383,414.15

图 6-32　2015 年分季度的预计利润表

	A	B	C	D	E	F
1		**2016年预计利润表**			单位：元	
2	项目	1季度		3季度	4季度	全年合计
3	一、主营业务收入	990,550.00	1,123,100.00	1,175,900.00	1,426,700.00	4,716,250.00
4	减：主营业务成本	600,496.85	667,168.90	690,887.54	829,798.86	2,788,352.14
5	营业税金及附加	9,178.73	10,429.61	10,818.48	13,974.82	44,401.66
6	二、主营业务利润	380,874.42	445,501.49	474,193.98	582,926.32	1,883,496.20
7	减：销售费用	70,100.00	70,500.00	71,200.00	71,200.00	283,000.00
8	管理费用	141,443.75	142,843.75	144,943.75	144,943.75	574,175.00
9	财务费用	8,600.00	8,620.00	8,650.00	8,650.00	34,520.00
10	三、营业利润	160,730.67	223,537.74	249,400.23	358,132.57	991,801.20
11	加：营业外收入					
12	减：营业外支出					
13	四、利润总额	160,730.67	223,537.74	249,400.23	358,132.57	991,801.20
14	减：所得税费用	40,182.67	55,884.44	62,350.06	89,533.14	247,950.30
15	五、净利润	120,548.00	167,653.31	187,050.17	268,599.43	743,850.90

图 6-33　2016 年分季度的预计利润表

	A	B	C	D	E	F	G	H
1				**预计资产负债表**		单位：元		
2	资产	2014年	2015年	2016年	负债及所有者权益	2014年	2015年	2016年
3	流动资产：				流动负债：			
4	货币资金	868,335.55	762,075.09	849,649.08	短期借款			
5	应收账款	122,475.60	402,850.66	667,695.60	应付账款	39,874.07	136,681.35	186,797.23
6	存货	138,265.57	133,905.08	118,682.72	应付职工薪酬			
7	其中：原材料	17,040.20	19,470.28	26,609.29	应付利息			
8	库存商品	70,208.85	63,418.28	41,056.91	应交税费			
9	周转材料	51,016.52	51,016.52	51,016.52	应付股利	98,883.99	95,853.54	185,962.73
10	流动资产合计	1,129,076.71	1,298,830.82	1,636,027.40	流动负债合计	138,758.06	232,534.89	372,759.96
11	非流动资产：				非流动负债：			
12	长期股权投资			600,000.00	长期借款		400,000.00	400,000.00
13	固定资产：				非流动负债合计	0.00	400,000.00	400,000.00
14	固定资产原值	3,000,000.00	3,800,000.00	3,800,000.00	负债合计	138,758.06	632,534.89	772,759.96
15	减：累计折旧	753,666.67	942,083.33	1,181,166.67	所有者权益：			
16	固定资产净值	2,246,333.33	2,857,916.67	2,618,833.33	实收资本	2,700,000.00	2,700,000.00	2,700,000.00
17	无形资产				盈余公积	107,330.40	164,842.52	276,420.16
18					未分配利润	429,321.59	659,370.08	1,105,680.62
19	非流动资产合计	2,246,333.33	2,857,916.67	3,218,833.33	所有者权益合计	3,236,651.98	3,524,212.60	4,082,100.78
20	资产总计	3,375,410.05	4,156,747.49	4,854,860.73	负债和所有者权益总计	3,375,410.05	4,156,747.49	4,854,860.73

图 6-34　2014～2016 年的预计资产负债表

习　题　六

1. 分析成长期企业编制财务预算的目标、流程与重点问题。
2. 总结归纳编制企业财务预算所使用的 Excel 软件功能。

创业企业财务预测案例

第七章

一、案例目标

通过案例分析，培养学生根据创业企业的具体情况综合利用 Excel 软件预测其未来财务状况，并做出财务可行性分析的能力。

二、案例资料

甲、乙拟分别投入货币资金 25 万元创立一家有限责任公司，生产、经销多功能家用清洁机。预计公司筹建期间发生开办费 5 万元，购置专用生产设备 6 万元。

该公司进行财务预测的基础数据如表 7-1 所示。

表 7-1　基础数据

类　别		项　目	数　据
宏观环境	税费	所得税率	25%
		增值税率	17%
		城市维护建设税率	5%
		教育费附加费率	3%
	利息	长期借款利率	8%
		短期借款利率	5%
企业会计政策	经营	存货	
		发出存货计价方法	先进先出法
		固定资产	
		预计使用寿命	10 年
		预计净残值	0 元
		折旧方法	平均年限法
		年折旧率	10%

续表

类 别	项 目		数 据
企业会计政策	利润分配	分配时间	12 月 31 日
		法定盈余公积计提比例	10%
		任意盈余公积计提比例	5%
		利润分配率	30%
	其他	本年应交各种税费均于年末缴清（即应交税费期末余额为 0），不考虑递延税款问题。本月工资于次月 15 日发放，本年分配给股东的利润于次年 4 月 1 日支付，本公司一种产品消耗一件原材料	

要求：根据该创业企业的具体情况，利用 Excel 软件作出其开始经营后 1～5 年的财务预测及财务可行性分析。

三、Excel 软件要点

利用 Excel 软件的"数据分析"功能可以对某一区域的数据进行方差分析、指数平滑分析、移动平均分析、回归分析等。这一功能可以用于创业企业的销售预测、成本预测等，其具体操作步骤如下：

第一步，单击"数据"选项卡，再单击"数据分析"选项，弹出"数据分析"对话框，根据需要分析的数据的具体情况，选择适当的"数据分析"功能，如"移动平均"选项，如图 7-1 所示。

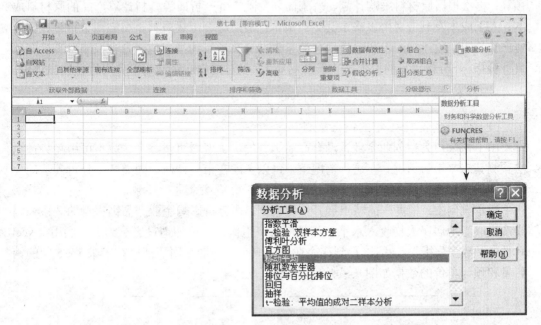

图 7-1 "数据分析"功能

第二步，在相应项目如"移动平均"的对话框中，指定数据的"输入区域"、"间隔"、"输出区域"等，单击"确定"按钮，指定区域数据的移动平均分析即可完成。如果勾选"图表输出"复选框，则在完成数据分析的同时输出图表，如图 7-2 所示。

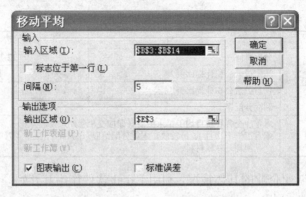

图 7-2　"移动平均"对话框

四、案例分析

1. 财务预测与财务可行性分析的总体思路

根据"以销定产"的指导思想，利用 Excel 软件对创业企业进行财务预测并分析其财务可行性，应首先对该公司开始经营后 1～5 年的产品销售情况进行预测，再根据销售预测对原材料采购、产品生产和销售等经营活动及其所需资金做出计划；其次编制该公司员工岗位设置及薪酬计划及包括管理费用、销售费用、财务费用等内容的期间费用预算；再次根据原材料采购计划、薪酬计划及固定资产折旧等资料计算产品的原材料成本、人工成本及制造费用以确定其生产成本；最后综合上述资料，编制现金预算、预计资产负债表、预计利润表和预计现金流量表并计算项目的净现值、内含报酬率等投资项目评价指标，分析项目的偿债能力及盈利能力，以对拟创业企业的财务可行性做出评价。

2. 财务预测与财务可行性分析的具体步骤

（1）做出企业 1～5 年的销售预测

由于该公司为拟创业企业，没有产品销售的历史资料可供参考，故不可用趋势预测法预测其未来销售情况。在这种情况下，可以考虑在市场调研、同类产品分析等基础上采用因果预测法中的一元回归分析法或多元回归分析法来进行预测。

在本案例中，根据产品特点展开广泛调查，在分析影响企业产品销售量的一系列因素后提取当地居民人均收入水平和产品广告费用作为主要的销量影响因素。利用 Excel 软件的"数据分析" 功能以得到该企业产品——多功能家用清洁机在未来 1～5 年的销售量和预计单价的数据如图 7-3 所示。

	A	B	C	D	E	F
1	销售预测					
2	项目	第1年	第2年	第3年	第4年	第5年
3	销售量（台）	800	1,000	1,300	2,500	2,700
4	预计单价（元）	1500	1500	1600	1800	2000

图 7-3　未来 1～5 年的销售预测

（2）编制企业 1～5 年经营及资金计划

1）生产计划。根据企业产品的销售预测数据和固定资产产能，利用 Excel 软件编制该产品的生产计划如图 7-4 所示。该产品在期末全部完工入库，无在产产品。

	A	B	C	D	E	F
1	生产计划					
2	项目	第1年	第2年	第3年	第4年	第5年
3	生产量（台）	800	1,000	1,400	2,400	2,900

图 7-4 产品的生产计划

2）原材料采购计划。根据该企业产品的相关技术资料、生产计划和所需原材料的市场价格变动趋势，编制原材料采购计划如图 7-5 所示。

	A	B	C	D	E	F
1	原材料采购计划					
2	项目	第1年	第2年	第3年	第4年	第5年
3	采购量（台）	900	1,000	1,500	2,500	2,700
4	预计单价（元）	500	600	650	800	800

图 7-5 原材料的采购计划

3）生产经营及资金计划。预计该企业产品的赊销率和原材料的赊购率均为 20%。在经营之初为满足材料采购、费用支出等经营需要，除投资者投入的 50 万元货币资金外，预计需借入 8 年期长期借款 10 万元，利率为 8%；开始经营后的 1～5 年每年年初还需借入 1 年期短期借款 8 万元，并于年末归还，利率为 5%。此外，为满足第 4 年及未来的销售增长需要，拟在第 4 年初购入 10 万元的固定资产。

综合该企业产品的销售预测、生产计划、原材料采购计划等数据，利用 Excel 软件。编制企业 1～5 年生产经营及资金计划如图 7-6 所示。

	G	H	I	J	K	L	M	N	O
1	生产经营及资金计划								
2	期间		名称	第0年	第1年	第2年	第3年	第4年	第5年
3	筹		实收资本（货币部分）（元）	500,000					
4	办		开办费	50,000					
5	期		固定资产	60,000					
6			原材料预计单价（单位：元）		500	600	650	800	800
7			实购数量（单位：件）		900	1,000	1,500	2,500	2,700
8		采购	赊购率		20%	20%	20%	20%	20%
9			赊购数量（单位：件）		180	200	300	500	540
10			期末结存数量（单位：件）		100	100	200	300	100
11	经		材料成本		400,000	600,000	910,000	1,920,000	2,320,000
12	营	生产	生产数量（单位：台）		800	1,000	1,400	2,400	2,900
13	期		产品预计单价（单位：元）		1,500	1,500	1,600	1,800	2,000
14			销售数量（单位：台）		800	1,000	1,300	2,500	2,700
15		销售	赊销率		20%	20%	20%	20%	20%
16			期末结存数量（单位：台）		0	0	100	0	200
17			销售收入		1200000	1500000	2080000	4500000	5400000
18			长期借款（单位：元）		100,000	100,000	100,000	100,000	100,000
19		资金	短期借款（单位：元）		80,000	80,000	80,000	80,000	80,000
20			购买固定资产（单位：元）					100,000	

图 7-6 生产经营及资金计划

图 7-6 中有底纹的单元格数据是由图 7-3～图 7-5 所示的数据和案例资料录入的数据，无底纹的单元格数据是根据设计的公式由 Excel 软件计算得出的数据，下同。

图 7-6 中有关项目的计算公式如下：

$$赊购数量＝采购数量×赊购率$$
$$材料期末结存数量＝上期末期末结存数量＋本期采购数量－本期生产领用数量$$
$$材料成本＝材料耗用数量×材料预计单价$$
$$产品期末结存数量＝上期末期末结存数量＋本期生产数量－本期销售数量$$
$$销售收入＝产品预计销售数量×产品预计单价$$

（3）编制企业 1～5 年员工岗位设置及薪酬计划

根据企业发展战略及 1～5 年生产经营计划，利用 Excel 软件编制企业 1～5 年员工岗位设置及薪酬计划如表 7-2 所示。

表 7-2　企业 1～5 年员工岗位设置及薪酬计划　　　　　　　　单位：元

职位	第1年			第2年			第3年			第4年			第5年		
	月薪	人数/人	年度小计	月薪	人数/人	年度小计	月薪	人数/人	年度小计	月薪	人数/人	年度小计	月薪	人数/人	年度小计
总经理	5000	1	60 000	5000	1	60 000	6000	1	72 000	6 000	1	72 000	7 000	1	84 000
生产车间															
车间主任	3000	1	36 000	3000	1	36 000	3500	1	42 000	4 000	1	48 000	4 000	1	48 000
生产工人	1800	4	86 400	1800	4	86 400	2300	4	110 400	2 300	6	165 600	2 800	10	336 000
技术部															
高级技师	3000	1	36 000	3000	1	36 000	3500	1	42 000	4 000	1	48 000	4 000	1	48 000
普通技师	2000	1	24 000	2000	1	24 000	2000	1	24 000	2 500	2	60 000	2 500	3	90 000
销售部															
部门经理	3000	1	36 000	3000	1	36 000	3500	1	42 000	4 000	1	48 000	4 000	1	48 000
销售人员	2000	3	72 000	2000	3	72 000	2300	3	82 800	2 500	3	90 000	2 500	5	150 000
研究人员		0			0			0		2 000	1		2 000	1	
物流部															
部门经理		0	0		0	0		0	0	4 000	1	48 000	4 000	1	48 000
员工		0	0		0	0		0	0	2 000	2	48 000	2 000	4	96 000
售后服务部															
部门经理		0	0		0	0		0	0	4 000	1	48 000	4 000	1	48 000
员工		0	0		0	0		0	0	1 800	1	21 600	1 800	2	43 200
人事部															
部门经理		0	0		0	0		0	0	4 000	1	48 000	4 000	1	48 000
员工		0	0		0	0		0	0	2 000	1	24 000	2 000	2	48 000
财务部															
财务主管	3000	1	36 000	3000	1	36 000	3500	1	42 000	4 000	1	48 000	4 000	1	48 000
员工	1800	1	21 600	1800	1	21 600	2300	1	27 600	1 900	2	45 600	2 000	1	48000

（4）编制企业 1～5 年期间费用计划

根据企业发展战略、1～5 年经营计划及相关市场调查资料，利用 Excel 软件编制企业 1～5 年期间费用（不包括员工薪酬）计划如图 7-7 所示。

	B	C	D	E	F	G
1				期间费用（不含职工薪酬）		单位：元
2						
3	项目	第1年	第2年	第3年	第4年	第5年
4	销售费用					
5	运杂费	24,000	30,000	39,000	75,000	81,000
6	广告费	20,000	40,000	40,000	60,000	60,000
7	小计	44,000	70,000	79,000	135,000	141,000
8	管理费用					
9	房租	60,000	60,000	60,000	120,000	120,000
10	办公费	6,000	6,000	6,000	6,000	6,000
11	水电费	3,600	3,600	3,600	7,200	7,200
12	业务招待费	5,000	8,000	10,000	15,000	20,000
13	印花税	1,200	1,200	1,200	1,200	1,200
14	其他零星支出	10,000	10,000	10,000	10,000	10,000
15	小计	75,800	78,800	80,800	149,400	154,400
16	财务费用					
17	利息支出	12,000	12,000	12,000	12,000	12,000
18	小计	12,000	12,000	12,000	12,000	12,000
19	合计	131,800	160,800	171,800	296,400	307,400

图 7-7　期间费用（不含职工薪酬）

图 7-7 中运杂费、广告费等项目金额根据有关资料预测得出，利息费用的计算公式如下：

利息支出＝长期借款 10 万元×利率 8%＋短期借款 8 万元×利率 5%

（5）计算企业 1-5 年产品生产成本

根据生产经营计划、员工薪酬计划等资料，利用 Excel 软件编制企业 1～5 年产品生产成本计算表如图 7-8 所示。

	A	B	C	D	E	F
1				产品生产成本计算表		
2	直接材料成本	400,000	600,000	910,000	1,920,000	2,320,000
3	直接人工成本	86,400	86,400	110,400	165,600	336,000
4	制造费用	42,000	42,000	48,000	64,000	64,000
5	总成本	528,400	728,400	1,068,400	2,149,600	2,720,000
6	生产数量	800	1,000	1,400	2,400	2,900
7	单位成本	661	728	763	896	938

图 7-8　产品生产成本计算表

图 7-8 中有关项目的计算公式如下：

直接材料成本＝企业 1～5 年生产经营计划中的生产领用材料数量×材料预计单价

直接人工成本＝企业 1～5 年员工岗位设置及薪酬中的生产工人人数×月薪

制造费用＝企业 1～5 年员工岗位设置及薪酬中的车间主任年度小计＋固定资产总额
×年折旧率（1～3 年固定资产总额为 6 万元，4～5 年固定资产总额为 16 万元）

总成本＝直接材料成本＋直接人工成本＋制造费用

单位成本＝总成本/生产数量

（6）编制企业 1～5 年现金预算

根据该公司生产经营计划、员工薪酬计划、期间费用计划，利用 Excel 软件编制企业 1～5 年现金预算如图 7-9 所示。其中，加号表示现金流入，减号表示现金流出。

	A	B	C	D	E	F
1		企业1-5年现金预算				
2	项　目	第1年	第2年	第3年	第4年	第5年
3	**期初现金余额**	600,000	580,000	741,970	921,184	1,384,792
4	开办费	-50,000				
5	购进固定资产	-60,000			-100000	
6	支付应付利润		-43,650	-70,416	-127,954	-288,278
7	支付应付账款		-105,300	-140,400	-228,150	-468,000
8	收回应收账款		280,800	351,000	486,720	1,053,000
9	购进原材料	-421,200	-561,600	-912,600	-1,872,000	-2,021,760
10	销售产品	1,123,200	1,404,000	1,946,880	4,212,000	5,054,400
11	归还短期借款		-80,000	-80,000	-80,000	-80,000
12	借入短期借款	80,000	80,000	80,000	80,000	80,000
13	支付职工薪酬	-374,000	-408,000	-478,400	-831,300	-1,200,500
14	支付期间费用	-131,800	-160,800	-171,800	-296,400	-307,400
15	上缴税费	-186,200	-243,480	-345,050	-779,308	-1,012,094
16	**期末现金余额**	580,000	741,970	921,184	1,384,792	2,194,160

图 7-9　现金预算

图 7-9 中除创业初支付开办费 5 万元、创业初和第 4 年分别购进固定资产 6 万元和 10 万元及每年年初借入短期借款 8 万元外，其他项目的计算公式如下：

第 1 年年初现金余额＝投资者投入货币资金 50 万元＋借入长期借款 10 万元

第 2～5 年年初现金余额＝上年度末现金余额

发放应付利润支付的现金＝上年度净利润×利润分配率 30%

偿还应付账款支付的现金＝（上年度原材料采购量×预计单价）×（1＋增值税率 17%）×赊购率 20%

收回应收账款收到的现金＝（上年度产品销售量×预计单价）×（1＋增值税率 17%）×赊销率 20%

购进原材料支付的现金＝（本年度原材料采购量×预计单价）×（1＋增值税率 17%）×（1－赊购率 20%）

销售产品收到的现金＝（本年度产品销售量×预计单价）×（1＋增值税率 17%）×（1－赊销率 20%）

归还短期借款支付的现金＝上年年初借入的短期借款

职工薪酬支付的现金＝上年度 12 月应支付的薪酬＋本年度 1～11 月支付的薪酬

期间费用支付的现金＝本年度期间费用总额

上缴税费支付的现金＝本年度缴纳的增值税税额＋城市建设维护税税额＋教育费附加＋根据本年利润计算缴纳的所得税税额

（7）编制企业 1～5 年预计财务报表

根据上述资料，利用 Excel 软件编制企业 1～5 年预计资产负债表、预计利润表和预计现金流量表，如图 7-10～图 7-12 所示。

预计资产负债表

单位: 元

A	第1年	第2年	第3年	第4年	第5年	负债及所有者权益:	第1年	第2年	第3年	第4年	第5年
资产											
流动资产:						流动负债:					
货币资金	580,000	741,970	921,184	1,384,792	2,194,160	短期借款	80,000	80,000	80,000	80,000	80,000
应收账款	280,800	351,000	486,720	1,053,000	1,263,600	应付账款	105,300	140,400	228,150	468,000	505,440
其他应收款	0	0	0	0	0	应付股利	43,650	70,416	127,954	288,278	375,507
预付账款	0	0	0	0	0	应付职工薪酬	34,000	34,000	40,400	71,900	102,600
存货	50,000	50,000	191,314	181,748	209,334	应交税费	0	0	0	0	0
流动资产总计	910,800	1,142,970	1,599,219	2,619,539	3,667,093	流动负债合计	262,950	324,816	476,504	908,178	1,063,547
非流动资产:						非流动负债:					
长期股权投资						长期借款	100,000	100,000	100,000	100,000	100,000
固定资产:						非流动负债合计	100,000	100,000	100,000	100,000	100,000
固定资产原值	60,000	60,000	60,000	160,000	160,000	负债合计	362,950	424,816	576,504	1,008,178	1,163,547
减: 累计折旧	6,000	12,000	18,000	34,000	50,000	所有者权益:					
固定资产净值	54,000	48,000	42,000	126,000	110,000	实收资本	500,000	500,000	500,000	500,000	500,000
无形资产	0	0	0	0	0	盈余公积	21,825	57,033	121,010	265,149	452,903
非流动资产合计	54,000	48,000	42,000	126,000	110,000	未分配利润	80,025	209,121	443,704	972,213	1,660,643
						所有者权益合计	601,850	766,154	1,064,714	1,737,362	2,613,546
资产总计	964,800	1,190,970	1,641,219	2,745,539	3,777,093	负债和所有者权益总计	964,800	1,190,970	1,641,219	2,745,539	3,777,093

图7-10　预计资产负债表

	A	B	C	D	E	F
1						
2		预计利润表				单位：元
3	项目	第1年	第2年	第3年	第4年	第5年
4	一、主营业务收入	1,200,000	1,500,000	2,080,000	4,500,000	5,400,000
5	减：主营业务成本	528,400	728,400	992,086	2,239,167	2,532,414
6	主营业务税金及附加	10,200	12,240	15,028	34,000	44,064
7	二、主营业务利润	661,400	759,360	1,072,886	2,226,833	2,823,522
8	减：销售费用	44,000	70,000	79,000	135,000	141,000
9	财务费用	12,000	12,000	12,000	12,000	12,000
10	管理费用	411,400	364,400	413,200	798,600	1,001,600
11	三、营业利润	194,000	312,960	568,686	1,281,233	1,668,922
12	减：所得税费用	48,500	78,240	142,172	320,308	417,231
13	四、净利润	145,500	234,720	426,515	960,925	1,251,692

图 7-11　预计利润表

	A	B	C	D	E	F
1						
2		预计现金流量表				单位：元
3	项目	第1年	第2年	第3年	第4年	第5年
4	一、经营活动中产生的现金流量					
5	销售商品、提供劳务收到的现金	1,123,200	1,684,800	2,297,880	4,698,720	6,107,400
6	现金流入小计	1,123,200	1,684,800	2,297,880	4,698,720	6,107,400
7	购买商品、接受劳务支付的现金	421,200	666,900	1,053,000	2,100,150	2,489,760
8	支付给职工以及为职工支付的现金	374,000	408,000	478,400	831,300	1,200,500
9	支付其他与经营活动有关的现金	169,800	148,800	159,800	284,400	295,400
10	支付各项税费	186,200	243,480	345,050	779,308	1,012,095
11	现金流出小计	1,151,200	1,467,180	2,036,250	3,995,158	4,997,755
12	经营活动产生的现金净额	-28,000	217,620	261,630	703,562	1,109,645
13	二、投资活动产生的现金流量					
14	购建固定资产、无形资产和其他长期资产所支付的现金	60,000			100,000	
15	现金流出小计	60,000	0	0	100,000	0
16	投资活动所产生的现金流量	-60,000	0	0	-100,000	0
17	三、筹资活动产生的现金流量					
18	借款所收到的现金	80,000	80,000	80,000	80,000	80,000
19	现金流入小计	80,000	80,000	80,000	80,000	80,000
20	偿还债务所支付的现金		80,000	80,000	80,000	80,000
21	偿还利息所支付的现金	12,000	12,000	12,000	12,000	12,000
22	分配股利所支付的现金		43,650	70,416	127,954	288,278
23	现金流出小计	12,000	135,650	162,416	219,954	380,278
24	筹资活动产生的现金净额	68,000	-55,650	-82,416	-139,954	-300,278
25	四、现金及现金等价物增加额	-20,000	161,970	179,214	463,607	809,368

图 7-12　预计现金流量表

（8）财务分析

1）项目可行性分析。

① 净现值。假设投资项目的折现率为10%。根据上述资料，利用 Excel 软件的 NPV 函数计算该项目净现值的具体过程如图 7-13 所示。

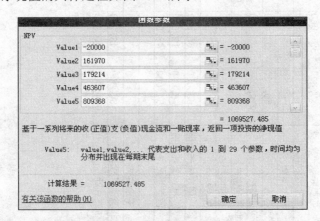

图 7-13　净现值的计算

注意：该项目净现值＝NPV 函数计算所得值 1 069 527 元－投资期初现金净流出量 500 000 元＝569 528 元。

② 内含报酬率。假设投资者的期望报酬率为 10%。该项目的内含报酬率指标利用 Excel 软件的 IRR 函数计算的具体过程如图 7-14 所示。

图 7-14　内含报酬率的计算

③ 其他指标的计算结果如图 7-15 所示。

	A	B	C	D	E	F	G
1				**财务分析**			
2							
3		**1、可行性分析**					
4		净现值（NPV）				569527.95	
5		原始投资额				500000	
6		内含报酬率				32.69%	
7		净现值率				22.78%	
8		投资回报率				63.77%	
9		获利指数（PI）				2.14	

图 7-15　财务分析指标的计算结果

图 7-15 中计算结果显示，该项目的净现值大于 0，内涵报酬率大于期望报酬率，获利指数大于 1，净现值率和投资回报率分别为 22.78%和 63.77%。因此，该项目具有财务可行性。

2）财务比率分析。

① 偿债能力分析。该项目的短期偿债能力、长期偿债能力可以分别使用流动比率和资产负债率指标分析，如图 7-16 所示。

	A	B	C	D	E	F	G
10							
11				**偿债能力分析**			
12		项目	第1年	第2年	第3年	第4年	第5年
13		流动资产	910,800	1,142,970	1,599,219	2,619,539	3,667,093
14		流动负债	262,950	324,816	476,504	908,178	1,063,547
15		流动比率	3.46	3.52	3.36	2.88	3.45
16		负债总额	362,950	424,816	576,504	1,008,178	1,163,547
17		资产总额	964,800	1,190,970	1,641,219	2,745,539	3,777,093
18		资产负债率	37.62%	35.67%	35.13%	36.72%	30.81%

图 7-16　偿债能力分析

图 7-16 中计算结果显示，该公司流动比率趋近于 3，反映了公司短期偿债能力较强，债权人的权益更有保证；资产负债率较为稳定，说明公司长期偿债能力较强，有助于增强债权人对公司按期偿还借款本息的信心。

② 盈利能力分析。该项目的盈利能力可以分别利用营业利润率和总资产报酬率指标进行分析，结果如图 7-17 所示。

	盈利能力分析				
项目	第1年	第2年	第3年	第4年	第5年
营业利润	194,000	312,960	568,686	1,281,233	1,668,922
营业收入	1,200,000	1,500,000	2,080,000	4,500,000	5,400,000
营业利润率	16.17%	20.86%	27.34%	28.47%	30.91%
利润总额	194,000	312,960	568,686	1,281,233	1,668,922
利息支出	12,000	12,000	12,000	12,000	12,000
资产总额	964,800	1,190,970	1,641,219	2,745,539	3,777,093
总资产报酬率	21.35%	27.29%	35.38%	47.10%	44.50%

图 7-17　盈利能力分析

图 7-17 中计算结果显示，企业的营业利润率保持稳步上升的趋势，说明其经营状况稳定，能够持续发展。该企业的总资产报酬率也稳步上升，说明该创业企业资产利用效率较好，盈利能力较强。

为了直观清晰地表达该企业在经营期 1～5 年的主营业务收入、净利润和现金流量情况，可以利用 Excel 软件作图功能作出经营期 1～5 年的主营业务收入对比图、净利润对比图和现金净流量趋势图如图 7-18～图 7-20 所示。

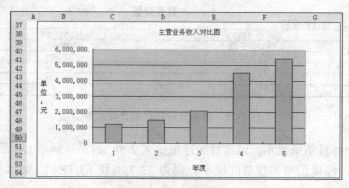

图 7-18　主营业务收入对比图

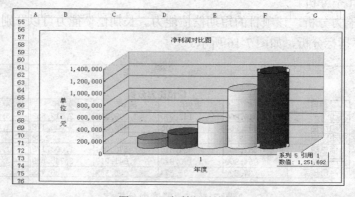

图 7-19　净利润对比图

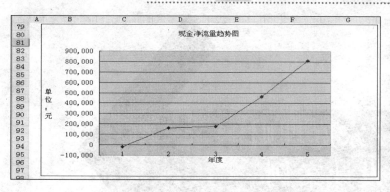

图 7-20　现金流量趋势图

习 题 七

1. 分析创业企业财务预测的流程。
2. 讨论创业企业财务可行性分析指标的优缺点及使用范围。
3. 总结归纳进行创业企业财务预测、财务分析所使用的 Excel 软件功能。

个人/家庭理财方案设计案例

8

第八章

一、案例目标

通过案例分析，培养学生根据个人、家庭具体情况综合利用 Excel 软件设计并优选理财规划方案，解决个人理财问题的能力。

二、案例资料

张先生今年 35 岁，是一家大型公司的高级管理人员。2012 年，他与同岁的刘女士结婚，婚后刘女士做了全职太太。张先生目前月薪 1 万元（税前），2013 年获得年终奖金 15 万元（税前），没有参加任何商业保险计划，二人过着较为宽裕的生活。

2011 年年初，张先生贷款购买了一套 $50m^2$ 的酒店式公寓，价款 50 万元，首付 20%，余下 40 万元向银行申请贷款。该笔贷款采用等额本息还款方式，期限为 15 年，利率为 5.31%。婚后二人感觉生活空间狭小，于是在 2013 年 1 月购买了另一套价值 120 万元的 $100m^2$ 精装修住房，30%首付后，余款采用贷款方式支付。其中，公积金贷款 30 万元，采用等额本息还款方式，贷款利率为 4.85%，期限为 20 年；商业贷款 54 万元，采用等额本金还款方式，贷款利率为 5.81%，期限为 20 年。搬入新家后，原来的酒店式公寓用于出租，租金每月 2000 元。随着房价的上涨，目前这套酒店式公寓已升值至 65 万元。

张先生家庭每月除偿还住房贷款外的其他主要支出如下：基本生活支出 2000 元/月；养车费用 1000 元/月（2006 年年初购车，原值 20 万元）；交际费用 2000 元/月；孝敬双方父母 1000 元/月。此外，每年还发生服装支出 8000 元；健身支出 4000 元；旅游支出 10 000 元。

截止 2013 年 12 月 31 日，张先生家庭拥有的资产如下：活期存款 25 万元，国债 20 万元；股票市值 15 万元（2008 年年初购入，2013 年年初市值 20 万元）；股票型基金市值 32 万元（2009 年年初购入，2013 年年初市值 30 万元）。

2014 年 3 月，张先生夫妇的儿子出生。

张先生家庭的主要理财需求如下：

1）子女教育规划。张先生打算让儿子 18 岁后出国读大学，综合考虑国外的学费及生活费用，需要为儿子准备 80 万元的教育资金。

2）保险规划。张先生夫妇都没有购买任何商业保险，鉴于未来生活中可能出现的不确定性，二人考虑购买一定额度的商业保险。

3）养老规划。张先生打算 55 岁退休，夫妇二人预计寿命为 85 岁。考虑到通货膨胀及各种旅游、医疗开支，为保证晚年生活质量，退休时需准备养老资金 200 万元。

4）房贷规划。张先生虽然收入较多，但每月的房贷压力较大，考虑到未来孩子教育与养老的资金需求，希望改善家庭债务状况。

5）现金规划。保持家庭良好的现金流动性。

注意：不考虑存款利息收入；不考虑租房、售房需缴纳的个人所得税等税费；不考虑房屋、汽车的折旧问题。

要求：针对张先生家庭的财务现状及理财需求，利用 Excel 软件为该家庭设计理财规划方案并做出相关分析。

三、Excel 软件要点

为了直观明了地展示案例分析过程中产生大量的数据结构、趋势等信息，引入 Excel 软件的图表处理功能。以某公司资产负债表的流动资产结构分析为例，说明使用 Excel 软件图表处理功能的具体步骤如下。

选中图表工具后，第一步，选择图表类型。在"插入"选项卡中单击需要的图表类型，显示"图表工具"，在"设计"选项卡中设计需要的图表样式及布局，如图 8-1 和图 8-2 所示。

第二步，选择数据源。单击"选择数据"，弹出"选择数据源"对话框，选定做图所需的数据和标志区域，如图 8-3 所示；再单击"确定"按钮，作出图表，如图 8-4 所示。

第三步，输入图表标题。单击"图表标题"，输入图表标题，如图 8-5 所示。

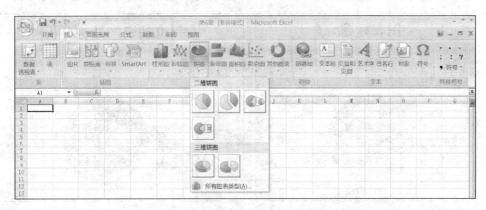

图 8-1　单击"插入"选项卡中的图表类型

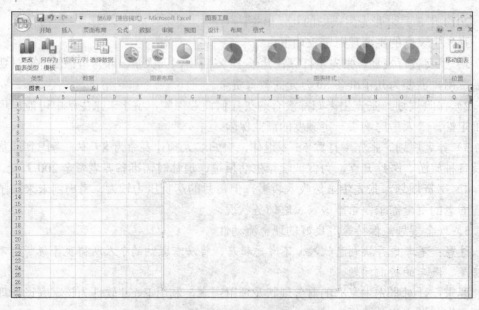

图 8-2　设计图表样式及布局

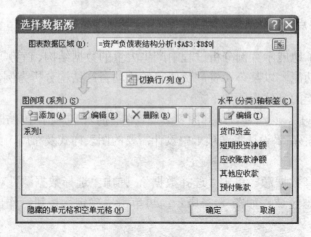

图 8-3　选择数据源

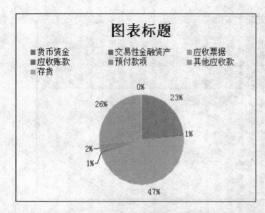

图 8-4　做出的图表

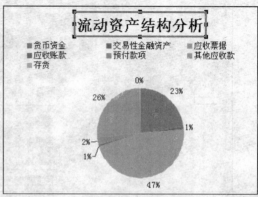

图 8-5　输入图表标题

第四步，选择图表位置。单击"移动图表"，选择图表位置，单击"确定"按钮，如图8-6所示。

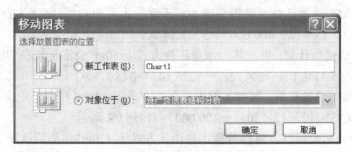

图8-6　移动图表位置

四、案例分析

1. 设计个人/家庭理财方案的总体思路

设计个人/家庭理财方案，应首先利用Excel软件编制个人/家庭的资产负债表和现金流量表以描述其目前的财务状况和现金流量情况，在此基础上，编制财务比率表、支出比例表，参照财务比率的参考值分析其财务状况；其次对其财务状况进行预测，针对理财需求确定理财目标；再次分项设计该个人/家庭的债务规划、现金规划、保险保障计划、子女教育规划、退休养老计划等理财规划方案；最后通过编制理财规划后的资产负债表和现金流量表对比分析各项支出比例和财务比率的变化，检查是否达到个人/家庭的理财目标。

2. 设计个人/家庭理财方案的具体步骤

（1）分析个人/家庭财务状况

1）编制资产负债表和现金流量表。根据案例资料，编制张先生家庭2013年12月31日的资产负债表和2013年现金流量表，分别如图8-7和图8-8所示。

	A	B	C	D	E
1	资产负债表				
2	资产	金额	负债与净资产		金额
3	现金与现金等价物	250000	负债		
4			住房贷款		1147117.60
5			50平米公寓		343229.92
6	其他金融资产	670000	120平米住房	公积金贷款	290887.68
7	债券	200000		商业贷款	513000.00
8	基金	320000			
9	股票	150000			
10	实物资产	2050000	负债总计		1147117.60
11	自住房	1200000			
12	投资房产	650000			
13	机动车	200000	净资产		1822882.40
14	资产总计	2970000	负债与净资产总计		2970000

图8-7　家庭资产负债

以2013年12月31日为基准点，图8-7中有关项目的计算如下：
① 活期存款、债券、基金、股票、自住房、投资房产及机动车的金额根据案例资

料整理得出。其中，活期存款和债券未考虑利息收入；基金、股票和投资房产按照 2013 年年末的市值列示；自住房及机动车未考虑折旧。

② 利用 PMT 函数计算，可得等额本息还款方式下 50m² 公寓贷款的每月还款额＝PMT（5.31%/12，15×12－400 000）＝3228.14 元。

③ 利用 PV 函数计算，可得等额本息还款方式下 50m² 公寓贷款在 2013 年 12 月 31 日的现值＝PV（5.31%/12，12×12，－3228.14）＝343 229.92 元。

④ 利用 PMT 函数计算，可得等额本息还款方式下 120m² 住房公积金贷款的每月还款额＝PMT（4.85%/12，12×20，－300 000）＝1955.09 元。

⑤ 利用 PV 函数计算，可得等额本息还款方式下 120m² 住房贷款在 2013 年 12 月 31 日的现值＝PV（4.85%/12，19×12，－1955.09）＝290 887.68 元。

⑥ 等额本金还款方式下，120m² 住房在未来 19 年需偿还商业贷款本金＝[540 000/（12×20）]×19×12＝513 000 元。

⑦ 净资产＝资产总计－负债总计。

		现金流量表		
年收入	金额	年支出		金额
工薪类收入	224565	房屋按揭还贷		119853.85
		50m²公寓		38737.73
		120m²住房	公积金贷款	23461.11
			商业贷款	57655.01
		日常生活支出		24000
投资收入	-30000	交通费用		12000
租金收入	24000	旅游支出		10000
		其他支出		48000
收入总计	218565	支出总计		213853.85
年结余		4711.15		

图 8-8　家庭现金流量

图 8-8 中有关项目的计算如下：

① 工薪类收入＝税前收入－应纳个人所得税额＝{10 000－[（10 000－3500）×个人所得税税率 20%－速算扣除数 555]}×12＋[150 000－（150 000×个人所得税税率 25%－速算扣除数 1005）]＝224 565 元。

② 投资收入＝基金投资收益 2 万元＋股票投资收益－5 万元。

③ 租金收入＝酒店式公寓租金 2000 元/月×12 月。

④ 利用 PMT 函数计算，可得等额本息还款方式下 50m² 公寓贷款 2013 年的还款额＝PMT（5.31%/12，15*12-400 000）×12＝387 37.73 元。

⑤ 利用 PMT 函数计算，可得等额本息还款方式下 120m² 住房公积金贷款 2013 年的还款额＝PMT（4.85%/12，20×12-300 000）×12＝23 461.11 元。

⑥ 等额本金还款方式下，120m² 住房商业贷款 2013 年的利息总额＝[540 000/20/12]×5.81%/12×（240＋239＋…＋229）＝30 655.01 元。

⑦ 等额本金还款方式下，120m² 住房商业贷款 2013 年本利合计＝540 000/20＋30 655.01＝57 655.01 元。

⑧ 日常生活支出、交通费用、旅游支出和其他支出根据案例资料整理得出。

2）分析个人/家庭财务比率。

一般情况下，家庭财务比率的计算方法及参考值如表 8-1 所示。

表 8-1　家庭财务比率的计算方法及参考值

项　　目	计　算　方　法	参　考　值
结余比率	年结余/年收入总额	30%
投资与净资产比率	（金融资产投资额＋实物资产投资额）/ 净资产	50%
负债比率	负债总额/资产总额	50%
偿债支出与收入比率	年偿债支出/年收入总额	40%
流动性比率	现金及现金等价物/每月支出	3～6

　　根据张先生家庭 2013 年 12 月 31 日资产负债表和 2013 年现金流量表及家庭财务比率的计算方法，利用 Excel 软件计算该家庭的财务比率、各项支出占全年总支出的百分比，绘制各项支出比率图分别如图 8-9～图 8-11 所示。

	A	B
1		
2	结余比率	2%
3	投资与净资产比率	72%
4	负债比率	39%
5	偿债支出与收入比率	55%
6	流动比率	14.03

各项支出占全年支出的百分比	
房屋按揭还贷	56.04%
日常生活支出	11.22%
交通费用	5.61%
旅游支出	4.68%
其他支出	22.45%

图 8-9　财务比率　　　图 8-10　各项支出占全年支出的百分比

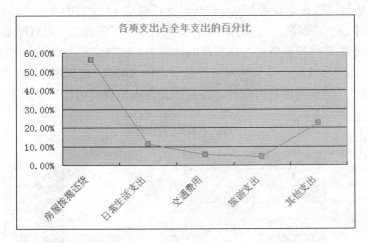

图 8-11　各项支出占全年支出的百分比折线图

　　图 8-9 中有关项目的计算公式如下：

结余比率＝现金流量表！C12/现金流量表！B11

投资与净资产比率＝（资产负债表！B6＋资产负债表！B12）/资产负债表！E13

负债比率＝资产负债表!E10/资产负债表!B14

负债收入比率＝现金流量表!E3/现金流量表!B11

流动比率＝资产负债表!B3/（现金流量表!E11/12）

　　图 8-10 中各项支出占全年支出的百分比由现金流量表数据计算得出。

依据家庭财务比率的参考值，对张先生家庭的财务比率分析如下：

① 结余比率反映了年结余占年收入总额的比例。张先生家庭的结余比率为 2%，严重低于 30% 的正常比率，这说明该家庭每年能够用于未来规划的资金很少。综合考虑张先生家庭的支出状况可知，贷款支出占据家庭支出的主要部分。因此，应通过调整该家庭的债务结构来减少贷款还款支出，以筹集子女教育和养老规划所需的资金。

② 投资与净资产的比率反映了金融资产投资与实物资产投资之和占家庭净资产的比例。该家庭的投资与净资产比率为 72%，高于 50% 的标准值，结合张先生家庭的流动比率 14.03，可知家庭投资与净资产的比率较高并非因为投资资产的良好运用，而是因债务过重引起的净资产过低。因此，应考虑降低负债金额以优化投资与净资产比率。

③ 负债比率反映了负债总额占资产总额的比例。该家庭的负债比率为 39%，虽然低于 50% 的标准值，但结合家庭各项资产比率、投资与净资产比率和偿债支出与收入比率可知该家庭的投资资产偏高，债务过重，未来面临的财务风险较大。

④ 偿债支出与收入比率反映了年偿债支出占年收入总额的比例。该家庭的偿债支出与收入比率为 55%，高于 40% 的标准值，说明张先生家庭的短期还债能力较弱，家庭年收入超过一半的比例用于房屋按揭的还债支出。考虑到该家庭没有保险保障规划的安排，一旦家庭收入出现意外，将可能导致短期还债能力急剧下降，以致家庭生活陷入困境。

⑤ 流动比率反映了家庭流动性资产与每月支出的比值，通常在 3～6 之间较为合理。该家庭 14.03 的流动性比率说明其流动性可以支持家庭 14 个月的支出，对目前张先生家庭的收入情况来说有些偏高，过多的流动性资产也反映了张先生家庭资产增值能力不足。

此外，张先生家庭各类资产占总资产的比率中，实物资产占总资产的比率最大，达到了 69.02%，而现金及现金等价物却只占总资产的 8.42%，这说明当张先生家庭出现意外事故时，资产及时变现的能力较差。各资产具体占总资产的比率如图 8-12 所示。

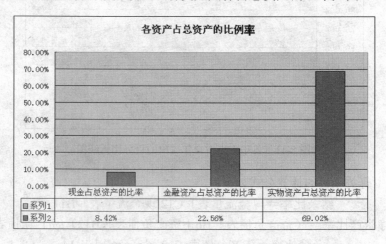

图 8-12　各资产占总资产的比率

3）财务状况总体评价。张先生家庭属于收入和支出都较多的中产阶级家庭，虽然家庭收入较多，但由于两处房产的贷款还款支出较大，偿债支出与收入的比率过高，导致家庭结余比率很低，未来资金积累困难。此外，过高的偿债支出与收入比率表明张先生家庭未来可能发生债务危机。因此，应重点对张先生家庭的债务状况进行优化以有效化解未来可能出现的财务危机，并对家庭的保险保障、子女教育和养老需求做出适当安排。

（2）确定理财规划目标

1）预测未来财务状况。从家庭收入情况来看，该家庭的收入以张先生为主，如果张先生就职的公司稳步发展，其收入在未来仍有较大的提高。但家庭收入过于依靠张先生，也说明该家庭未来承担的风险较大。从支出来看，随着儿子的成长及双方父母年龄的增加，家庭支出将有较大幅度增加；从负债来看，张先生家庭偿债支出与收入比率超过50%，短期内的债务风险较大。随着收入的增加，张先生家庭的投资资产应根据各项理财目标合理配置。

2）制定分项理财规划目标。根据张先生家庭目前财务状况、理财需求及对其未来的财务预测，可以分项确定理财规划目标如下：

① 减少偿还贷款本息支出的债务规划。
② 保证家庭资产的适度流动性和增值性。
③ 家庭保险保障计划。
④ 儿子18岁时80万元高等教育资金的足额准备。
⑤ 夫妇二人55岁时200万元退休养老资金的足额准备。

（3）设计分项理财规划方案

1）债务规划。张先生家庭支出中，两处房产的贷款还款支出占据了很高的比例，导致家庭每年结余偏低。考虑到张先生家庭各项理财目标，如不对债务结构加以调整，未来可能会导致家庭的债务危机，且无法进行家庭的保险保障、子女教育和养老规划。基于这种情况，张先生家庭的理财规划方案应首先考虑对其家庭债务结构进行优化。

目前，张先生家庭50m²酒店式公寓每月还款额为3228.14元，超过每月租金收入2000元，且该笔贷款未来可能面临升息压力。因此，建议张先生将公寓住房出售，65万元的售房款在偿还该笔贷款34万元（见图8-7有关计算）的未还本息后，还有31万元可用于改善家庭财务状况及未来理财规划。同时，考虑到张先生未来收入将逐渐增加，而短期内支出压力较大。因此，建议张先生与银行商议将120m²自住房的540 000元商业贷款的还款方式由等额本金法改为等额本息法，这笔贷款的未还本金为513 000元，贷款利率保持5.81%不变，还款期还剩19年，每月还款额为PMT（5.81%/12，19×12 513 000）＝－3720.79元，具体计算过程如图8-13所示。

经债务规划后，张先生家庭每月共需还贷款5675.88元（120m²自住房的公积金贷款每月还款额1955.09＋商业贷款每月还款额3720.79元），全年还款额为68 110.56元，比规划前的119 853.85下降51 043.29元，从而为家庭的保险保障、子女教育和养老规划所需资金提供来源。

2）现金规划。一般来说，家庭需要留出每月支出3～6倍的现金及现金等价物作为日常储备。因此，建议张先生家庭持有5万元的现金及现金等价物以准备三个月左右的包括房产还贷支出在内的各项支出所需。其中，保留活期存款2万元，其余3万元用

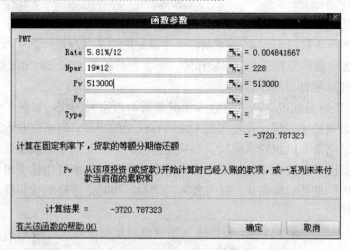

图 8-13　每月还款额的计算

于购买货币市场基金作为现金等价物，以在保证资金流动性的基础上获取更高的投资收益。另外，将 11 万元的活期存款投资于平衡型基金。

3）保险保障计划。保险是家庭及个人风险的最佳转移途径。根据保险"双十原则"，家庭或个人每年的保费支出一般不超过年收入的 10%，而保额应为年收入的 10 倍。在该家庭中，张先生是唯一的经济支柱，但却没有设计相关的商业保险规划，一旦发生意外事故或因疾病而失能，将导致家庭生活陷入困境。因此，建议张先生夫妇每年拿出家庭收入的 10%即 20 000 元用于家庭保障计划。其中，张先生作为家庭主要收入来源，保险额度需充分考虑到家庭成员的生活支出及偿还债务的需要。张先生、张太太及其儿子的保费比例可按 6∶3∶1 支出，可以考虑为张先生购买 20 年定期寿险，此外可购买意外险与附加住院医疗的健康险；张太太可以考虑购买寿险、意外与健康险，而儿子因年龄较小，发生意外和疾病的可能性较大，建议给其购买意外险与住院医疗保险。

4）子女教育规划。张先生的儿子年龄虽然较小，但考虑到张先生打算让儿子出国接受高等教育，因此需提早进行教育金的准备。鉴于教育支出的时间刚性和费用刚性，假设该项投资的报酬率为 5%。

建议张先生把股票投资的 15 万元变现作为子女教育金的启动资金，18 年中每年再投入 PMT（5%，18，−150 000，800 000）=−15 605.04 元，即可在儿子上大学时积累到 80 万元的高等教育金，具体计算过程如图 8-14 所示。教育金的投资应充分考虑其稳健性，可以构建一个债券型基金和保本银行理财产品的投资组合。

5）退休养老计划。张先生计划 55 岁退休，以生存至 85 岁计，夫妇二人预计需要准备 200 万元退休养老金。将活期存款 9 万元、出售酒店式公寓所得 31 万元，共 40 万元作为启动资金构建以平衡型基金和股票型基金、指数基金组成的投资组合，基本可以保证平均每年 7%的投资报酬率。这笔资金要想在 20 年后到张先生 55 岁退休时积累到 200 万元，每年还需投入资金=PMT（7%，20，−400 000，2 000 000）=11 028.68 元即可，具体计算过程如图 8-15 所示。

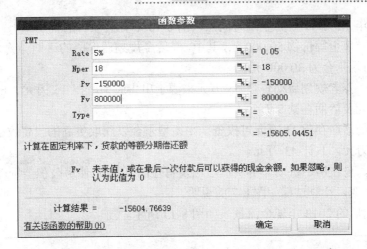

图 8-14　教育金投入的计算

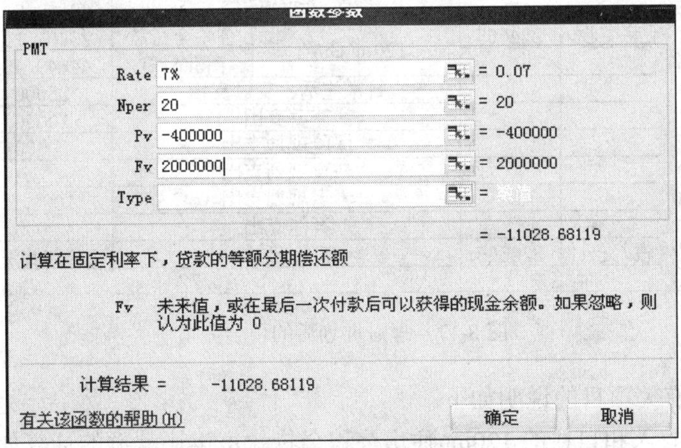

图 8-15　养老金投入的计算

（4）编制理财规划后的资产负债表和现金流量表

理财规划后的 2013 年 12 月 31 日的资产负债表如图 8-16 所示。

	A	B	C	D	E
1	资产负债表				
2	资产	金额	负债与净资产		金额
3	现金与现金等价物	50000	负债		803887.68
4			住房贷款		803887.68
5			120 m² 住房	公积金贷款	290887.68
6	其他金融资产	1180000		商业贷款	513000.00
7	教育、养老规划启动基金	550000			
8	债券	200000			
9	基金	430000			
10	实物资产	1400000	负债总计		803887.68
11	自住房	1200000			
12	机动车	200000	净资产		1826112.32
13	资产总计	2630000	负债与净资产总计		2630000

图 8-16　理财规划后的资产负债

以 2013 年 12 月 31 日为基准时间点，图 8-16 中有关项目的说明如下：

① 现金及现金等价物 50 000 元，其中，经现金规划后保留的活期存款为 20 000 元，购买的货币市场基金为 30 000 元。

② 教育、养老规划启动资金 55 万元来源于出售股票所得 15 万元、出售酒店式公寓所得 31 万元及活期存款 9 万元。

③ 剩余的活期存款 11 万元可投资于平衡型基金以获取更高的投资收益，加上原有基金投资 32 万元，共计 43 万元。

④ 债券、自住房、机动车等资产金额及自住的 120m² 住房公积金贷款及商业贷款的负债金额不变，计算过程如图 8-7 的说明。

理财规划后的 2013 年现金流量表如图 8-17 所示。

	A	B	C	D	E
1			现金流量表		
2	年收入	金额	年支出		金额
3			房屋按揭还贷		68110.56
4	工薪类收入	224565	120m² 住房	公积金贷款	23461.11
5				商业贷款	44649.45
6			日常生活、交通支出		36000
7			旅游支出		10000
8			保险规划支出		20000
9			教育规划支出		15605.04
10			养老规划支出		11028.68
11			其他支出		48000
12	收入总计	224565	支出总计		208744.28
13	年结余		15820.72		

图 8-17　理财规划后的现金流量

图 8-17 中有关项目的说明如下：

① 工薪类收入和自住的 120m² 住房公积金贷款每年还款额的计算如图 8-8 的说明。

② 利用 PMT 函数计算，可得等额本息还款方式下 120m² 自住房年还款额＝PMT＝（5.81%，19，－513 000）＝44 649.45 元。

③ 日常生活支出、交通支出、旅游支出和其他支出不变。

④ 保险规划支出为每年 2 万元。

⑤ 教育规划和养老规划年支出的计算分别如图 8-14 和图 8-15。

（5）对比分析理财规划前后家庭的财务状况

对理财规划前后张先生家庭财务状况的变化具体分析如下：

1）各项支出的变化。在理财规划前，张先生家庭的支出主要是用于支付房屋贷款，占总支出的 56.04%，这笔支出使得张先生家庭不能在其他方面有很大的开支，不能让其享受很好的生活品质。而理财规划后，张先生家庭的支出比率发生很大的变化，虽然房屋贷款仍然占最大比率，但比率缩小了 23.63%，使得张先生家庭的债务压力化解，生活质量提高。同时，在家庭支出中增加了保险支出，这一项支出将使张先生家庭在遇到紧急状况时，不至于使生活陷入困境。此外，还根据该家庭的理财需求增加了子女教育规划支出和退休养老规划支出，使得张先生家庭的支出情况得到明显的改善，而且呈

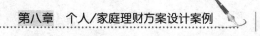

现出多元化的支出模式。这样一来，既化解了家庭出现突发状况时的危机和压力，又充分考虑了未来孩子的教育经费和自身养老经费的足额准备问题。

理财规划后各项支出占总支出的比率如表8-2和图8-18所示。

表8-2 理财前后各项支出占总支出的比率对比

项 目	理财后比率	理财前比率
房屋按揭还贷	32.63%	56.04%
日常生活及交通支出	17.25%	16.83%
旅游支出	4.79%	4.68%
保险规划支出	9.58%	
教育规划支出	7.48%	
养老规划支出	5.28%	
其他支出	22.99%	22.45%

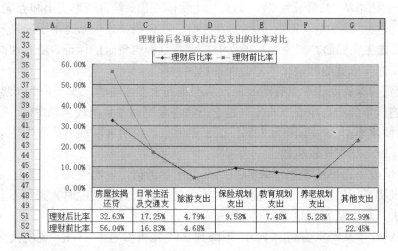

图8-18 理财前后各项支出占总支出的比率对比

2）各项财务指标的变化。理财规划前后的财务比率对比如表8-3和图8-19所示。

表8-3 理财规划前后各项财务比率的对比

比率 　　　　时期	理财后	理财前
结余比率	7%	2%
投资与净资产比率	62%	72%
负债比率	32%	39%
负债收入比率	30%	55%
流动比率	2.87	14.03

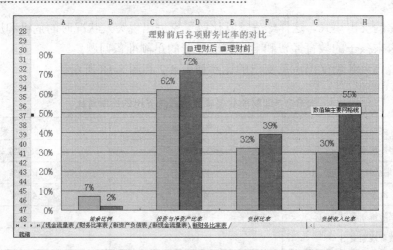

图 8-19　理财前后各项财务比率的对比

对各项财务指标之间的变化分析如下：

① 结余比率从 2% 增长到 7%，如果加上保险支出、教育规划支出和养老规划支出，结余比率则达到 27.81%，接近 30% 的参考值。这说明张先生家庭用于未来规划的资金增加，为张先生夫妇的养老规划和子女的教育规划提供资金的保证，随着理财计划的年年实施，张先生家庭的结余比率将会保持稳定状况。

② 投资与净资产比率也有所改善，从严重高于参考值的 72% 下降到 62%，说明张先生家庭的投资资产占净资产的比率趋于正常，家庭财务状况较为稳定。

③ 负债比率由 39% 下降为 32%，低于参考值，说明理财规划后张先生家庭的债务压力降低，财务状况比较稳健。

④ 负债收入比率从 55% 下降到 30%，低于参考值，说明张先生家庭的短期还债能力得到很大提高，加之保险保障规划的实施，使得出现意外状况时，家庭不会出现较大的财务危机，可以从容面对。

⑤ 流动比率从严重偏高的 14.03 下降到 2.87 接近参考值 3～6，说明张先生家庭对流动性资产的管理趋于理性，家庭增值能力明显提高。

从以上各项指标的变化可以看出，在不突破张先生家庭现有财务资源和以后年份中持续增加的财务资源（即年结余）的限制条件下，其财务状况得到优化，财务指标接近参考值标准，家庭资产的综合收益率比较理想，各项理财目标均能实现。

习　题　八

1. 分析设计家庭理财方案的目标、流程。
2. 总结归纳设计家庭理财方案所使用的 Excel 软件功能。

参 考 文 献

贵良军．2012．Excel 会计与财务管理．北京：高等教育出版社．

韩良智．2009．Excel 在财务管理中的应用．北京：清华大学出版社．

企业会计准则编审委员会．2012．企业会计准则案例讲解（2012 年版）．上海：立信会计出版社．

中国就业培训技术指导中心．2008．理财规划师专业能力．3 版．北京：中国财政经济出版社．

中华人民共和国注册会计师考试委员会办公室．2012．财务成本管理．北京：经济科学出版社．

庄君．2009．Excel 财务管理与应用．北京：机械工业出版社．